노동의 가치, 불교에 묻는다

노동의 가치, 불교에 묻는다

엮은이 · 송암지원
펴낸이 · 김인현 / 펴낸곳 · 도피안사
2007년 6월 20일 1판 1쇄 인쇄 / 2007년 7월 1일 1판 1쇄 발행
영업 · 지국 한충정, 혜국 정필수
관리 · 법해 김대현, 혜관 박성근
인쇄 · 금강인쇄㈜
등록 · 2000년 8월 19일(제19-52호)
주소 · 경기도 안성시 죽산면 용설리 1178-1
전화 · 031-676-8700 / 팩시밀리 · 031-676-8704
E-mail · dopiansa@kornet.net

ISBN 978-89-90223-33-3 04330
       89-90223-25-3 (세트)

眞理生命은 깨달음[自覺覺他]에 의해서만 그 모습[覺行圓滿]이 드러나므로 도서출판 도
피안사에서는 '독서는 깨달음을 얻는 또 하나의 길'이라는 신념으로 책을 펴냅니
다.

21세기 新국가 만들기

노동의 가치, 불교에 묻는다

송암지원 엮음

DOPIANSA 度彼岸社

이 책은 金河堂 光德大禪師의 서원(誓願 : 救國救世)과
사상(思想 : 般若·行願)의 실천계승을 위한 '반야바라밀다결사' 운동의
불교사회과학 지침서로 펴냅니다.

차례

우리는 '일'을 통해 성불한다

—집안일과 직장 일을 열심히 하는 것이 성불의 길이다—

박세일 | 서울대교수, 한반도선진화재단 이사장

1. 들어가는 말

불교는 깨달음의 종교다. 깨달음은 미망(迷妄)이나 미신(未信), 즉 잘못된 생각이나 어리석은 믿음을 깨는 것을 의미한다. 그런데 우리나라 불교 일각에는 하나의 잘못된 생각, 미망이 있다. 그것은 세간법(世間法, 世俗法)과 출세간법(出世間法, 佛法)을 둘로 나눠보는 생각이다. 일반 대중의 일상의 삶과 부처님의 세계를 둘로 보거나 보려는 생각이다.

깨달음이란 어떤 특별한 마음의 경지, 내지 상태를 의미하고 중생들의 일상의 가정생활이나 직장생활을 통해서는 결코 도달할 수 없는 세계, 따라서 대중의 일상의 삶[가사노동과 직업노동]과는 다른 별도의 특별한 노력[참선·독경·기도 등]을 해야 도달할 수 있는 세계라고 보는 견해이다.

그 결과 우리는 '생활과 수행(修行)'을 둘로 나누게 되었고, '노동과 구도(求道)'를 둘로 나누고, '종교와 사회'를 둘로 나눈다.

그래서 부처가 되기 위한 노력과 일반 대중들의 가정생활이나 직장생활은 아무 관계가 없는 것으로, 심지어는 도를 이루기 위해서는 가사노동과 직업노동이 오히려 장애가 되는 것으로 이해한다.

이것은 크게 잘못된 생각이다. 부처님의 정법(正法)이 아니다. 『육조단경』에서도 분명히 '불법은 세간 중에 있으니 세간을 떠나지 말고 깨달아야 한다(佛法在世間 不離世間覺)'고 하였다. 세간을 여의고 불법을 구하면 흡사 토끼에게 뿔을 찾는 것과 같다고 질책하고 있다. 그런데도 세간과 세사(世事)를 떠나는 것으로 불법을 구하고, 참선과 독경은 귀하게 여기면서 '일[가사노동과 직업노동]은 가볍게 생각하는 경향이 우리 불교계에 적지 않다. 이것은 큰 잘못이라고 생각한다.

이 글의 목적은 대부분의 일반 대중들의 '일[가사노동과 직업노동]'이야말로 성불하는 지름길임을 밝히려는 데 있다.

2. 성불(成佛)의 길이란

부처님이 된다는 것[成佛]은 무엇을 의미하는가? 간단히 요약해 보면 다음과 같지 않을까 한다.

(1) 세상 모든 것이 변하고 흘러가는 연기(緣起)임을 보고[諸行無常] 자기를 절대화하거나 고정화하지 않는 것[諸法無我]으로부터 출발한다. 자신을 끝없이 변화하고 한없이 발전하는 동태적 주체로서 파악해야 한다.

(2) 이 세상이 모두 '연기의 세계'이기 때문에 자신의 존재가

둘도 없이 특별하고 존귀한 존재임을 깨달아야 한다. 즉 천상천
하유아독존(天上天下唯我獨尊)적인 존재임을 깨달아야 한다. 그래
서 자신과 자신이 만들어 내는 연기의 세계를 귀중하게 생각해야
한다.

(3) 자리이타(自利利他)와 수은보은(受恩報恩)의 보살행을 시작
해야 한다. 6바라밀다의 실천을 통하여 자신과 세상의 잘못된 생
각과 습관을 좋은 생각과 습관으로 고쳐나가야 한다. 한마디로
나로부터 시작하여 모두가 심평행직(心平行直) 즉 마음이 평등하
고 행동이 바르도록 '나와 세상'을 바꾸어 나가야 한다.

(4) 나와 남이 함께[自他一時] 순간순간 '역사와 둘이 아니고,
우주와 둘이 아닌 관계[不二法]'의 마음과 생활이 이루어지면 이
를 부처의 삶[成佛行]이라 할 수 있다.

3. 왜 일[勞動 : 가사노동과 직업노동]을 통한 성불인가

이와 같은 의미의 성불은 가사노동과 직업노동을 통하여 가장
잘 이루어 낼 수 있다고 본다. 어떻게 가사와 직업노동을 통하여
성불할 수 있는지 그 이유와 근거를 살펴보자.

첫째, 우선 이 세상은 무수히 상호 연계되어 끊임없이 변화해
간다는 부처님의 연기법을 가사노동을 통해 가장 잘 이해하고 가
장 잘 실천할 수 있다. '가사노동'이란 부모를 존중하고 아이를
낳아 양육하며 가족들의 의식주 생활을 돌보는 가족들 간의 사랑
과 화목을 돈독히 하는 모든 노동이다. 이 노동을 통해 '나'라는
존재는, 혹은 '가족'이라는 존재는 수많은 선조들로부터 수많은

후손들에게 이어지는 큰 연기적 흐름[시간적 역사적]의 한 부분이
고 한 과정임을 알 수 있다.

이 세상에 한 사람이 있기 위해서는 반드시 두 사람[부모]의 사
랑과 소원이 있어야 한다. 그리고 그 두 사람도 또 각각 두 사람
의 부모[외가와 친가의 조부모]의 사랑과 기원을 통해서 이 땅에
왔다. 이런 식으로 계속 올라가면 오늘의 내가 있기 위하여 수많
은 선조들의 사랑과 기도가 있었음을, 그리고 그 분들의 한없는
은혜 속에서 내가 존재할 수 있게 되었음을 알 수 있다.

이렇게 30대를 위로 올라가면서 나와 깊은 인연으로 관련된 선
조들의 수를 헤아리면 모두 얼마나 될까? 계산하면 약 10억 명이
된다. 이렇게 많은 분들의 은혜로 오늘의 내가 있음을 알 수 있
다. 이 10억 명이나 되는 선조들과 직접 간접으로 관련된 수많은
후손들이 사실 오늘 나와 더불어 이 땅에서 살고 있음도 알 수
있다. 그런 의미에서 이 땅의 많은 분들이 사실은 우리의 형제요
자매라고 볼 수 있다. 그래서 동업중생(同業衆生)이라고 하는지
모른다. 그러나 사실은 동업보다 동가중생(同家衆生)이다.

뿐만 아니라 우리는 앞으로 나오는 수많은 자손들과 연계될 것
이다. 그 수가 또 수십억이 될 것이다. 이와 같이 우리는 시간적
·역사적으로 거대한 연기적 흐름의 중요한 한 부분으로 존재하
면서 역할을 하고 있다.

따라서 건강하고 화목하고 훌륭한 가족을 만들고 그러한 가정
을 지키는 것은 대단히 중요한 일이다. 이 일을 원활하게 해내는
것이 가사노동이다. 우리는 이러한 가사노동을 통하여 '시간적·
역사적 연기'의 중요성을 이해하고 그 중요성을 직접 실천하는

것이다. 우리는 가사노동을 통하여 역사의 의미를 이해하고 역사의 마음을 읽을 수 있게 된다.

이렇게 우리는 선조로부터 사랑과 은혜를 받고 후손들에게는 사랑과 은혜를 나누어준다. 그래서 가사노동은 수은(受恩)과 보은(報恩)을 성립시킨다. 우리는 선조에게서 물려받은 은혜에 대한 보은을 대부분 후손들에게 사랑이란 형태로 하게 된다. 선조들께서 원하시는 것도 사실은 자신들에 대한 직접적 보은이라기보다도 후손들을 보다 튼튼하고 훌륭하게 키워내는 일일 것이다. 그래서 가사노동을 통해 '건강하고 훌륭한 가정'을 만드는 일은 선조와 후손을 엮어가는 수은보은(受恩報恩)의 행을 동시에 이루는 것이 된다.

그리고 이것은 동시에 가족을 위한다는 자리적(自利的) 행위이면서도 동시에 선조의 기대에 보답하고 후손의 미래를 열어주는 이타적(利他的) 행위가 된다. 한마디로 자리이타가 동시에 성립된다. 그러므로 우리가 가사노동을 성심성의로 한다면 가사노동 자체가 바로 수은보은과 자리이타(自利利他)의 보살행이 된다.

둘째, 세상은 무한히 상호 연결되어 있으며 서로 작용하면서 변화하여 간다는 사실을 가장 잘 이해하고 실천할 수 있는 또 하나의 장(場)이 바로 직업노동이다. 사실 우리는 직업노동을 통해 이웃과 더 나아가 세계와 연결되어 있다. 특히 요즘과 같은 세계화시대에는 직업노동을 통해 지구촌 전체와 더욱 긴밀히 연결된다. 예컨대 현재 우리가 입고 있는 옷과 우리가 먹고 있는 음식은 거의 우리가 직접 생산한 것이 아니다.

인도에서 재배된 목화가 중국에서 실로 만들어지고 다시 중남미에서 옷으로 만들어져 유럽의 배를 타고 드디어 한국에 들어와서 우리들이 입고 다니는 경우도 있다. 또 자동차의 경우도 설계는 미국에서 하고 엔진은 독일에서 만들고 부품은 대만에서 만든 것을 한국에서 조립하여 우리가 타고 다닐 수도 있다. 오늘날 우리는 이렇게 거미줄 같은 '사회적 분업노동'을 통해 지구촌이 하나로 연결되어 있는 연기의 구조 속에 살고 있다.

이제는 나의 삶[생활]의 질이 거의 전적으로 다른 사람들의 노동과 정성에 의지하고 결정되는 세상이 되었다. 동시에 타인의 생활의 질도 나의 직업노동의 질과 정성에 좌우되는 세상이라는 것이다. 이렇게 복잡하고 광범위한 상의상생(相依相生)의 관계와 역할 속에서 우리는 이 세상을 만들어 가고 있다. 이러한 '공간적 우주적 연기'의 흐름을 보면서 우리는 이 흐름을 소중하게 생각해야 한다는 자각을 하게 된다.

그래서 우리는 각자가 자신의 직업노동에 성심성의를 다해야 한다는 대의명분에 도달하게 된다. 이러한 직업노동에 성심성의를 다하면 그것이 그대로 직업적 성공을 가져오기 때문에 사실은 지극히 자신을 위한 길이 된다. 동시에 내가 직업노동에 성심성의를 다하면 나의 직업노동이 영향을 미칠 수많은 이웃사람들의 복지를 높이는 길이 된다. 내가 보다 좋은 물건을 만들어 시장에 내놓으면 그 물건을 사용하는 소비자들의 삶의 질이 올라가기 때문이다. 이것은 공덕을 쌓는 길이 된다. 따라서 직업노동 그 자체가 자리이타의 길이 된다.

그리고 직업노동은 수은보은(受恩報恩)의 길도 된다. 내 자신을 위해 노력한 노동의 결과에 의지하여 나의 삶이 영위되고 있기 때문에 나는 그 수많은 분들의 은혜를 받는 셈이 된다. 또 그 은혜에 대한 보답으로 내가 성심성의로 일[노동]을 하면 그것이 다른 사람들의 삶을 윤택하게 하는 일이 된다. 그러므로 우리가 직업노동에 성심성의를 다하면 직업노동 그 자체가 자리이타이고 수은보은의 보살행이 되는 것을 알 수 있겠다.

셋째, 현재 우리 사회에서 불교의 핵심교리인 삼법인(三法印)의 하나인 제법무아(諸法無我)가 잘못 이해되고 해석되는 경우가 허다하다. 이 문제를 바르게 고쳐야 우리는 가사노동과 직업노동을 통한 성불의 길을 제대로 열 수 있다. 흔히 제법무아를 '모든 것이 변하여 무상하고 허망[諸行無常]하니' '나'라는 존재도 그와 같이 무상하고 허망하다. 그래서 나라는 존재는 없는 것이다. 즉 이치적으로 보아 내가 존재하지 않는다는 말이다. 이런 식으로 제법무아를 해석하여 많은 사람들이 혼란과 허무감과 염세에 빠지는 경향이 있다. 이는 크게 잘못된 해석이다. 제법무아는 결코 '나'라는 존재가 없다는 무주체(無主體)를 의미하는 것이 아니라 자기에 대하여 고정된[혹은 영구불멸의] 자기 이미지[我相 : self-image]를 가지지 말 것을 의미한다. 즉 인간이란 끊임없이 발전하고 변화하는 존재이고 창조적이고 동태적인 주체로서 파악해야 한다는 것이다. 이것이 제법무아의 본래의 의미이다.

부처님께서는 '나'라는 주체의 중요성을 강조하셨다. 남에게 의지하지 말고 자기 자신에게 귀의할 것을 여러 번 강조하셨다. 열반 시에는 제자들에게 앞으로는 자기 자신과 진리에만 의지할 것[自燈明 法燈明]을 당부하셨다. 그리고 룸비니 동산에서 탄생하실 때는 천상천하유아독존(天上天下唯我獨尊)이라고 말씀하셨다. 이것은 부처님만이 아니라 일체 중생 모두가 대단히 귀한 존재임을 말씀하신 것이다.

우리는 산에 꽃 한 송이가 피는 데도 우주적인 노력이 있어야 함을 알고 있다. 꽃씨라는 인(因)이 있다 해도 적절한 온도의 햇볕과 바람, 물기 등의 연(緣)들이 잘 어우러져야 비로소 개화할 수 있다. 수천억 킬로미터 떨어진 태양으로부터 나온 빛이 수천억 킬로미터를 달려와서 꽃 한 송이를 피울 수 있는 것이다. 이렇게 산에 핀 꽃 한 송이도 우주적 노력의 결과물이다. 그러므로 꽃 한 송이마저도 대단히 귀한 존재이다. 하물며 사람에 있어서랴.

한 사람 한 사람 속에 수많은 선조들의 기원과 사랑과 은혜가 배어 있고 수많은 후손의 희망과 창조적 미래가 잠재되어 있다. 그리고 수많은 지구촌 인류들의 땀과 직업노동으로 오늘의 나의 삶의 풍요가 가능하고 또 내가 하는 직업노동의 질과 정성이 인류의 많은 사람들의 삶의 질을 높이고 있다는 이 사실을 직시해야 한다.

수많은 조상으로부터의 은혜, 지구촌의 수많은 이웃노동으로부터 받은 은혜에 대하여 내가 어떻게 창조적으로 수은보은을 해야 하는가? 어떻게 창조적으로 자리이타의 행을 해야 하는가가 우리의 미래와 우리 후손들의 미래를 만들어 갈 것이다. 바꾸어 말하면 우리 한 사람 한 사람의 가사노동이 우리의 미래 역사를 만들고 우리 한 사람 한 사람의 직업노동이 우리의 미래 세계를 만들고 있다. 그만큼 한 사람 한 사람이 과거적이며 미래적인 존재이고 존엄하면서 창조적인 존재이고 자리적이며 이타적인 존재이다. 한 사람 한 사람에게 인류의 미래, 세계의 미래, 나아가 우주의 미래가 달려 있는 셈이다.

넷째, 우리는 일[勞動 : 가사노동과 직업노동]을 통해 육바라밀다의 보살행을 실천하고 있음을 깊이 자각하고 보다 잘 실천할 수 있도록 더욱 노력해야 한다. 그래야 '일[노동]'을 통한 성불(成佛)'이 가능하기 때문이다. 보다 정확히 이야기하자면 '가사노동과 직업노동' 그 자체가 바로 육바라밀다의 실천행이다.

(1) 보시(布施) 바라밀다를 보면 보시란 본래가 음식을 필요로 하는 자에게 음식을 제공하고, 옷을 필요로 하는 자에게 옷을 주고, 아픈 자의 병을 고쳐주고, 진리를 구하는 자에게 진리의 말씀을 제공하는 것을 의미한다.

이 모든 일들이 가사노동과 직업노동을 통해 이미 하고 있는 일들이다. 문제는 자신들이 행하고 있는 가사노동과 직업노동이 이미 보살행임을 자각하고, 얼마나 정성과 진심을 기울여 노동하느냐가 중요하다. 우리가 선조들로부터의 수은(受恩)에 보은(報恩)하는 마음으로 정성과 진심으로 가사노동을 하면 그것이 그대로 보시바라밀다가 되고, 그 과정에서 건강한 '가정윤리'도 저절로 나온다.

또한 우리가 수많은 이웃노동으로부터의 수은에 보은하는 마음으로 정성과 진심으로 직업노동을 하면 그것이 그대로 보시바라밀다가 되고 그 과정에서 건강한 '직업윤리'도 저절로 나온다. 다만 어떠한 자세와 마음으로 임하느냐에 따라 가사와 직업노동의 의미는 사뭇 달라진다. 다행히 앞에서 말한 대로 정성과 진심으로 가사와 직업노동에 임하면 그대로 보시바라밀다가 되기에 결코 소홀히 해서는 안 된다. 만약 이러한 가사노동과 직업노동은 소홀히 하거나 가볍게 생각하면서 따로 보시바라밀다를 찾는다고 한다면 대단히 어리석은 일이다. 마치 옥을 버리고 돌을 취함과 같다.

(2) 지계(持戒)와 인욕(忍辱) 바라밀다를 보면 우리의 가사와 직업노동 그 자체가 지계와 인욕의 과정임을 알 수 있다. 어떠한 직업노동이든 상세한 작업규칙이 있고 일정한 룰을 따라서 일을 하게 되어 있다. 고도로 복잡다기한 오늘날의 분업구조 속에서 한 부문의 잘못은 다른 부문에 엄청난 파장을 일으킬 수 있어서 작업장에서의 규칙[계율]은 대단히 엄하고 예외 없이 철저하게 지켜져야 한다. 이 과정에서 우리는 자기 억제와 자기 규율의 힘 즉 인욕의 힘을 기른다.

가사노동의 경우도 마찬가지이다. 부모 된 도리로서 후손들을 사랑하고 헌신하려면 또한 웃어른을 진심과 정성으로 모시려면 가사노동 하나하나가 다 지계이고 인욕이다. 이렇게 작업장에서든 가정에서든 지계와 인욕의 바라밀다를 수행해야 우리는 좀 더 높은 공덕의 가사노동[受恩報恩]과 직업노동[自利利他]을 수행할 수 있다. 따라서 가정과 직장이 바로 보살들이 육바라밀다를 실천하는 수도의 장이라고 보아야 한다. 세간을 떠나서 도를 구하지 말라는 말씀이 바로 이를 의미하는 것이라고 본다.

(3) 정진(精進) 바라밀다는 가사노동이든 직업노동이든 온 몸과 마음을 다하여 부지런하고 성실하게 수행하는 것을 의미한다.

그것이 신(身)정진이든 심(心)정진이든 정진이 있어야 가사노동의 공덕이 커지고 모든 가족은 물론 후손들에게 복덕이 돌아가게 된다. 또한 직업노동도 정진이 있어야 기술혁신도 되고 새로운 제품도 개발되고 생산성도 오른다. 그래서 그 이익이 보다 많은 소비자들에게 돌아가게 된다. 즉 소비자들의 삶의 질을 풍요롭게 만드는데 기여하게 되므로 동시에 자리이타이고 수은보은이 된다. 따라서 가사노동과 직업노동에 정진하는 것 자체가 바로 보살행이 된다는 뜻이 여기에 있다. 매일매일 수행하는 가사노동과 직업노동을 통해 정진하지 않으면서 따로 정진바라밀다를 찾는 것은 연목구어(緣木求魚)라고 하겠다.

다섯째, 선정(禪定)과 지혜(智慧) 바라밀다를 위한 수행법으로 우리나라에서는 오랫동안 화두좌선(話頭坐禪)법이 지배적이었다. 그러나 재가불자나 일반 국민들에게는 노동행선(勞動行禪)법이 보다 효과적이고 바람직한 수행법이 아닐까 생각한다. 화두좌선은 조용한 거처를 찾아 가능한 묵언하거나 남과의 대화를 줄이면서 오직 화두를 깊이 의심하고 참구하는 출가자의 전문적인 수행법이다. 거기에 비해 노동행선은 각자가 맡은 가사노동과 직업노동을 성실하게 수행하면서 그 마음이 항상 깨어있도록[어둡지 않도록] 노력하는 수행법이다. 화두좌선법은 소수의 사람들에게는 좋은 수행법이 될지는 모르나 다수의 재가불자나 일반 대중들에게는 거의 거리가 먼 수행법이 아닐까 생각한다. 여기서 선이 무엇인가에 대해서 잠깐 생각해 보고 넘어가자.

선(禪)이란 무엇일까? 한마디로 성성(惺惺, mindfulness)함을 의미한다. 성성이란 매(昧)하지 않고 즉 어둡지 않고 깨어 있음을 의미한다. 그래서 불교를 깨달음의 종교 내지 '깨어 있음'의 종교라고 한다. 무엇을 하든 깨어 있어 어둡지 않음이 선의 생명이라고 하겠다. 선이란 결코 마음에 한 생각도 일어나지 않는 것을 뜻하지 않는다. 꽃을 보면 아름답고 이웃의 괴로움을 보면 아파야 당연한 것이다. 이웃의 고통을 보면서도 마음이 적적(寂寂)하고 고요하다면 도대체 선의 생명은 어디에 있으며 불교의 대승 이타행은 어디서 찾을 것인가?

그래서 육조 혜능스님께서도 '마음을 보고 고요를 관하여 동(動)하지 아니하고 일어나지 아니하는 것을 공부로 삼아서는 큰 잘못이다'라고 하셨던 것이다. 따라서 온갖 느낌과 생각이 일어나고 번뇌와 망상이 일어나도 좋다. 문제는 매하지 않아야 하는 것 즉 어둡지 않음에 있고, 이것은 외연에 끄달리거나 집착하지 않고 내심이 항상 깨어 있음을 의미한다. 이것이 성성함이고 그래야 우리는 대자유를 얻을 수 있다. '선은 결코 조용하고 고요한 것을 구하는 것이 아니라 자유롭고 막힘이 없는 데 있다'는 사실을 잊어서는 안 된다.

노동행선에 여러 가지 장점이 많다고 생각한다.

(1) 노동행선을 통해 우리는 살아 움직이는 연기체로서의 역사공동체[선조와 나와 후손]와 사회공동체[나와 지구촌의 이웃]를 몸으로 느끼며 체험할 수 있다. 가사노동을 통해, 직업노동을 통해 부처님이 가르친 연기의 세계와 제법무아(諸法無我, 끊임없이

변화 발전하는 창조적 주체)의 세계를 순간순간 몸으로 느낄 수 있다.

(2) 노동을 하면서 선정 바라밀다를 행하기 때문에 선을 하면서도 사회경제적 가치나 문화정신적 가치를 창조하는 생산적 활동을 계속할 수 있다. 왜냐하면 조용한 곳을 찾아 아무 일도 하지 않고 오직 앉아 있을 필요가 없기 때문이다. 합천 해인사의 팔만대장경도 경주 불국사의 다보탑도 모두가 노동행선의 결과이지 화두좌선의 결과는 아니라고 본다.

노동행선은 가사노동과 직업노동을 통해 역사와 이웃에 기여할 수 있고, 이타하고 보은할 수 있는 아주 귀중한 기회가 된다. 보살도 실천의 기회이다. 그러므로 이를 최대한 살려 나갈 수 있어야 한다.

(3) 노동행선을 통해 우리는 가사노동과 직업노동의 질과 창의성을 크게 높여갈 수 있다. 요즈음 인지과학(認知科學)에서 인간은 아무런 선입견이나 고정관념이 없을 때, 밖의 상에 대한 아무런 집착이 없어 그 마음이 성성할 때, 가장 창의적(creative)이 된다는 사실이 밝혀지고 있다. 따라서 노동행선을 하는 경우가 가사노동이나 직업노동의 창조성 즉 노동의 공덕을 보다 높일 수 있다. 그리하여 가사노동을 통해 보다 나은 '새로운 세대'를 만들 수 있고 직업노동을 통하여 보다 나은 '새로운 시대'를 창조하여 나갈 수 있다.

(4) 만해 용운스님의 「조선불교유신론」에서 화두좌선법의 부작용으로서 '마음을 고요히 한다고 처소를 고요하게 가지면 염세가 될 가능성이 높고 몸을 움직이지 않으면 독선에 빠질 위험이

있다'고 지적하셨는데 이러한 부작용이 노동행선에는 있을 수 없다. 항상 움직이면서 또는 시끄럽고 복잡한 곳에서 남과 더불어 이야기하고 노동하면서 선을 하기 때문이다. 끊임없이 새로운 인연들을 만나고 함께 머리를 맞대고 현실 문제를 해결하면서 노동행선을 해야 하기 때문이다.

여섯째, 다시 강조하지만 몸으로 가사노동과 직업노동을 하는 것이 그대로 육바라밀다 중 '보시·지계·인욕'을 실천하는 것이 되고 마음으로 노동행선을 하는 것이 그대로 '정진·선정·지혜'를 닦는 것이 된다. 그리고 이것을 더 간단히 정리하여 마음을 평등하게 쓰고 행동을 바르게 하는 것[心平行直]이라고 요약해 볼 수 있다. '마음을 평등'하게 쓴다 함은 가사노동과 직업노동을 수행함에 나와 남, 가깝고 먼 것을 차별하지 아니하고 성심과 정성을 다함을 의미한다. 그러면 상(相)에 매이지 아니하고 저절로 성(性)을 보게 된다. 그러면 직업노동이 그대로 반야행(般若行)이 된다.

그리고 '행동을 바르게' 한다는 것은 부모님께 효도하고 자손들에 헌신하고 신의를 지켜 위아래 화목하고 이웃 사이에 우애가 돈독함을 이루는 인간의 도리를 의미한다. 매일 매일 이렇게 해가면 자연히 '무한의 역사'와 '무한의 우주'와 내가 둘이 아닌[不二] 게 될 것이고, 둘이 아닌 게 되는 순간순간 그대로 부처의 세계, 깨달음의 경지가 나타날 것이다. 바꾸어 말하면 가사노동과 직업노동, 그리고 노동행선을 통해 우리가 순간순간 '역사심'과 '우주심'을 가지게 되면 자연히 순간순간 '역사행'과 '우주행'이

24

나올 것이고 그것이 바로 '부처님 마음'과 '부처님 행'을 나투는 것이라 하겠다.

4. 나가는 말

21세기는 세계화와 정보화의 시대이다. 이 지구촌 위에서 일어나는 인간의 삶의 상호관계가 더욱 커지고 상호작용이 더욱 복잡해지는 시대이다. 인간은 서로 상의상생하고 상호관계하는 범위와 정도와 빈도가 커지고 있다. 전근대사회에서는 인간의 상의상생이 농촌 마을 내지 지방 시장을 중심으로 일어났는데 그 이후 산업화시대에는 대도시 내지 국내 시장으로 확대되었다. 그러나 이제 세계화·정보화시대에는 이러한 상의상생이 전 지구촌과 세계시장에서 일어나게 되었다. 따라서 부처님이 가르치신 '연기의 세계', '연기의 꽃'이 보다 크게 만개(滿開)하는 시대가 되었다. 불교의 진리가 보다 큰 의미와 가치를 가지는 세계가 되었다.

그래서 앞으로는 한 사람 한 사람이 어떠한 마음을 가지는가? 어떠한 행동을 하는가가 우리가 모르는 수많은 사람들의 삶에 미치는 영향이 과거보다 훨씬 커지는 시대가 되었다. 그러나 상호의존의 정도가 커진다는 사실은 축복이 될 수도 있고 재앙이 될 수도 있다. 사람과 사람 간에 선(善)의 상호작용이 일어나면 상호의존이 커지는 것은 개인과 공동체 모두를 크게 발전시키지만 악(惡)의 상호작용이 일어나면 그것은 모두를 파괴시킬 수도 있기 때문이다.

따라서 이제는 내가 나의 성불을 위해서만이 아니라 이웃의 성불을 위해서도 더욱 열심히 노력해야 하는 시대가 되었다. 더 나아가 내가 성불을 못하면 나만 못하는 것이 아니라 이웃의 성불도 방해하는 시대가 되고 있다.

21세기 세계화·정보화시대에 접어들면서 더욱 확대되고 심화된 '연기의 세계'가 우리를 더욱 분발하게 만들고 있다. 아무렇게나 살 수 없는 시대로 만들고 있다. 연기를 더욱 소중히 하고 더욱 노력해야 하는 시대가 되고 있다. 우리는 '나와 세계와 역사' 그 모두를 위해서도 직업노동과 가사노동에 더욱 더 헌신하고 노동행선에 더욱 더 정진해야 하리라 본다. 그리하여 하루하루 순간순간 자타일시(自他一時) 성불의 시대를 열어가야 한다. 그것이 진정으로 불은(佛恩)과 국은(國恩)과 부모은(父母恩)과 중생은(衆生恩)에 보은하는 길이 될 것이다.

박세일(朴世逸)

서울대학교 법과대학을 졸업하고 미국 코넬대학에서 경제발전론, 노동경제학, 법경제학 연구로 박사학위를 받았다. 귀국 후 한국개발연구원(KDI)에서 국가경제정책 수립에 관계하였고 1985년부터는 서울대학교 법과대학 교수로서 후진을 양성해왔다.

학계와 시민운동가의 연대를 통해 경제정의실천시민연합(경실련)의 탄생을 주도했으며 1995년부터는 청와대 정책수석, 사회복지수석으로 사법개혁·교육개혁·노동개혁 등 문민정부의 세계화개혁을 주도하였다. 제17대 국회의원과 한나라당의 정책위의장을 역임하였다.

그는 국민통합과 국가발전의 이념으로 개인의 존엄과 자유를 기본으로 하되 공동체적 가치와 연대와의 조화를 중시하는 '공동체자유주의'를 주장하며, 특히 학제 간 연구의 중요성과 학행일치(學行一致), 즉 '이론과 실천의 통합'을 강조하는 새로운 학문적 실천 패러다임을 추구하는 학자로서 활동하고 있다.

현재 서울대학교 국제대학원 교수로서 재직중이다.

홈페이지 · www.parkseil.pe.kr

불교의 노동문제

호진(浩眞) | 경주 기림사

1. 서론

지금까지 이 분야에 대한 연구는 불교경제에 관한 몇 편의 논문을 제외하고는 거의 없는 상태이다. 따라서 이 소논문은 이 방면의 연구로서는 최초의 것인 동시에 역시 하나의 시도에 불과할 것이다.[1]

이 연구에서는 먼저 불교의 행위문제, 행위와 노동의 관계, 그리고 노동의 내용 등에 대해 추구할 것이다. 다음으로 노동의 동력(動力)이 되는 욕망의 문제, 부(富)의 분배문제를 다룰 것이다. 부와 분배문제는 노동문제와 직접관계 되는 것은 아니지만, 노동을 전제하고서 가능한 것이기 때문에 이에 대한 추구는 노동의

---

1) 이 논문은 「불교사상에 있어서의 노동 철학의 의미발견」이라는 제목으로, 1985년, 한국정신문화연구원(現 한국학중앙연구원)의 『哲學思想의 諸問題[3]』에 실은 것을, 그 후(1985) 「유교의 노동(유인희)」과 함께 『종교철학과 노동의 의미』(정신문화문고 10)라는 이름을 가지고 단행본으로 나왔다. 도피안사의 법회에서 「불교의 노동문제」에 대해 발표하는 이번 기회에, 논문을 다시 손질했다.

의미를 좀 더 깊이 이해하는데 도움이 될 것이라 생각된다.

이 연구를 하면서 마주하게 되는 몇 가지 문제에 대해 언급해 둘 필요가 있다.

첫째, 우리가 사용할 자료는 노동이나 경제와 관계가 있는 문헌이 아니고, 종교와 철학문제를 다룬 경전이라는 점이다. 이와 같은 자료에서 노동에 대한 구체적인 설명을 기대할 수 없다. 사실 경전에서 노동에 관한 내용을 찾기란 쉽지 않다. 따라서 이 연구를 위해서는 자료에 상당한 제한을 받게 될 것이다.

둘째, 불교 경전은 한 장소에서 일시에 성립된 것이 아니고 수백 년에 걸쳐 여러 장소에서 이루어졌기 때문에, 그 양이 방대할 뿐 아니라 동일한 문제에 대해서도 그 내용 역시 다양하다. 경전에 따라 때로는 상반되는 주장을 하는 경우도 있다. 이 연구에서와 같이 제한된 시간과 지면으로는 사용할 자료의 범위를 한정하지 않을 수 없다. 여기에서 사용할 자료는 초기 경전인 4아함경과 승가의 생활 규범인 『4분율』, 그리고 몇 종류의 다른 초기 경전들이다. 따라서 이 연구는 「초기 불교에서의 노동문제」가 될 것이다.

2. 행위와 노동

노동은 행위의 일종이다. 불교에서 행위는 독특한 의미를 가지고 있다. 따라서 불교의 노동을 알기 위해서는 먼저 불교에서 말하는 행위에 대한 이해가 필요하다.

불교에서는 '행위' 대신 '업(業)'이라는 말을 사용한다. 업은 산

스끄리뜨어 karma를 번역한 것으로서, 활동, 일, 행위, 행동으로 번역될 수 있다.[2]

업은 윤회(輪廻)의 근본 바탕이 될 뿐 아니라, 윤회의 동의어로 쓰이기도 한다. 업 없이는 윤회가 있을 수 없고, 윤회를 한다는 것은 업이 있다는 것을 의미한다. 업은 반드시 결과를 초래하고, 인생의 모든 것은 업에 따라 결정된다. 인간의 행, 불행, 수명의 길고 짧음 등은 물론이고, 얼굴이 잘생기고 못생김, 성격까지도 업에 의해 결정된다. 현재의 모든 것은 과거에 지은 업의 결과이고, 현재 짓고 있는 업은 다음 생의 모든 것을 결정하는 요인이 된다. 『중아함경』 제44권 170경에서 앵무마납(鸚鵡摩納)이라는 바라문이 붓다에게 "어떤 인연으로 중생들은 다 같이 사람의 몸을 받았으면서도 지위가 높고 낮으며, 얼굴이 아름답고 추합니까. 위엄과 덕망이 없는 사람과 그것이 있는 사람이 있으며, 비천한 종족과 존귀한 종족이 있고, 재물이 없는 이와 있는 이가 있으며, 나쁜 지혜를 가진 이와 착한 지혜를 가진 이가 있습니까"라고 묻자, 붓다는 "그것은 전생에 지은 그들의 업 때문"이라는 것을 자세하게 설명했다.[3]

업은 개인의 운명뿐만 아니라 공동체의 운명도 결정한다. 한 단체나 사회의 운명도 그 단체나 사회를 구성하고 있는 구성원들이 짓는 업에 의해 결정된다. 심지어 그들이 살고 있는 국토와 기후까지도 업의 영향을 받게 된다. 선한 업[善業]을 많이 짓는 사람들이 사는 사회는 전쟁도 질병도 없고 국토는 풍요롭고 기후도

---

2) L. Renou, *Dict. Sanskrit-Français*, Paris, 1972, p.180, 203.
3) 『중아함경』(3) 제44권 170, 「鸚鵡經」(한글대장경, p.62 이하).

순조롭지만, 악한 업[惡業]을 많이 짓는 사람들이 사는 사회는 살기 나쁜 곳이 될 뿐 아니라, 그들의 국토와 기후도 거칠고 순조롭지 않게 된다.4)

업의 원리는 간단하다. 한 마디로 '그 씨앗에 그 열매'라는 것이다.5) 업과 그 과보는 식물에 비유해서 설명되기도 한다. 씨앗이 심어지면 그것은 싹이 나고 자라서 열매가 열리고 익는다. 열매의 성질이나 맛은 심어진 씨앗에 따른다. 마찬가지로 업을 짓게 되면 그것은 결과를 맺게 된다. 그 결과는 전적으로 업의 성질에 좌우된다. 그것을 『증일아함경(增壹阿含經)』에서 게송으로 다음과 같이 설명하고 있다.6)

사람은 그 행(行, 業)을 닦을 때, 악도 행하고 선도 행하지만,
그들은 제각기 그 갚음을 받느니, 그 행은 끝내 멸(滅)하는 것이
아니다.
사람들 만일 그 행을 찾아보면, 그 과보 받는 것 알 수 있나니,
선을 행하면 선의 갚음 받고, 악을 지으면 악의 갚음을 받는다.
악을 행하거나 선을 행하거나, 그 사람의 익힘을 따르나니,
마치 오곡의 종자를 심어, 제각기 그 열매를 거두는 것 같네.

업은 일단 이루어지면 그 결과[果報]를 피할 수 없다. 그것은 그냥 소멸되지 않는다. 언젠가는 반드시 그것을 행한 사람에게 나타나게 된다. 여기에는 어떠한 예외도 있을 수 없다. 『법구경

---

4) 『증일아함경』(2) 제26권 34, 「等見品」 10(한대, pp.35-36).
5) Samyuttanikaya, I, p.227.
6) 『증일아함경』(2) 제51권 제52-6, 「大愛道涅槃品」(한대, p.508).

(法句經)』의 표현에 의하면, "하늘에도 바다에도 산중 동굴에도 사람이 악행[業]에서 벗어날 수 있는 곳은 아무데도 없다"[7]는 것이다.

업은 그 결과를 피할 수 없이 받아야 하지만, 그것은 산술적으로 나타나는 것은 아니다. 동일한 두 개의 업이 행해졌을 경우, 그 결과는 반드시 동일하게 나타나지는 않는다. 업을 짓는 대상이나 그 이후의 상황에 따라 결과는 다르게 나타난다. 예를 들면 똑같은 보시를 하더라도 그 보시를 누구에게 하는가에 따라 그 과보는 다르다. 음식을 짐승에게 주는 것보다는 사람에게 보시하는 것이 좋다. 수행자에게 하는 것보다는 도를 이룬 부처님께 하는 것이 좋다. 짐승을 죽이면 그 죄는 무겁지만 사람이나 성인을 죽이면 그 죄는 더욱 무겁게 된다.[8]

초기 경전에서는 이와 같은 내용에 해당되는 사례들을 구체적으로 여러 곳에서 보여주고 있다. 몇 송이의 꽃을 붓다에게 공양하고 수없는 생(生)에 수많은 좋은 과보를 받은 예도 있고, 단지 한 마디의 욕을 붓다에게 하고 수없는 생에 걸쳐 많은 고통을 받으면서 축생계와 지옥계를 헤맨 예도 있다.[9]

단 몇 송이의 꽃이거나 한 마디의 욕이지만 그 대상이 붓다였기 때문에 범부나 동물에게 하는 것과는 그 결과가 다르게 나타

---

7) 『법구경(法句經)』 제9, p.127(徐景洙 譯) ; 『증일아함경』(2) 제26권 34, 「登見品」 2(한대, p.12).

8) 『중아함경』(3) 제47권 180, 「瞿曇彌經」 제9(한대, p.126) ; 『중아함경』(2) 제39 권 155, 「須達多經」 제49(한대, p.419-420) ; 『증일아함경』(2) 제37권, 「八難品」 2-8(한대, pp.234-235).

9) 『증일아함경』(1) 제11권 제20, 「善知識品」 3(한대, pp.201-204).

난 것이다.

이와 같은 원리는 붓다가 꼬살라국의 쁘라세나짓 왕에게 한 설명으로 더 잘 이해할 수 있다 : "대왕이여 알아야 합니다. 마치 농부가 땅을 잘 다루고 잡초를 없앤 뒤에 좋은 종자를 좋은 밭에 뿌리면 거기에서 나오는 수확은 한량이 없지만, 농부가 땅을 잘 다루지 않아 잡초들을 없애지 않고 종자를 뿌리면 그 수확은 말할 것도 못되는 것과 같습니다."10) 즉 같은 넓이의 밭에 같은 양의 종자를 심는다 해도 밭의 상태에 따라 수확의 양도 다르게 나타나는 것처럼 업의 결과도 동일하다는 것이다.

업은 일단 이루어지면 외부의 영향을 받지 않는다. 그러나 그 결과에는 영향을 미칠 수 있다. 업을 지은 뒤에 다시 어떤 업을 짓느냐에 따라 이미 결정된 업의 예상되는 결과에 영향을 미칠 수 있다는 것이다. 그렇다고 해서 업의 결과를 나타나지 않게 할 수 있다거나, 완전히 다른 결과로 되게 할 수 있다는 것은 아니다.

경전에서는 이것을 소금물의 비유를 들어 설명한다. 한 덩어리의 소금을 한 잔의 물에 넣으면, 그 물은 짜서 마실 수 없게 되지만, 그것을 큰 그릇의 물에 넣으면 마실 수 있는 물이 된다.11) 작은 잔에 넣은 소금의 양과 큰 그릇에 넣은 소금의 양은 동일하지만 물의 양에 따라 소금의 농도가 다르게 되므로 마실 수 있는 물이 되기도 하고 그렇지 못한 물이 되기도 하는 것이다. 이처럼

---

10) 『증일아함경』(2) 제51권 제52, 「大愛道般涅槃品」 2-7(한대, p.513).
11) 『중아함경』(1) 제3권, 「業相應品」 제2, 11, 「鹽喩經」 제1(한대, pp.43-44) ; L. Finot, *Les questions de Milinda*, p.134(III, 31).

이미 결정된 업도 우리의 노력에 의해 그 결과를 어느 정도까지는 변화시킬 수 있다는 것이다. 나쁜 업을 지었어도 그 뒤에 좋은 업을 많이 지으면 이미 지은 나쁜 업의 과보는 좋게 나타날 수도 있다는 것이다.

지금까지 설명한 것을 요약하면 불교에 있어서의 행위, 즉 업은 단순한 행위만의 의미를 가지고 있는 것이 아니라, 인간 존재의 모든 것을 결정짓는 핵심 요소이다. 인간 존재가 처한 현재의 모든 것은 과거에 지은 업의 결과이고, 현재에 짓고 있는 모든 업은 존재의 미래를 결정하게 되는 것이다. 역시 업은 인간의 개인적인 운명뿐만 아니라 인류의 공동 운명까지도 결정한다는 것이다.

3. 출가의 노동

불교의 노동은 출가노동과 재가의 노동으로 구분해서 논하지 않으면 안 된다. 왜냐하면 세속을 떠나 수행에 전념하는 출가자와 세속에서 가정을 가지고 사회생활을 하는 재가자의 생활 양식이 같지 않기 때문이다.

재가자는 물질적 생산에 종사하면서 가족들을 부양해야 되지만 출가 수행자는 단지 세 벌의 옷과 한 개의 탁발 그릇[三衣一鉢]으로 하루 한 끼씩 식사를 하면서 모든 것을 걸식에 의해 생활하는 무소유를 생활 신조로 삼고 있다. 그들은 수행을 생활의 제일 목표로 하고 있으므로 수행생활에 필요한 최저의 생활재료만 있으면 되었다. 그 이상은 수행생활을 하는 데 방해가 되는 것으로 생각되었다.

그래서 출가인의 생활은 4의법(四依法)에 따라 하도록 되어 있다. 사의법이란, "첫째, 걸식으로 살 것. 둘째, 분소의(糞掃衣 : 넝마로 된 옷)를 입을 것. 셋째, 나무 밑이나 바위 위에 거주할 것. 넷째, 부란약(腐爛藥 : 소의 똥오줌으로 만든 약)을 약으로 할 것"이다.[12] 출가자는 이와 같은 최저의 생활을 해야 했으므로, 의식주 문제를 해결하기 위해 물질적 생활을 위한 노동이 필요하지 않았다.

출가 수행자가 육체노동을 하지 않는 이유 가운데 또 한 가지는 그들의 생활규범인 계율과 관계가 있다. 율장(律藏)에서는 비구나 비구니가 땅을 파거나 나무를 베는 것, 그리고 길쌈을 하거나 장사를 하는 등의 노동을 못하게 하고 있다.

땅을 판다든지 나무를 베는 등의 노동을 금지하는 것은 그와 같은 노동 자체가 문제가 되는 것이 아니고, 땅이나 나무에 살고 있는 생물들을 죽일 위험이 있기 때문이다. 생물을 죽인다는 것은 비구가 엄격히 지켜야 할 불살생계를 범하는 것이 된다. 그래서 율장에서는 비구가 땅을 파고 나무를 베는 것을 살생과 동일한 행위로 간주하기까지 하고 있다.[13]

어떤 비구들이 강당을 수리하면서 손수 강당 둘레에 땅을 파자 그것을 본 사람들이 비난을 했다. "어찌하여 사문석자(沙門釋子, 붓다의 제자)는 부끄러움도 모르고 남의 목숨을 끊는가. 겉으로는 내가 바른 법을 안다고 자칭하지만 지금 보건대 어찌 바른 법이

---

12) 김동화, 『불교윤리학』(뇌허불교학술원, 2001년), pp.297-298.
13) 『사분율』(1) 제11권 1-10과 12권 2-11(한글대장경, 1968판), pp.279-281.

있겠는가. 손수 땅을 파서 남의 목숨을 끊는구나."14) 이와 같은 계율의 제정 동기와 그 이상은 어쩌하든 간에 이 계율 규정에 따르는 이상, 출가 수행자는 농업이나 삼림 벌채업과 같은 일에는 종사할 수 없다.

출가자는 길쌈이나 짐을 지는 일 같은 노동도 할 수 없다. 그것은 사분율장의 "비구니는 손수 길쌈을 하지마라", 15) "짐을 지고 다니지 마라"16)라고 한 계율 조항에 의한 것이다. 그런데 길쌈이나 짐을 지는 일을 금하고 있는 이유 역시 그 일 자체에 문제가 있는 것이 아니라 그 당시 인도의 풍습 때문이었다. 출가 수행자들이 그들의 본업인 수행에 전념하지 않고 그와 같은 일을 한다는 것은 수행자의 품위에 관계되는 것이라 생각했기 때문이었다. 여러 비구니들이 손수 길쌈을 하고 있는 것을 보고 재가자들이, "우리 마누라가 길쌈을 하는 것처럼 이 비구니들도 똑 그렇다"라고 조롱하는 것을 붓다가 듣고 "길쌈하지 마라"라는 계율을 정했다.17) 그러나 비구나 비구니들이 자신들의 승복을 손수 만드는 일은 금하기보다는 오히려 그렇게 해야 하는 것으로 정하고 있다.

"짐을 지고 다니지 마라"는 계율의 제정도, 어떤 비구들이 짐을 지고 다니는 것을 본 재가자들이 "부처님의 제자들이 속인들과 같이 짐을 지고 다니는구나"라고 비웃었기 때문에 정해진 것이다. 그러나 "아무도 없는 곳에서는 지고 가다가 남이 보거든 땅

---

14) 『4분율』(1) 제11권 1-10(한대, p.279, 1968년판).
15) 『4분율』(2) 제27권 4-114(한대, pp.695-696).
16) 『4분율』(2) 제52권 2(한대, pp.659-660).
17) 『4분율』(1) 제27권 4-114(한대, pp.695-696).

에 내려놓거나 어깨로 옮겨라"[18]고 하였고, "절에서는 짐을 져도 좋다"[19]라고도 하였다. 그리고 「선견율비바사(善見律毘婆沙 : 율장의 주석서)」 제11권에서는 비구들이 "만약 탑, 절을 일으키려고 돌을 포개서 던지고, 치고, 깨뜨리는 것은 할 수 있으며 또한 방사(房舍)를 수리하는 일도 할 수 있다"[20]라고 했다. 다른 사람들이 보지 않는 사원에서 하는 토목 일은 허용하고 있음을 볼 수 있다.

지금까지 본 것에 의하면, 율장의 금지 사항 그 자체만으로 보면 출가 수행자는 물질적인 생산 노동을 할 수 없게 되어 있지만, 계율의 제정 동기나 그 정신은 결코 그와 같은 노동을 천하게 여긴다든지 나쁜 것이라고는 보지 않았다는 것을 알 수 있다.

그러나 상업적인 노동은 그 입장과 정신이 다르다. "붓다께서는 비구들에게 모든 노비와 부정한 물건과 금, 은, 보물[珍寶]이나 곡물과 소, 양, 코끼리, 말 등을 팔아서 이익을 구하는 것을 허락하였다고 (어떤 사람이) 말하더라도 그것을 믿지 마라."[21] 또 다른 곳에서 "정계(淨戒 : 붓다가 제정한 청정한 계)를 지니는 자는 판매와 무역을 하거나 논밭과 집을 가지거나 인민, 노비, 짐승을 기르지 마라. 모든 재물과 보배[財寶]를 불구덩이 피하듯 멀리 하여라"[22] 등과 같이 경전의 여러 곳에서 출가 수행자가 상업에 종사하는 것을 엄격하게 금하고 있다.

---

18) 『4분율』(2) 제52권 2(한대, p.659).
19) 『4분율』(2) 제52권 2(한대, p.660).
20) 『선견율비바사』 제11권[한대(96), p.531].
21) 고려대장경 제9책, p.56상, 『大般涅槃經』 권6 ; 『사분율』 제8권 3-18(한대, p.196).
22) 대정장 제12책, p.1110하, 『佛垂般涅槃略說教誡經』(遺敎經).

출가자에게 이와 같이 상업을 하지 못하게 하는 것은 "땅을 파지 마라", "길쌈을 하지 마라" 등의 경우와는 다르다. 그와 같은 일들은 살생이나 출가자의 품위에 관계되는 것들이기 때문에 못하도록 했지만 상업을 금하는 것은 장사에서 생기는 이익 때문이다. 이익으로 인해 탐욕이 생기게 되고, 탐욕은 수행생활에 가장 큰 장애가 되는 것이다. 수행생활을 하는 사람이 상업에 몰두하면서 탐욕적인 생활을 한다면 출가의 의미가 없어지게 되고 만다. 한 마디로 말해서 출가자에게 상업을 하지 못하게 금지한 것은, 보다 효과적인 수행생활을 하도록 하기 위해서라는 것을 알 수 있다.

지금까지 우리가 추구해 온 것에 따르면, 이유야 어떠하든 간에 출가 수행자는 어떠한 육체적인 노동도 할 수 없게 되어 있음을 알 수 있다. 고대 사회와 같은 단순한 농경사회에서, 농업이나 축산, 산림 벌채, 그리고 장사를 못한다는 것은 모든 생산관계의 노동을 못한다는 것을 의미하기 때문이다.

그러나 이와 반대로 정신적인 노동은 장려되고 있을 뿐 아니라 의무로까지 되어 있다. 출가자의 수행목적은 물질적인 안락을 얻는 것이 아니라 정신적인 것을 추구하는 데 있다. 그러므로 출가자는 그들의 본업인 수행에 전념해야 한다는 것은 당연한 일이다.

경전에서는 출가자가 그들의 본업을 위해 바쳐야 하는 노력에 대해 수없이 강조하고 있다.[23] 출가자의 노력은 번뇌를 멸하는

---

23) 경전에서는 노력 대신, 不放逸 또는 精進이라는 말을 사용한다. 『잡아함경』
    (2) 제31권 880, 「不放逸經」과 882, 「不放逸根本經」(한대, pp.387-390).

일이다. 붓다는 "여러분들이여, 번뇌를 끊기 위하여 노력하여라. 비구들이여, 여러분들은 설사 피와 살이 말라빠질지라도 가죽과 힘줄과 뼈가 남는 한 남자다운 정신, 남자다운 노력을 다하여 도달하여야 할 곳에 도달하지 않고서는 결코 노력을 게을리 하지 않으리라는 결심을 하지 않으면 안 된다. 이러한 결심을 통하여 여러분들은 멀지 않아 집을 버리고 사문이 된 목적을 이루어 청정한 행을 이 세상에서 성취하게 될 것이다"24)라고 가르치고 있다.

붓다는 출가자가 해야 하는 수행을, 재가자가 하는 육체노동과 전념하는 분야가 다를 뿐, 그것도 동일한 노동으로 생각했다. 경전(耕田 : 밭가는 경)이라는 경에서는 붓다가 자신을 농부로 자처하기까지 하고 있다. 농부이긴 하지만 흙 밭[土田]을 가꾸는 농부가 아니라 마음 밭[心田]을 가꾸는 것이 다를 뿐이다.

탁발을 나온 붓다에게, "사문 고타마께서도 (나처럼) 역시 밭을 갈고 씨앗을 뿌려 그것으로 먹고 살아가야 합니다"라고 말하는 한 바라문에게 붓다는 자신도 '밭 갈고 씨 뿌리는' 농부라고 하면서 다음과 같이 게송으로 답했다. "내가 뿌리는 씨앗은 믿음이고, 내 보습(쟁기)은 지혜, 김매는 작업은 매일 악업을 제어하는 것, 내 소는 정진(精進)으로서, 이 소는 한 걸음 한 걸음 착실히 나아가 물러서지 않는다. 이것이 내 농사이고, 그 수확은 감로(궁극의 경지 : 열반)의 열매다." 붓다의 이 게송을 들은 그 바라문은 "밭을 잘 가십니다. 부처님이시여"라고 붓다 역시 자기와 같은 농부

---

24) 남전대장경 제17, 『增支部經』 2集 2.

라는 것을 인정했다.[25]

노동의 목적이 살아가는 데 필요한 것을 얻기 위한 것이라면, 살아가기 위해서는 물질적인 것뿐만 아니라 정신적인 것 역시 필요하다. 인간의 삶은 동물과는 달라서 물질적인 것만으로는 충분할 수가 없다. 불교에서는 물질적인 행복을 삶의 궁극적인 목표로 삼지 않는다. 물질은 불교의 궁극 목표인 열반을 달성하는데 필요한 수단이라고 본다. 열반의 성취는 출가자에게뿐 아니라, 재가자에게도 궁극 과제이다. 출가, 재가자의 모든 행위와 노력은 열반을 얻기 위해 기여해야 한다. 경전은 그것을 다음과 같이 표현하고 있다 "갠지스 강이 바다 쪽으로 쏠리고 기울고 향하는 것처럼, 출가 재가를 포함한 붓다의 승가도 열반으로 쏠리고 기울고 향한다."[26] "바다는 한 가지 맛, 즉 짠 맛만 가지고 있는 것처럼 이 법과 율(즉 붓다의 모든 가르침)은 한 가지 맛 즉 해탈(열반) 맛만 가지고 있다(즉 해탈 열반을 위한 것이다)."[27]

그런데 현실적으로는 모든 사람이 열반을 얻는 일에 직접 참여할 수는 없다. 이 세상의 모든 사람들이 출가 수행자가 될 수는 없다. 출가 수행자가 되어 열반을 이루기 위한 일에 집중적인 노력을 할 수 있는 사람은 그렇게 하고, 그렇게 할 수 없는 사람은 생업에 종사하면서 그 차선(次善)을 추구하는 수밖에 없다. 그들이 목표하는 것은 열반이 아니고 열반보다 낮은 단계인, 다음 생

---

25) 『잡아함경』(1) 제4권 98, 「耕田經」(한대, pp.108-109) ; 『숫타니파아타』(法頂 譯, 正音社), 1장 「蛇品」 4, pp.24-25 ; 增谷文雄, 『아함경이야기』, p.166(현암 사, 1979).

26) M.N. I, p.493 ; S. N., V, p.134, 244 ; Lamotte, 앞의 책, pp.86-87.

27) Vinaya, II, p.239 ; A. N., IV, p.203 ; Lamotte, 앞의 책, p.156.

에 천상에 태어나거나, 아니면 복덕을 두루 갖춘 사람으로 이 세상에 태어나 붓다가 가르친 법을 닦아 깨닫는 능력을 좀 더 성숙시켜서 다음 기회에 열반을 기약하도록 하는 것이다. 이와 같은 결과를 얻기 위해 재가자는 출가자를 도와주면서 그들이 수행을 잘하게 하고 그 수행의 결과로 도움을 받아야 한다. 즉 재가자는 물질적인 생산을 해서 출가자에게 필요한 것을 공급해 주고, 그 대신 출가자로부터 그들의 정신적 노동의 결과를 나누어 받아야 한다.

출가자와 재가자 사이에는 서로의 노동의 결과를 주고받는 일종의 거래관계에 의해 상호 의존적으로 결합되어 있다. 즉 정신적 노동자인 출가 수행자와 육체적 노동자인 재가자는 상호 보완하면서 그들의 공동목표를 이루고자 하는 것이다. 이 관계를 「여시어경(如是語經, Itivuttaka)」에서는 다음과 같이 말하고 있다 : "비구들이여, 재가자들은 여러분에게 의복, 음식, 침대, 약 등을 주면서 크게 도움이 된다. 여러분도 역시 그들에게 선법(善法)과 범행(梵行 : 청정한 생활)을 가르쳐주면서 그들에게 크게 도움이 된다. 이렇게 해서 여러분들은 서로 도우면서 종교생활을 행할 수 있게 되고 윤회의 강을 건너 고(苦)를 끝낸다. 재가자와 출가자는 서로 의지하면서 선법을 번창하게 한다. 출가자들은 의복 등을 재가자들로부터 받음으로써 궁핍을 모르고 살 수 있고, 재가자들은 출가자들로부터 좋은 세계[善途]로 가는 길을 배우고 닦아서 다음 생에 천상에 태어나서 많은 즐거움을 누리게 된다."28)

---

28) Itivuttaka, p.111 ; Lamotte, 앞의 책, p.73.

「선생경」에서는 이 관계를 좀 더 구체적으로 설명해주고 있다. 먼저 재가 신도가 출가 수행자에게 해야 할 사항을 보면, 재가자는 출가자를 5사(事)로써 공양해 받들어야 한다. 5사란 다음과 같다.

① 몸의 사랑을 행하는 것.

② 입의 사랑을 행하는 것.

③ 뜻의 사랑을 행하는 것.

④ 때를 맞추어 보시하는 것.

⑤ 문을 막지 않는 것. 29)

이것을 간추려 말하면, 재가자는 행동과 말과 생각으로 출가자를 사랑으로 받들어야 하고, 그들에게 물질적인 것을 제공해야 한다는 것이다.

그 대신 출가자는 재가자를 6사(事)로써 가르쳐야 한다.

① 보호해서 악을 짓지 않게 하는 것.

② 착한 것을 가르쳐주는 것.

③ 선한 마음을 품게 하는 것.

④ 듣지 못한 것을 듣게 하는 것.

⑤ 이미 들은 것을 잘 알게 하는 것.

⑥ 천상으로 가는 길을 열어 보이는 것이다.30)

다시 말하면, 출가자는 재가자가 악을 짓지 않고 선을 행하도

---

29) 『장아함경』 제11권 제2분, 「善生經」(한대, p.268).
30) 『장아함경』 제11권 제2분, 「선생경」 제12(한대, p.268).

록 권고하고, 바른 지식을 나누어 주며, 그들의 어려움과 의문을 풀어줌으로써, 죽은 후에 천상에 올라갈 수 있도록 도와주어야 한다는 것이다.

지금까지 본 것처럼 출가자와 재가자는 각각 전념하는 분야가 다르지만 서로의 노동에 의해 생산된 것을 서로 교환함으로써 상호간에 필요한 것을 얻는다. 이외에도 출가자는 재가자가 복을 지을 수 있는 복전(福田)이 되어줌으로써 재가자의 이익에 기여한다. 재가자는 근기가 약하므로 이 생(生)에서 열반을 이룩하기가 출가자보다 훨씬 어렵다. 그러므로 이생에서는 공덕을 지어 다음 생에 천상에 태어나거나 좋은 가정에 태어나는 것이 목표이다. 이와 같은 목표를 달성하기 위해서는 재가자는 출가자에게 보시를 하는 것이 가장 좋은 방법이다.

출가 수행자에게 보시하면 다음 생에 그 보시에 대한 충분한 보상을 받게 된다. 그러나 출가 수행자에게 보시하면 복을 받는 다고 해서 아무 수행자에게 보시해도 똑같은 결과를 얻는 것은 아니다. 앞에서 업(karma)을 언급하면서 본 것처럼 출가 수행자는 복전(福田)이므로 복전의 좋고 나쁨에 따라 동일한 보시라 해도 그 결과는 다르게 나타난다. 동일한 양의 종자라 해도 좋은 밭에 뿌리면 소출이 더 많은 것과 같은 이치이다. 따라서 출가자가 열심히 수행을 하면 할수록 열반 성취의 목표에 가까워져서 자기 자신에게 좋은 것은 물론이지만 재가자에게 좋은 복전이 되어줌으로써 재가자의 이익에도 기여하게 된다. 따라서 출가자의 노동 [수행]은 정신적인 노동이지만 물질적[육체적] 노동과도 직접적으로 관계가 되는 것이다.

4. 재가의 노동

출가 수행자는 물질적인 생산을 위한 육체적 노동을 할 수 없는 것으로 되어 있지만, 이와 반대로 재가자에게는 육체적인 노동은 장려되고 있다. 가정을 거느리고 사회생활을 해야 하는 재가자는 육체노동을 하지 않고는 살아가는데 필요한 것을 얻을 수 없기 때문이다. "속인이 집에 있으면서 현재에 편안하고 현재에서 즐거울 수 있으려면 (…) 여러 가지 직업으로 스스로 생활을 경영해야 한다. 곧 농사를 짓고 장사를 하며, 혹은 왕의 관리가 되며, 또는 글씨, 글을 짓고, 셈[算術], 그림[畵]으로써 이것저것 직업을 꾸준히 힘쓰고 수행하는 것이다."[31] "① 먹을 때 족한 줄 알고, ② 일을 하여 게으르지 않으며, ③ 먼저 모으고 쌓아, 구차할 때를 준비 하여라. ④ 밭 갈고 장사하며, 목장을 만들어 짐승을 먹여라."[32] 또 다른 곳에서는 "가게 주인이 (온 종일) 열심히 업무에 힘쓴다고 하자. 이와 같은 가게 주인은 아직 얻지 못한 재물을 얻고 또한 이미 얻은 재화를 증식하게 될 것이다"[33]라고 가르치고 있다. 여러 경전에서는 이와 같이 열심히 노동할 것을 권장하고 있다.

노동을 한다는 것은 현재에 편안하고 즐거울 수 있는 생활 조

---

31) 『잡아함경』(1) 제4권 91, 「鬱闍迦經」(한대, p.94) ; 『중아함경』(2) 제25권 99, 「苦陰經」 상, 제3(한대, p.93).

32) 『장아함경』 제11권 제2분, 「선생경」 제12(한대, p.270).

33) A. N., VI, pp.115-116 ; 中村元(楊貞圭 譯), 『원시불교』, 경서원, 1981, p.238 [번역본 제5판부터는 『佛教의 本質』로 改名].

건을 만들 수 있을 뿐만 아니라 후생에도 편안할 수 있는 조건을 만든다. 역시 불교의 궁극 목표인 열반에 접근할 수 있는 길이 되기도 한다. 앞에서 본 것처럼, 출가 재가를 막론하고 불교의 궁극 목표는 열반의 성취이지만 재가자들은 여건과 능력에 있어 단번에 열반에 이르는 길을 밟을 수 없다. 재가자들이 생업에 종사하면서 이 목표를 향해 나아갈 수 있는 방법은 그들이 노동에서 얻게 되는 결과를 다른 사람들, 특히 출가 수행자들에게 보시하는 것이다.

『증일아함경』에서는 이것을 "그(재가자는)는 이런 노력으로 재물을 얻으면 중생들에게 보시한다. 즉 부모, 처자, 종들을 돌보고 나아가서는 사문이나 바라문에게 보시해 많은 공덕을 지어 천상에 나게 될 복을 심는다"[34]라고 말하고 있다.

『잡아함경』[35]에서는 이것보다 더 구체적인 가르침을 주고 있다. 재가자는 방편으로 재물을 얻고 손발을 부지런히 써서 법답게 얻은 것으로써 ① 부모를 봉양하고 안락을 얻게 할 것, ② 처자, 친척, 권속, 종, 품꾼, 하인을 이바지하고, 때에 따라 공경하고 안락을 얻게 할 것, ③ 수행자들을 받들어 섬기고 공양할 것. 이렇게 할 때 이들은 다음 생에는 천상에 나게 되거나 그렇지 못할 경우에는 복을 많이 받게 되어 좋은 가문에 태어나서 불법과 인연을 쉽게 맺게 된다. 이렇게 하는 것은 열반을 향해 한 걸음 더 가까이 하게 되는 것이다.

---

34) 『증일아함경』 제9권 제18, 「慙愧品」 2(한대, p.160) ; 『증일아함경』(1) 제10권 제19, 「勸請品」 6(한대, p.187).
35) 『잡아함경』 제4권 93, 「長身經」(한대, p.100).

여기에서 우리는 다시 한 번 불교 노동의 목적이 무엇인지 분명하게 알 수 있다. 즉 (1) 현세에서 안락한 생활을 위한 것이고, (2) 다음 생에 좋게 태어나기 위한 것이고 ,(3) 마침내 열반을 얻기 위한 것이다. 한마디로 노동은 불교의 목적을 성취하기 위한 필수 불가결한 수단이다.

노동은 어떻게 할 것인가에 대해서는, 경전에서 직접적인 설명을 주고 있는 곳을 찾기는 쉽지 않다. 그러나 「선생경」36)에서 붓다가 선생이라는 한 재가자에게 재산을 어떻게 하면 잘 보호할 수 있는가에 대한 가르침을 주고 있는 데서 재가노동의 자세를 엿볼 수 있다. 붓다는 다음과 같은 사람은 "사업을 경영 못하고, 사업을 못하면 공업(功業 : 큰 사업)을 이루지 못하며…"37)라고 사업을 잘하기 위해서, 해서는 안 될 사항들을 길게 설명하고 있다. 사업을 잘 경영하기 위해서는 다음과 같은 일들을 피해야 한다.38) 즉 ① 술에 빠지는 것, ② 도박을 하는 것, ③ 방탕하는 것, ④ 기생과 풍류[妓樂]에 미혹하는 것, ⑤ 악한 벗을 만나는 것, ⑥ 게으른 것 등이다.

이상의 여섯 가지 행위를 하게 되면 각 행위마다 여섯 가지씩의 나쁜 결과가 초래하게 된다. ① 술을 마시면, 재물을 없애고, 병이 나고, 싸우고, 나쁜 이름이 퍼지고, 성격이 사나워진다. ② 도박을 하면, 재물이 날로 없어지고, 이기더라도 원한을 사고, 지혜로운 사람으로부터 꾸지람을 듣게 되고, 사람들로부터 공경과

---

36) 「선생경」은 『장아함경』(제11권)과 『중아함경』(33권) 두 곳에 실려 있다. 내용은 약간씩 다르다.
37) 『중아함경』(2) 제33권 135, 「선생경」 제19(한대, p.285).
38) 이 부분은 『장아함경』의 「선생경」을 인용했다. 제11권 제2분(한대, p.262).

신임을 받지 못하게 되고, 경원시 당하고, 도둑질할 마음을 낸다. ③ 방탕하면, 자기 몸을 보호하지 못하고, 재물을 보호하지 못하고, 자손을 보호하지 못하고, 항상 스스로 놀랄 뿐 아니라 두려워하고, 모든 괴로움과 악한 것이 항상 그 몸을 감고, 헛된 이름을 내기 좋아한다. ④ 기생과 풍류에 빠지면, 노래를 찾고, 춤을 찾고, 거문고(…)를 찾는다. ⑤ 악한 벗을 사귀면, 수단을 써서 속이고, 그윽한 곳을 좋아하고, 남의 집 사람을 유혹하고, 남의 물건을 도모하고, 재물과 이익을 따르고, 즐거이 남의 허물을 파낸다.39) ⑥ 게으르면, 너무 이르다 하여 일하지 않고, 너무 늦다, 너무 춥다, 너무 덥다, 너무 배고프다, 너무 배부르다 하여 일하지 않는다.40)

여기에서 우리는 사업을 경영하는데 얼마나 도덕적으로 건전해야 되고 얼마나 부지런히 노력해야 하는가를 볼 수 있다. 「선생경」에서 가르치고 있는 사업경영법은 어떤 의미에서는 일종의 수행생활에 가깝다. 사실 불교의 궁극목표가 열반의 성취라면 사업을 경영하며 사는 재가생활 역시 일종의 수행생활이어야 할 것이다. 부도덕하고, 진지하지 못한 사업경영은 그 자체로서도 사업에 있어서 불이익을 초래하겠지만 종교적인 차원에서도 나쁠 것은 말할 것도 없다. 정당한 방법에 의하지 않고서 설사 많은 재산을 모을 수 있다 해도, 그것으로 인해 우리가 추구하는 궁극 목표에서 멀어지는 결과를 초래한다면 그것이 무슨 의미가 있을 수 있겠는가. 「선생경」에서 가르치고 있는 대로 피할 것은 피하고

---

39) 『장아함경』 제11권 제2분, 「선생경」 제12(한대, p.262).
40) 『중아함경』(2) 제33권 135, 「선생경」 제19(한대, p.286).

올바른 방법에 의해 부(富)를 추구한다면 현재에서도 좋을 뿐 아니라 후생에서도 좋을 것은 당연하다.

같은 경전(「선생경」)에서, 타인에게 노동을 시킬 때와 타인을 위해 노동을 할 때 어떻게 해야 하는가에 대해서도 가르치고 있다.

고용주는 고용인을 다음과 같이 부려야 한다. 즉, ① 그 능력에 따라 부릴 것, ② 때에 맞추어 음식을 줄 것, ③ 때에 따라 수고를 위로할 것, ④ 병이 나면 약을 줄 것, ⑤ 휴가를 줄 것.[41]

반대로 이번에는 고용인이 고용주에게 다음과 같은 자세로 봉사해야 한다. ① 일찍 일어날 것 ② 일을 할 때 세밀히 할 것 ③ 주지 않으면 취하지 않을 것 ④ 일을 순서 있게 할 것 ⑤ 주인의 명예를 드러낼 것.[42]

고용주와 고용인 사이에는 '일 시키고', '시키는 대로 하고 보수를 받기만 하면 된다'는 식의, 단지 '주고받는' 관계가 아니고, 서로를 사랑하고 공경하며 성실할 것을 가르치고 있다. 2,500여 년 전의 고대사회에서 고용주와 고용인의 관계를 이처럼 유지하도록 가르치고 있는 것은 다른 곳에서 그 예를 찾아보기 힘든 것이라 아니할 수 없다.

노동을 보다 잘 하도록 하기 위해서는 먼저 필요한 훈련과 기술의 습득이 요구된다. 그래서 경전에서는, 기술을 배우고 훈련을 쌓아 보다 능률 있게 노동을 할 수 있도록 하라고 가르치고

---

41) 『장아함경』 제11권 제2분, 「선생경」 제12(한대, p.268) ; 『중아함경』(2) 제33권 135, 「선생경」 제19(한대, p.292).

42) 『장아함경』 「선생경」 제12(한대, p.268) ; 『중아함경』(2), 「선생경」 제19(한대, p.292).

있다. "마땅히 먼저 기술[技藝]을 익혀라"[43], "여기에 어떤 양가(良家)의 자제가 있다. 그는 여러 가지 기술을 배우되 혹은 농사를 짓고, 혹은 문학, 산술, 천문, 지리, 점치기를 배우고…",[44] "전에 자신이 할 수 있었음에도 나는 기술을 배우지 않았다. 기술을 가지지 않은 자의 비참함이여"라고 뒷날 후회한다고 여러 곳에서 기술 습득의 필요성을 강조하고 있다. [45]

재가자에게 육체적 노동이 장려된다고 해서 아무 노동이나 모두 해도 좋다는 것은 아니다. 업(karma)에 대해 추구하면서 보았듯이 우리가 짓는 행위, 즉 업은 이번 생으로 끝나는 것이 아니고 다음 생에 연결되고 다음 생을 결정짓는 기본 요소가 된다. 우리들이 하는 노동도 일종의 행위이므로, 노동행위는 이생에서 살아가는데 필요한 것으로 끝나는 것이 아니고, 다음 생을 만드는데 결정적인 원인이 된다. 그래서 '해서 좋은 노동'이 있는가 하면, '해서는 안 될 노동'이 있다. 해도 좋은 노동이란 이번 생에서도 좋고 다음 생에서도 좋은 노동이고, 해서는 안 될 노동이란 설사 이번 생에서는 괜찮다 하더라도 다음 생에 나쁜 결과를 가져오게 하는 노동이다.

경전에서 재가자에게 권장되고 있는 노동, 즉 직업으로는 농업, 상업, 목축, 건축업, 관리(官吏), 그리고 무술, 서(書), 계산(산술), 그림 등이다.[46] 이와 반대로 해서는 안 될 노동도 여러 가지가 있

---

43) 『장아함경』「선생경」제12(한대, p.269) ; 『중아함경』(2) 「선생경」제19(한대, p.294) ; 『잡아함경』(3) 제48권 1283, 「技能經」(한대, p.418).
44) 『증일아함경』(1) 제9권 제18, 「慚愧品」2(한대, p.160).
45) Jataka, IV, p.177 G ; 中村元, 『宗教と社會倫理』, 東京, 1961, p.77에서 인용.
46) 『잡아함경』(1) 제4권 91, 「鬱闍迦經」(한대, p.94) ; 『증일아함경』(1) 제9권 제18, 「慚愧品」2(한대, p.160) ; 『증일아함경』(1) 제12권 제21, 「三寶品」9(p.224).

다. 피해야 할 노동으로는 무엇보다도 '남을 해롭게 하는 일'과 관계가 있는 것들이다. 그것이 세속법으로는 합법적이라 해도 남에게 해가 되는 것이라면 해서는 안 된다. 여기서 남이란 인간뿐 아니라 다른 동물까지도 포함해서 말한다. 해서는 안 될 노동을 구체적으로 들어보면 고기잡이, 사냥, 도살업, 무기 매매, 술장사, 독약 매매, 생물의 매매, 육류의 매매 등과 같은 것들이다.[47] 이와 같은 일들은 직접 간접적으로 살생과 관계되고, 남을 해롭게 하는 것들이다.

해서는 안 될 노동에 종사하면서 사는 사람은 이생에서 비록 잘 산다 하더라도 다음 생에서 나쁜 과보(惡報)를 받게 된다. 좋지 않은 직업을 가졌기 때문에 그 결과로 악보를 받아 많은 고통을 당하는 중생들에 대한 구체적인 사례들을 『잡아함경』권19의 여러 경에서 볼 수 있다.[48] 전생에 도살업을 했던 사람이 "백 천 세동안 지옥에 떨어졌고 지옥에서 나와서도 아직 죄가 남아" 여러 가지 나쁜 몸을 받으며 많은 고통을 당하고 있는 것을 볼 수 있다.[49] 남에게 해로움을 주는 노동은 남을 해롭게 할 뿐 아니라, 결국 자기 자신도 해롭게 하는 결과가 되는 것이다. 남을 해롭게 하는 노동을 하지 말라고 하는 것은 남을 해롭게 하는 것이 도덕적으로 나쁘기 때문만이 아니라 실질적으로 자기 자신에게도 불이익을 가져오므로 피해야 하는 것이다.

그러므로 「장로게경(長老偈, Theragāthā)」에서는 "법을 어기고

---

47) 『잡아함경』(1) 제19권, 508-511, 515-16, 519(한대, pp.38-46) ; 『불교학개론』, 동국대학교출판부, 1982년, p.201.
48) 『잡아함경』(1) 제19권, 508-511, 516, 519(한대, pp.38-46).
49) 『잡아함경』(1) 제19권, 508-511, 516(한대, pp.38-43, 45).

살아가는 것과 법에 따라 죽는 것과는 법에 따라 죽는 편이 법을 어기고 살아가는 것보다 낫다"[50]라고 말하고 있다. 올바르지 못한 생활방법으로 살기보다 정당한 방법으로 살다 죽는 편이 장기적인 안목에서 유리하다. 당장은 고통스럽더라도 그 고통은 일시적인 반면, 보다 좋은 다음 생이 약속되지만 바르지 못한 생활 법에 의해 산다면 일시적으로는 좋을지 몰라도 많은 다음 생에 오래도록 나쁜 과보를 받아 고통을 당하게 되기 때문이다. 그래서 경전에서는 노동의 선택이 중요함을 강조하고 있다.

노동과 사회 계급 문제에 대한 불교의 입장 역시 독특하다. 붓다가 살고 있었던 당시의 인도 사회의 전통적인 것과는 다르다. 전통적인 인도 사회는 4계급으로 엄격하게 나뉘어져 있었다. 그리고 각 계급마다 종사해야 하는 분야가 정해져 있었다. 인도의 영원한 법전인 『마누(Manu)』에 의하면[51], 제1 계급인 브라만은 사제(司祭)로서 바라문교의 성전인 베다를 연구하고 그것을 사람들에게 가르칠 뿐 아니라 필요한 의식(儀式)을 집행하는 일을 맡았다. 그리고 제2 계급인 끄샤뜨리야는 왕을 비롯한 군인으로서 나라를 다스리고 백성을 보호하는 일을 맡고, 제3 계급인 바이샤는 평민으로서 가축을 키우고 농사와 장사일, 즉 생산업에 종사했다. 끝으로 제 4계급인 수드라는 노예로서, 앞의 세 계급에 봉사하는 일을 맡았다. 이와 같은 계급의 구분은 인종과 피부 빛깔 등으로 태어날 때부터 결정되었다. 출신 계급에 따라 그들이 종사해야 할 노동 분야도 태어나면서부터 이미 정해졌다. 이것은

---

50) Theragatha, 670 ; 中村元, 『宗教と社會倫理』, p.78에서 인용.
51) 『마누법전』 제1장, 88-91, 이재숙 옮김, p.71.

인위적으로는 변경할 수 없는 것으로 되어 있었다.

그러나 불교에서는 이와 같은 선천적인 계급과 그 계급에 따라 정해지는 노동을 인정하지 않는다. 모든 것은 출신 성분에 의해서가 아니고 태어나서 각자가 하는 행위에 의해서 결정된다고 보았다. 아무리 조상의 가문이 좋다 해도 본인의 행위가 좋지 않으면 그는 천한 사람이 되는 것이다. 그리고 아무리 천한 가문에 태어났다 해도 그 자신의 행위가 고상하다면 그는 바라문인 것이다. "태어난 종성(種姓, 계급)으로 천인(領群特, Vasalaka)이 아니요, 태어난 종성으로 바라문이 아니다. 그 행위 때문에 천인(賤人)이 되고, 그 행위[業] 때문에 바라문이 되는 것이다."[52] 다른 곳에서는, "그것은 다 업으로서, 진실로 업에 의한 것이요"[53]라고 경전은 기회 있을 때마다 출신보다 행위가 중요하다는 것을 강조하고 있다.

이와 같이 불교에서 인정하는 것은 자기 자신의 의지와 선택에 의해 지어진 행위, 즉 업(業)뿐이다. 어떤 사람이 바라문 집안에 태어났다고 해도 그의 행위가 바라문에 합당한 것이 아니면 그는 바라문이 아니다. 천인의 집안에 태어났어도 그 행동이 선하면 그는 바라문으로 취급되는 것이다. 어떤 바라문이 붓다에게 "어떤 종족이십니까"라고 출신을 묻자, 붓다는 "어떤 종족인가 그것을 묻지 말고 어떤 일을 하느냐고 물어라. 나무도 베어 비비고 비비면 거기에서 불이 난다. 천하고 낮은 종족에서도 숭고한 모니

---

52) 『잡아함경』(1) 제4권 102, 「領群特經」(한대, pp.117-118) ; 『숫타니파아타』 1 장 7, 제136게(法頂 譯), p.47 ; 『パ-リ 語佛教辭典』, 雲井昭善(東京, 1997), p.785.
53) 『잡아함경』(2) 제20권 548, 「摩偸羅經」(한대, p.69).

52

(牟尼, 聖者)가 나온다"[54]라고 답한다. 어떤 사람이 지금 처해 있는 계급이 천하고 종사하고 있는 직업이 나쁜 것이라면 그것은 그가 행했던 전생의 행위나 직업에 의한 결과로 그렇게 되었을 뿐이지, 그의 행위나 의사와 관계없이 단지 조상의 신분 때문에 그렇게 된 것은 아니다. 그리고 역시 현재의 신분이나 직업이 나쁜 것이라 해도 그 자신의 노력에 의해서 다음 생에서 개선될 수 있다는 것이다.

5. 노동의 결과

노동의 결과, 즉 노동으로부터 생기는 부(富) 또는 재(財)는 노동의 다른 한 면이다. 불교에서 부에 대한 입장은 어떠한 것인가. 부(富)의 의미, 부의 처리문제, 특히 분배문제에 대해 어떠한 입장을 취하고 있는가. 이와 같은 문제들의 추구는 노동의 의미를 좀 더 깊이 이해하기 위해서 간과할 수 없는 점들이 아닐 수 없다. 그러나 이 문제들에 들어가기 전에 먼저 해결되어야 할 것은 노동의 동력이 되고, 부와 분배의 문제와 밀접한 관계를 가지고 있는 욕망의 문제다. 노동이나 생산은 욕망을 전제하지 않고서는 이루어질 수 없기 때문이다.

그런데 욕망은 불교에서 제거되어야 할 것 가운데서 가장 일차적인 것이다. 불교의 궁극 목표가 열반의 성취라면, 열반의 성취를 방해하는 것이 욕망이다. 그 반면 욕망 없이는 노동은 동력(動

---

54) 『잡아함경』(3) 제44권 1184, 「孫陀利經」(한대, p.283).

力)을 잃어버리게 된다. 다시 말하면 욕망이 있으면 열반을 이룰
수 없게 되고, 욕망이 없을 때는 노동의 추진력이 없게 된다. 이
와 같은 모순을 경전에서는 어떻게 해결하고 있는가. 노동의 결
과인 부와 그것의 분배문제에 들어가지 전에 욕망문제에 대한 규
명이 있어야 하는 이유가 여기에 있다.

(1) 욕망의 문제

불교를 두 마디로 정의한다면 그것은 "인생은 고(苦)이고, 이
고에서 어떻게 벗어나는가 하는 데 대한 가르침"이라고 할 수 있
다. 『불본행집경(佛本行集經, Mahāvastu)』에서 붓다는 이것을 "고
와 고에서의 해탈만을 가르친다"[55]라고 표현하고 있다. 다른 경
에서도 "바다는 한가지 맛, 즉 짠 맛만 가지고 있는 것처럼 이 법
(法)과 율(律)은 한가지 맛, 즉 해탈의 맛만 가지고 있다"[56]라고
같은 내용을 말하고 있다.

불교의 궁극 목표가 고에서의 해방이라고 한다면 고에서 벗어
나기 위해서 먼저 해야 할 일은 고의 원인을 알아야 하고 다음으
로 그 원인을 제거하는 것이다. 사실 불교의 모든 교리는 이것을
목표로 만들어졌다.

그러면 고의 원인은 무엇인가. 고의 원인은 단 한가지뿐이 아
니라 여러 가지가 있지만 그 가운데서 가장 근본적인 것은 욕망
이다. 붓다는 녹야원에서 한 첫 설법에서부터 "고의 원인에 대한

---

55) Mahāvastu, p.246 ; A. Foucher, *La vie du Bouddha d'après les textes et le monuments de l'Inde*, Paris, 1949, p.338.
56) *Vinaya II*, p.239 ; A. N., IV, p.203 ; *Udāna*, p.56. E. Lamotte, 앞의 책, p.156.

성스러운 진리가 있다. 그것은 욕망이다"57)라고 욕망이 고의 주된 원인임을 명백히 하고 있다. "무릇 모든 괴로움이 생기는 것은 모두 다 애욕 때문이다"58), "욕망에서 슬픔이 오고 욕망에서 두려움이 온다"59) 등과 같이, 경전의 곳곳에서 같은 내용을 말하고 있다. 『잡아함경』 권32에서는60) 우루벨라 촌장에게 붓다가 "촌장이여, 중생에게 생기는 모든 괴로움은 다 애욕이 근본이 된다. 그것은 애욕에서 생기고 모이며 일어나고, 애욕이 원인이며, 애욕을 인연하여 생긴다"라고 가르치면서 비유를 들어 구체적으로 욕망이 고의 원인임을 설명하고 있다. 우리는 육체적인 욕망[愛慾]과 존재의 생존에 대한 욕망[有愛], 그리고 명예와 재산 등에 대한 욕망 등 한없는 욕망의 지배하에 있다. 산다는 것은 다른 말로 표현하면 욕망의 구체화라고 할 수 있다. 욕망은 인생을 이끌어가는 동력일 뿐 아니라 인생을 지배한다. 따라서 우리는 욕망으로 인해 노예가 주인에게 부림을 당하듯이 그렇게 고통을 받게 된다. "세상은 갈애(渴愛)로 인해 인도되고 갈애로 인해 괴로움을 받는다. 갈애야말로 모든 것을 예속시킨다"61)라고 붓다는 가르치고 있다. 사람들은 욕구하는 것을 성취하지 못할 때 고통을 받는다. 좌절과 불만의 고통을 맛보게 된다. 경전은 이것을 화살에 맞

---

57) S.N., II, 1 ; Walpola Rahula, *L'enseignement du Bouddha* ; A. Bareau, *Bouddhisme*, Paris, 1966, p.41 ; A. Foucher, 위의 책, p.201. 『증일아함경』(1) 제19권 제27, 「等聚四諦品」 1(한대, p.362).

58) 『잡아함경』(3) 제39권 1099, 「衆多經」(한대, p.158) ; 『중아함경』(2) 제25권 99-100, 「苦陰經」 上과 下, 제3(한대, pp.92-101).

59) 『법구경』 제16의 215(徐景洙 譯), pp.93-94 ; 같은 경, 제16의 213과 215-216(pp.93-94)

60) 『잡아함경』(2) 제32권 913, 「竭曇經」(한대, p.417).

61) 『相應部經』 I 63, 渴愛 ; 增谷文雄, 『佛教概論』(李元燮 譯), p.185.

은 사람이 고통스러워하는 것에 비유해 설명한다. "욕망을 이루고자 탐욕이 생긴 사람이 만일 욕망을 이루지 못하게 되면 그는 화살에 맞은 사람처럼 괴로워 번민한다."[62]

욕망하는 것을 이루지 못하기 때문에 괴롭다고 해서, 그것을 채움으로써 문제를 해결할 수 있느냐 하면 그렇게 될 수도 없다. 욕망은 성질상 채우면 줄수록 더 커져 갈 뿐이지 그것이 충족되는 것은 아니기 때문이다. 그것은 바다에 빠진 사람이 바닷물을 마시면 마실수록 갈증이 더 심해지는 것과 같다. "비록 여기에 설산(雪山, 히말라야산)만한 순금덩어리가 있다고 하자. 어떤 사람이 그 금을 얻는다 해도 만족할 줄을 모를 것이다."[63] "금이 소나기처럼 쏟아진다 할지라도 사람의 욕망을 채울 수는 없으리라"[64]라고 경에서는 욕망의 실상을 설파하고 있다.

욕망은 그것이 채워지지 않음으로써 고를 발생시키지만, 역시 모든 분쟁의 원인이 되어 고를 일으키기도 한다. 작게는 개인의 분쟁에서, 크게는 국가끼리의 분쟁도 이 욕망에서 야기되는 것이다. "중생들은 욕망을 인(因)으로 하고 욕심을 연(緣)으로 하며 욕심을 근본으로 하기 때문에 어머니는 아들과 다투고, 아들은 어머니와 다투며 부모, 형제, 자매, 친구들이 계속 번지어 다툰다.… 왕(王)과 왕이 서로 다투고 바라문과 바라문이 서로 다투고 거사와 거사가 서로 다투고 백성과 백성이 서로 다투며 나라와 나라가 서로 다툰다."[65]

---

62) 『숫타니파아타』 767, 法頂 譯(正音社), p.189 ; 『증일아함경』(1) 제12권 21 「三寶品」 9(한대, p.224).
63) 『잡아함경』(3) 제39권 1098, 「作王經」(한대, p.157).
64) 『법구경』 제14의 186, 徐景洙 譯, p.83.

욕망은 현재 생의 모든 고와 분쟁의 원인이 될 뿐만 아니라 다음 생에까지 영향을 미친다. 우리가 태어나고 죽고, 다시 태어나는 원인은 업(karman)이지만 이 업의 원인은 욕망이다. 따라서 윤회의 근본 원인은 욕망이다. 그래서 여러 경전에서는 욕망 때문에 윤회를 한다고 말하고 있다. "재생(再生)에서 재생으로 인도하는 것은 욕망이다."66) 『법구경』에서는 이것을 비유적으로 설명하고 있다. "나는 이 존재를 지은 자를 헛되이 찾으면서 여러 생을 방황했다. 항시 다시 태어난다는 것은 큰 고통이다. 집 짓는 자야, 나는 너[慾望]를 발견했다. 너는 다시 집을 지을 수 없을 것이다. 서까래는 모두 부서졌고, 지붕은 내려앉았다."67)

이처럼 모든 고를 야기하는 것은 욕망이므로 고에서 벗어나기 위해서는 고의 근본 원인인 욕망을 제거하지 않으면 안 된다는 것이다. 설사 당장에는 고의 문제가 해결되었다 해도 고의 근본 원인인 욕망이 없어지지 않는 한 고는 다시 발생하기 마련이다. 이것을 『법구경』은 "나무가 잘려도 뿌리가 깊이 박혀 있으면 다시 자라나는 것처럼, 욕망의 뿌리가 뽑혀지지 않으면 고통은 자꾸만 되풀이 될 것이다"68)라는 비유로 설명하고 있다.

문제는 욕망 없이 우리가 하루라도 생존할 수 없다는 것이다. 산다는 그 자체가 욕망의 구체적인 표현이라 할 수 있다면, 욕망을 없애야 한다는 것은 삶을 포기해야 한다는 말이 될 수 있다.

---

65) 『중아함경』(2) 제25권 99, 「苦陰經」 上, 제3(한대, p.93) ; 같은 경 下, 제4(한대, p.98).

66) A. Bareau, 앞의 책, p.41 ; S. N., II, 1.

67) 『법구경』 제114의 153-154, 徐景洙 譯, p.70.

68) 『법구경』 제24의 338, 徐景洙 譯, p.140.

욕망 없이는 우리는 당장 생존도 어려울 것이고, 열반의 성취도 할 수 없게 될 것이다. 열반을 이루겠다는 것조차도 일종의 욕망이라고 할 수 있는 것이다. 게다가 열반을 성취한 사람조차도 겉으로 보기에는, 그 정도야 어떠하든 욕망의 생활을 한다고 할 수 있다. 식욕, 수면욕 등도 일종의 욕망이기 때문이다.

이 문제에 대해 우리는 먼저 「우다나경(Udana經)」에서 하고 있는 설명부터 들어보기로 하자. "금욕생활이 바른 수행 태도라고 하는 것은 하나의 극단이다. 온갖 욕망에 잘못이 없다고 하는 것도 역시 하나의 극단이다."[69] 『사분율』에서도 비슷한 내용을 말하고 있다 "집을 떠난 비구는 두 극단을 가까이 하지 마라. 애욕을 좋아해서 익히거나 스스로 고행을 닦는 것은 성현의 법이 아니다. 몸과 마음만을 괴롭히는 것으로서 이루는 바가 없다."[70] 여기에서 우리가 알 수 있는 것은 고행, 즉 금욕주의의 입장을 주장하는 것은 욕망을 악이라고 보기 때문이고, 이와 반대로 욕망의 생활에 빠지는 것은 욕망을 선이라고 보기 때문이라는 것이다. 붓다는 이 두 입장을 극단이라고 해서 배척하고 있다. 이와 같은 붓다의 입장은 욕망 자체를 전적으로 부정한 것이 아니라는 것을 알 수 있게 해 준다. 욕망의 생활을 배척했지만, 역시 지나친 금욕생활[苦行]도 피하라고 가르치고 있다. 붓다가 취한 욕망에 대

---

69) *Udana VI*, 8 ; 增谷文雄, 『佛教概論』(李元燮 譯), p.193 ; 『잡아함경』(1) 제9권 254, 「二十億耳經」(한대, pp.255-258)에서 거문고의 비유로 이 문제에 대해 잘 설명하고 있다.

70) 『사분율』(2) 32권 2(한대, 1969판, p.52) ; 『중아함경』(3) 제56권 204, 「羅摩經」 제3(한대, p.318) ; 『중아함경』 제43권(3) 169, 「拘樓瘦無諍經」 제8(한대, pp.50-51).

한 입장은, 욕망 그 자체는 선도 악도 아닌 무기(無記)라고 보았다는 것이다.[71] 비유를 들어 설명하면 칼로써 요리를 하면 칼은 선이 되고, 사람을 살상하면 그것은 악이 되는 것과 같은 것이다. 칼 그 자체는 선도 악도 아니다. 칼을 위험한 것이라고 경계하는 것은 칼 그 자체보다도 칼의 쓰임이다. 욕망도 이와 같은 것이라고 할 수 있다. 붓다가 욕망을 경계하라고 한 것은 욕망 그 자체라고 하기 보다는 그것에서 발생하는 부작용 때문이다.

이렇게 볼 때, 욕망의 제거라는 말은 글자 그대로 욕망의 철저한 부정이 아니고, 그것을 제어하고 극복한다는 의미라고 할 수 있다. 이것을 경전에서는 "세간의 온갖 대상은 바로 그대로 존속하고 있다. 그러나 현자는 이것들에 대한 욕망을 제어한다"[72]라고 말한다. 『숫타니파아타』에서는 역시 "이 세상에서 모든 욕망을 초월하고 또한 극복하기 어려운 집착을 넘어선 사람은 떠내려 가지 않고 얽매이지 않는다. 걱정하지 않고 사모하여 애태우지도 않는다"[73]라고 표현하고 있다.

욕망을 제어할 수 있다면 어떠한 대상에 대해서도 집착하지 않게 되고, 집착하지 않기 때문에 문제가 생기지 않게 된다. 그래서 경에서는 욕망의 생활 속에서도 욕망의 격렬한 소용돌이에 휘둘림을 당하지 않도록 하라고 가르치고 있다. 마치 연꽃이 흙탕물 속에서 자라지만 더러운 물이 묻지 않는 것과 같다. 『법구경』은 이것을 "이 세상에서 누르기 어려운 강렬한 갈망을 억제한 사람

---

71) 增谷文雄, 『아함경이야기』(李元燮 譯, 1979), 현암사, pp.144-145.
72) S.N., I, p.22 ; A. N., p.411 ; 中村元, 『원시불교』(楊貞圭 譯), p.127 ; 『숫타니파아타』(法頂 譯) 12, 1097-1098, p.255.
73) 『숫타니파아타』 15, 948(法頂 譯), p.225.

은 모든 슬픔을 여읠 것이다. 마치 물방울이 연잎에서 떨어지듯이"74)라고 표현하고 있다.

붓다의 경우를 보면 성도한 후에도 겉으로 보기에는 다른 사람과 똑같은 생활을 했다. 그러나 붓다는 다른 사람들과는 근본적으로 달랐다. 왜냐하면 욕망의 생활을 하면서도 그 욕망을 완전히 제어하고 극복했기 때문이다. 붓다는 그것을 다음과 같이 설명하고 있다 : "여래는 세상에 나타나서 이 세계에서 불도(佛道)를 이루었다. 그러나 세상의 여덟 가지 법[八法]75)에 집착하거나 휘둘리지 않는다. 마치 진창에서 자라난 연꽃이 매우 신선하고 깨끗해서 더러운 물에 젖지 않는 것처럼."76) 싱가라의 가르침에서도 같은 내용을 말하고 있다 : "마치 청련화·홍련화·백련화가 물속에서 나서 물속에서 성장하여 물 위로 떠올랐는데도 물에 더럽혀지지 않고 있는 것처럼 그와 같이 인격을 완성한 사람[如來]은 세간에서 성장하고 세간을 이겨내고, 그런데도 세간에 더럽혀지지 않는다."77)

지금까지 추구해 온 것을 한 마디로 요약하면, 욕망은 붓다가 추구하는 궁극 목표인 열반을 성취하는데 제거되어야 할 가장 핵심적인 방해 요소이다. 그러나 욕망은 선도 악도 아니다. 욕망이 문제가 되는 것은, 우리 자신이 욕망의 부림을 당하면서 고를 받게 되기 때문이다. 욕망을 제어하고 극복할 수 있으면 욕망은 열

---

74) 『法句經』 제24, 336(徐景洙 譯), p.140.
75) 8법이란 이익[利], 쇠함[衰], 헐뜯음[毁], 기림[譽], 칭찬[稱], 나무람[譏], 괴로움[苦], 즐거움[樂]이다. 『증일아함경』(2) 제39권 제43, 「馬血天子品」 2-8(한대, pp.269-270).
76) 『증일아함경』(2) 제39권 제43, 「馬血天子品」 2-9(한대, p.270).
77) 中村元, 『원시불교』(楊貞圭 譯), p.183.

반을 성취하는데 방해가 되기보다는 오히려 도움이 되는 것이다. 마치 진창이 연꽃을 피우는데 방해가 되기보다는 도움이 되는 것과 같다.

(2) 부(富)의 문제

불교는 물질적 행복을 삶의 궁극적 목표로 삼지 않는다. 물질이란 보다 높은 목표를 이루기 위한 수단에 지나지 않는 것이다. 그러나 이 수단은 없어서는 안 될 필수적인 것이다. 불교의 궁극목표인 열반에 도달하기 위해서 물질적인 것이 없어서는 안 된다는 것을 경전은 인정하고 있다.

그러나 초기 불교교단에서는 출가 수행자가 물질적인 생산이나 경제와 관계된 활동을 하는 것을 허용하지 않았다. 수행을 하기 위해서는 생존하는 데 필요한 최저의 생활자료만 있으면 되었고, 그것도 걸식으로 해결할 수 있었으므로 출가 수행자는 물질적인 부와 관계를 가질 필요가 없었다. 수행의 목적은 열반의 성취인데 물질적인 부는 자칫 이 목적을 이루는 데 도움이 되기보다는 오히려 장애가 될 위험이 있기 때문이었다. 그러므로 출가 수행자가 지켜야 하는 기본적인 계(戒) 가운데에 "불착생상금은보물(不着生像金銀寶物)" 또는 "돈이나 보배를 저축하지 마라"78)라고 돈이나 보물 등에 손을 대지 못하게 하는 조항을 넣어 놓고 있다.

이런 이유 때문에 불교는 물질적인 것을 부정하는 것으로 생각되었다. 그러나 불교는 물질을 근본적으로 부정하는 것은 아니었

---

78) 釋日陀編, 『沙彌律儀』, 三榮出版社, p.84 ; 『사분율』 8권 18(한대, p.186).

다. 물질적인 것을 멀리하게 한다면 그것은 출가 수행자에게 한정된 것이었을 뿐이다. 출가 수행자들에게 물질적인 것이 금지된 것도 물질 그 자체를 부정해서가 아니고 그것에서 야기되는 부작용을 피하고 수행을 보다 효과적으로 할 수 있도록 하기 위해서였다.

붓다는 현실을 무시하고 이상만을 내세우지 않았다. 현실을 인정하고 그것을 바탕으로 해서 이상을 실현하도록 가르쳤다. 가정을 가지고 가족을 부양해야 하는 사람들에게는 물질적인 것이 중요하다는 것을 붓다는 누구보다도 잘 이해하고 있었다. 재가생활에서 부는 필수불가결한 조건이다. 필요한 부가 없을 때의 고통은 큰 것이다. 그래서 「금색왕경(金色王經)」에서는 "빈궁(貧窮)의 괴로움은 세상의 어느 괴로움보다 더 심한 것이다"라고 하고 있다. 심지어 죽음의 고통보다 더하다고 말하고 있다. "어떤 것을 고(苦)라 하는가. 이른바 그것은 빈궁이다. 어떤 고를 가장 무거운 고라 하는가. 이른바 빈궁고이다. 죽음의 고[死苦]와 가난한 고[貧苦], 이 두 가지 괴로움은 동일하지만, 차라리 죽음의 고를 받을지언정 빈궁의 고는 받지 마라."79) 역시 『중아함경』 제29권에서도, 빈궁한 사람이 남에게 재물을 빌려 이자가 늘어나고 빚 독촉을 받는 일이 어떠한 괴로움이라는 것을 붓다는 제자들에게 자세하게 설명하고 있다.80)

그 대신 재물을 가지게 되면 아무리 비천한 계급에 속하는 사람이라도 사회적으로 대접을 받으면서 살 수 있다는 것을 말하고

---

79) 金東華, 『佛敎倫理學』, 雷虛金東華全集 제8권, p.296.
80) 『중아함경』(2) 제29권 125, 「貧窮經」 제9(한대, pp.194-195).

있다 : "비록 수드라(노예)라 할지라도 재보(財寶), 미곡(米穀), 금, 은, 부를 가지고만 있다면 끄샤뜨리야이든 바라문이든 서민이든 그 사람보다 일찍 일어나 늦게까지 시키지 않아도 스스로 그의 일을 보아주고 그의 마음에 들도록 행하고, 그에 대해 좋은 말을 할 것이다."[81] 인도에서 수드라 계급의 사회적인 지위는 다른 어느 사회의 하층 계급보다도 열등한 것이었다. 그러나 부를 소유하고 있으면 인도 사회의 최고 계급인 바라문, 끄샤뜨리야까지도 수드라에게 봉사할 수 있다는 것이다. 우리는 여기에서 부의 중요성을 사실 그대로 인정하고 있음을 볼 수 있다.

앞에서도 이미 언급했듯이 불교에서 부에 대해 경계를 한다면 그것은 부 그 자체에 문제가 있어서가 아니고 부에서 생기게 되는 부작용 때문이다. 부를 가지게 될 때 방일(放逸)하게 되고, 그것에 탐착하게 되고, 나쁜 행동을 하게 될 가능성이 많게 된다. 결과적으로 거기에서 고가 발생하게 된다. 부를 많이 소유하고 있어도 그것에 탐착하지 않으면 문제가 없다. 그러나 부를 가지고도 그렇게 하지 않기는 어렵다는 데 문제가 있다. 붓다는 꼬살라국의 쁘라세나짓 왕에게 "세상에는 훌륭하고 값진 재물을 얻었으면서도 탐착하지 않고 방일하지 않으며 삿된 행을 하지 않는 사람은 적다"라고 말하고 "재물에 방일하고 탐착하여 삿된 행을 하는 사람은 어리석은 사람으로서 긴 세월동안 이익이 되지 않는 많은 괴로움을 받을 것이다"[82]라 하면서 부에서 생기는 부작용에 대해 가르치고 있다.

---

81) M.N., III, p.85 ; 中村元, 『원시불교』(楊貞圭 譯), pp.17-18.
82) 『잡아함경』(3) 제46권 1230, 「財利經」(한대, p.351).

앞에서 재가노동을 다루면서 보았던 것처럼 초기 경전에는 노동이나 산업에 대해 언급한 곳은 많지 않다. 이것은 불교 경전이 산업이나 경제를 위한 문헌이 아니고 정신적인 수행을 위한 종교 문헌이라는 점에서 그 이유를 찾을 수 있을 것이다. 또 다른 이유로는 원시경전이 성립될 당시 인도 사회의 산업은 농업이나 상업 같은 단순한 것이었으므로 이것을 위해서는 자세한 설명이 필요 없었던 것에서도 기인할 것이다. 수천 년 전의 발달되지 못한 농업이나 상업을 위해서는 특별한 기술이 필요한 것은 아니었다. 성실하게 노력만 하면 부는 축적되는 것으로 생각되었다. 『장부경전(長部經典)』(Ⅲ, p.188)에서 설명하고 있는 것에서 그것을 추측할 수 있다 "꿀벌이 꿀을 모으듯이 일을 하면 그의 재산은 저절로 쌓인다. 마치 개미 둑[蟻塚]이 높아지는 것과 같다."83)

그러나 부를 모으기 위해서는 현재의 노력만으로는 충분하지 않다. 과거에 지은 업이 현재의 부의 취득에 절대적인 영향을 미친다. 예를 들면 능력이 비슷한 두 사람이 동일한 자본으로 동일한 사업을 하더라도 한 사람은 부를 모을 수 있는데, 다른 한 사람은 그렇게 할 수 없는 경우가 있다. 우리는 일반적으로 그것을 그 사람의 '운(運)' 때문이라고 설명한다. 그러나 불교에서는 이와 같은 '운'을 인정하지 않고 그것을 전생에 지은 업의 결과로 본다. 전생에 좋은 업을 지은 사람은 이생에서 부를 모을 수 있게 되고, 그 반대인 경우에는 열심히 노력을 해도 가난을 면할 수 없게 된다. 따라서 부를 모으기 위해서는 열심히 일도 해야겠지만

---

83) 中村元, 『원시불교』(楊貞圭 譯), p.241 ; 『장아함경』 제11권 제2분, 「善生經」 제12(p.270).

역시 좋은 업도 많이 지어야 한다.

다음 생에 부자가 되기 위해서 권장되는 선업은 여러 가지가 있지만 특히 강조되는 것은 보시다. "어떻게 하면 큰 재물을 얻는 가"라는 한 천자(天子)의 질문에 붓다는 "보시를 하면 큰 재물을 얻는다"[84]라고 답한다. 붓다는 다른 곳에서도 "촌장이여, 그대는 오늘 어떤 집이 큰 부자로서 돈과 재물이 많고 권속과 종들이 많은 것을 보라. 그것은 그 집이 오랫동안 보시하기를 좋아하고 진실로 화평하였기 때문에 그런 복과 이익을 이루었다는 것을 알아야 한다"[85]라고 가르치고 있다.

열심히 노력을 해도 부를 모을 수 없고 가난을 면치 못하는 사람은 전생에 보시와 같은 선업을 닦지 않았기 때문이기도 하지만,[86] 그 중에서도 특히 도둑질을 했기 때문이다. 도둑질은 다음 생에 가난하게 되는 이유 가운데 가장 중요한 것이다. 경전은 이것에 대해 다음과 같이 말하고 있다. "사람이 도둑질하기를 익히면 다음 생에는 빈곤하여, 옷은 몸을 가리지 못하고 음식은 배를 채우지 못할 것이다. 왜 그러냐 하면 남의 재물을 취하였기 때문에 그런 변을 당하는 것이다."[87]

부(富)란 모으는 것만으로 의미가 없다. 그것을 활용해야 한다. 「선생경(善生經)」은 효과적인 부의 활용을 위해 부의 재투자에 대해 가르치고 있다. 취득한 부를 4등분해서 4분의 1은 자신의

---

84) 『잡아함경』(3) 제48권 1282, 「名稱經」(한대, p.417).
85) 『잡아함경』(2) 제32권 914, 「刀師氏經」 1(한대, p.420) ; 『증일아함경』(1) 제7권 제14, 「五戒品」 4(한대, p.118).
86) 『증일아함경』(1) 제10권 제19, 「勸請品」 6(한대, p.187).
87) 『증일아함경』(2) 제51권 제52, 「大愛道般涅槃品」 2-8(한대, pp.515-516) ; 同(2) 제44권 제48, 「十不善品」 1(한대, p.353).

생활비로 쓰고, 4분의 2는 재투자에 쓰고, 나머지 4분의 1은 곤란할 때를 대비해서 저축을 해야 한다. "그 재산을 넷으로 나누어라. 4분의 1의 재산은 먹는 데 써라. 4분의 2는 농경, 상업 등의 업무를 경영하는 데 써라. 또한 나머지 4분의 1은 저축하라. 그것은 궁핍에 대한 준비가 될 것이다."[88] 이 가르침에 의하면 전체 수입의 4분의 2는 직접 투자지만 저축 역시 투자라고 할 수 있으므로 결국 총 수입의 4분의 3은 재생산을 위해 다시 투자를 해야 하는 것이다.

돈과 재물은 버는 것만으로 모아지는 것이 아니다. 아무리 잘 벌어도 그것을 지키지 못할 때 결과는 없게 된다. 그러므로 부를 지키는 것은 그것을 버는 것 못지않게 중요하다. 『잡아함경』제4권 91경에서 붓다는 "그것을 잘 지키고 보호하여, 왕(王)이나 도적에게 빼앗기거나, 물에 떠내려 보내거나 불에 태우지 않으며, 잘 지키지 않는 자에게 잃어버리거나 사랑하지 않는 자에게 빼앗기거나, 여러 가지 재환(災患)에 없어지지 않게 해야 한다"[89]라 하여 부를 잘 지킬 것에 대해 가르치고 있다.

여기에서 주의할 것은 부를 지키는 것과 부에 탐착하는 것을 혼동해서는 안 된다는 것이다. 애써 모은 부를 낭비하지 않고 유용하게 쓰는 것은 선이지만, 그것에 탐착해서 그것 때문에 괴로움을 당하게 된다면 부는 악이다. 경전에서 부를 모으는 데 힘쓰라고 가르치는 것은 부 자체가 목적이어서가 아니라 그것을 가지

88) D. N., Ⅲ, p.188 ; 中村元, 『원시불교』(楊貞圭 譯), p.241 ;『잡아함경』(3) 1283, 「技能經」(한대, p.418) ;『중아함경』(2) 제33권 135, 「善生經」제19(한대, p.294).
89) 『잡아함경』(1) 제4권 91, 「鬱闍迦經」(한대, p.94).

고 다른 목적을 이루기 위해서다. 부는 수단일 뿐이다. 불교 경전은 이것을 잊은 일이 없다.

일단 부를 소유하게 되었으면 그것을 써야 한다. 경전의 여러 곳에서는 부의 소비에 대해 가르치고 있다. 부의 소비는 중도(中道)의 정신에 따라 해야 한다. 수입과 지출의 균형을 맞추어 부를 써야 한다. 그것은 마치 저울대를 평평하게 하기 위해서는 많게도 적게도 하지 말아야 하는 것과 같다. "이른바 착한 남자는 그가 가진 돈과 재물은, 지출과 수입을 맞춰 보고, 수입이 많고 지출이 적게 하며, (이와 반대로) 지출이 많고 수입이 적게 하지 않는다. 마치 저울을 잡은 사람이 적으면 보태고 많으면 덜어 평평해야만 그만 두는 것과 같이, 이러한 착한 남자도 재물을 헤아려 수입과 지출을 알맞게 한다"라고 『잡아함경』에서 가르치고 있다.90)

만약 어떤 사람이 재산이 없는데도 낭비적인 생활을 하면 사람들은 그를 어리석고 탐욕이 많은 사람으로, 열매를 맺지 못하는 우담바라 꽃에 비유한다. 반대로 재산이 풍부하면서도 그것을 쓰지 않는 사람 역시 어리석은 사람으로 간주된다. 이런 사람은 '굶어 죽는 개'에 비유되고 있다. 위에 인용한 경은 "그러므로 착한 남자는 자기 재물을 잘 헤아려 수입과 지출을 알맞게 한다. 이것이 바른 생활을 경영하는 것"이라고 결론하고 있다.91)

『잡아함경』 제32권 912, 「왕정경(王頂經)92)은 부를 어떻게 모

---

90) 『잡아함경』(1) 제4권 91, 「鬱闍迦經」(한대, pp.94-95).
91) 『잡아함경』(1) 제4권 91, 「鬱闍迦經」(한대, p.95) ; A. N., IV, p.287, 324.
92) 『잡아함경』(2) 제32권 912, 「王頂經」(한대, p.414) ; 同(1) 제4권 93, 「長身經」
　　(한대, p.100).

으고 어떻게 쓰느냐에 따라 다음과 같이 세 종류의 사람으로 나누고 있다. 즉 첫째, 법답지 않게 재물을 취할 뿐 아니라 그것으로 자신과 가족, 친지들을 돌보지 않으며 수행자들에게 보시도 하지 않아 미래에 천상에 나기를 도모하지 않는 사람, 둘째로, 법답게 혹은 법답지 않게 재산을 벌어 자신도 향락하고 가족, 친지들도 돌보지만 수행자들에게는 공양하지 않으므로 미래에 좋은 과보를 도모하지 않는 사람, 셋째로, 법답게 재물을 구해 자신도 즐기고 가족, 친지들도 돌보고, 수행자들에게도 공양함으로써 미래에 천상에 나기를 구하는 사람 등이 그것이다.

이 세 종류의 사람들 가운데서 첫째 종류의 사람이 누리는 향락은 낮고 천한[下賤] 것이고, 두 번째 종류의 사람이 누리는 것은 중간의 것이고, 가장 훌륭한 것은 세 번째 사람이 누리는 것이다. 여기에서 우리는 부를 어떻게 얻어야 하는 것도 알 수 있지만 그것을 어떻게 써야 가장 잘 사용하는 것인가 하는 것도 알 수 있다. 자기 자신과 가족, 권속들을 부양할 뿐 아니라 수행자에게도 보시함으로써 다음 생에 천상에 날 수 있도록 하는 것이 가장 부를 잘 쓰는 것이다. 한 마디로 말해서 부의 추구는 현세와 후세에 안락을 위해 필요한 것이다.

지금까지 추구해온 바에 의하면, 부(富)에 대한 불교의 입장은 명백하다. 즉 부는 나쁜 것이 아니다. 정당한 방법으로 벌어서 정당하게 쓴다면 그것은 좋은 것이다. 살아가는 데 필요한 물질이 없을 때 받게 되는 고통은 인생의 여러 가지 괴로움 가운데서도 가장 심한 것이라고 경전은 말하고 있다. 뿐만 아니라 부는 불교에서 추구하는 궁극 목적인 열반의 성취에도 필수 불가결의 수단이 되는 것이다. 따라서 경전은 부의 추구를 적극적으로 권장하는 입장에 선다. 부의 추구를 적극적으로 권장한다는 것은 다른 말로 하면 노동을 적극적으로 하게 한다는 것이다. 왜냐하면 노동 없이는 부를 획득할 수 없기 때문이다.

(3) 분배의 문제

불교 경전에서 분배라는 말과 동일한 것을 찾는다면 그것은 보시라고 할 수 있다. 초기와 후기 경전을 막론하고 보시는 대단히 강조되고 있다. 초기 경전에서 보시는 비불교인으로서 불교에 들어오게 되는 하나의 관문처럼 생각되고 있다. 불교인이 되고자 하는 사람에게는 먼저 보시에 대해 가르치고[布施論], 그 다음 계율에 대해[戒律論], 끝으로 천상에 나는 것[生天論]에 대해 가르친다. 그런 다음 어느 정도 신앙적으로 성숙하게 되면 핵심교리인 4성제(四聖諦)를 가르친다.[93] 대승불교에 오면 보시의 중요성은 더욱 그 비중을 차지하게 된다. 성불하기 위해서 실천해야 하는 여섯 개의 덕목 가운데서 보시가 맨 윗자리를 차지한다.[94]

보시에는 법(法)보시와 재(財)보시가 있다. 이것을 여러 경전에서는 "여기에 두 가지 보시가 있다. 어떤 것이 둘인가. 이른바 법보시와 재보시이다"[95]라고 말하고 있다.

법보시란 정신적인 노동자들, 즉 출가 수행자들이 재가자들에

---

93) 『장아함경』 제1권 제1분, 「大本經」 제1(한대, p.35, 37) ; 『증일아함경』(1) 제20권 제28, 「聲聞品」(p.383).
94) 6개의 덕목이란 6바라밀로서, 布施, 持戒, 忍辱, 精進, 禪定, 智慧이다.
95) 『증일아함경』(1) 제7권 제15, 「無有品」 3(한대, pp.122-123) ; 同(1) 제20권 제28, 「聲聞品」 1(한대, p.378).

게 하는 비물질적인 보시, 다른 말로 하면 진리의 가르침이다. 법보시는 재보시보다 좋은 것이다. 왜냐하면 불교의 궁극 목적인 열반을 성취하기 위해서는 법, 즉 진리를 알아야 하기 때문에 진리를 이해하도록 하는 법보시가 육체를 유지하게 하는 재보시보다 중요하다는 것은 당연한 논리이다. "비구들이여, 모든 보시 중에서 최상의 보시는 법의 보시이다. 그러므로 비구들이여, 법의 보시를 힘쓰라."96) "일체 중생에게 보시하는 것, 그 중에서도 법의 보시가 제일이다. 비록 많은 사람들[衆生]에게 복(福)을 보시하여도, 한 사람에게 한 법의 보시가 더 훌륭하다"97)라고 경들은 가르치고 있다.

법보시는 진리에 대한 붓다의 모든 가르침을 말하는 것이겠지만『중아함경』33권의「선생경(善生經)」에서는 그것에 대해 보다 구체적으로 설명하고 있다. 즉, (1)은 믿음을 가르쳐 믿음을 행하게 하고 믿음을 생각하도록 한다. (2)는 금계(禁戒)를 가르친다. (3)은 널리 듣기를 가르친다. (4)는 재보시를 가르친다. (5)는 슬기를 가르쳐 그것을 행하게 하고 그것을 세우게 하는 것이다.98)

재보시에 대해서는 반대급부가 약속되지만 법보시에 대해서는 다음 생에 천상에 난다든지 부자가 된다든지 하는 것과 같은 약속은 없다. 그 이유는 출가 비구들이 목표로 하는 것은 천상의 안락도 세속적인 부귀도 아닌 열반이기 때문일 것이다. 그리고 열반은 선행에 대한 과보로 성취되는 것이 아니다. 출가자가 법보

---

96)『증일아함경』(1) 제7권 제15,「無有品」3(한대, pp.122-123).
97)『증일아함경』(1) 제4권 제10,「護心品」2(한대, p.71).
98)『중아함경』(2) 제33권 135,「善生經」제19(한대 p.293) ;『증일아함경』(1) 제20권 제28,「聲聞品」1(한대, p.379).

시를 해야 하는 것은 그들에게 재보시를 해주는 재가자들에 대한 갚음인 동시에 중생을 가엾게 여기는 출가자들의 자비심의 발로인 것이지, 그것에 대한 보상을 목적으로 해서가 아닌 것이라고 해야 할 것이다.

재보시란 재가자들이 하는 물질적인 보시를 말한다. 재보시에 대해서는 경전에서 수없이 언급하고 있기 때문에 보시라고 하면 재보시를 가리키는 것으로까지 생각된다.

경전은 재산을 열심히 모으라고 권장도 하지만 역시 그 모은 재산을 유용하게 쓰라고 가르치기도 한다. 재산을 유용하게 쓰는 것 가운데서 타인에게 보시하는 것이 최상이다. 재산을 모으기만 하고 쓰지 않는다면 그것은 어리석은 일이다. 그러다가 왕에게 빼앗기기도 하고 도둑에게 도둑을 맞기도 한다. 아니면 자신이 죽은 뒤 그 재산들은 자식들에게 넘겨져 그들의 방탕으로 모두 없어지고 만다는 것이다.[99] 이것에 대해『잡아함경』의「간경(慳 經)」에서는 비유를 들어, "넓은 들판의 못에 물을 대어 두었지만 그것을 쓰거나 목욕하거나 마시는 사람이 없어 그 못물이 볕에 쪼여 말라 없어지는 것처럼, 그 착하지 않는 사람이 많은 재물을 얻었으면서도 널리 써서 큰 이익을 거두지 않는 것도 저 못물과 같다"[100]라고 설명하고 있다.

일반적으로 다른 사람에게 보시할 때는 그것에 대한 반대급부를 생각하지 않아야 한다고 가르친다. 대승경전에서 보시를 말할

---

99) 『증일아함경』(1) 제9권 제18,「慙愧品」2(한대, p.160) ;『장아함경』, 제32권 914,「刀師氏經」1(한대, p.420).
100) 『잡아함경』(3) 제46권 1232,「慳經」(한대, p.354).

때는 보시의 정신은 순전히 자비심의 발로임을 강조한다. "지인 (知人)이 보시를 하는 것은 보은(報恩)을 바라고 하지 않으며, 사 (事)를 구하기 위해 하지 않으며, 하늘에 태어나 즐거움[樂]을 받 기 위해 하지 않으며, 좋은 이름을 밖에 퍼뜨리기 위해 하지 않으 며, 다만 타인의 안락을 위해서이고, 자기의 연민심, 자비심에서 나온 것이다"라고 「우바새경(優婆塞經)」 권5에서 설명하고 있 다.101) 역시 같은 경 권4, 「바라밀품(波羅蜜品)」 18에서도 "보시를 할 때는 내외의 과보를 구하지 말고, 복전(福田)·비복전을 생각하 지 말고, 일체의 재물을 보시하고 아까운 생각을 내지 말고, 때를 가리지 마라"102)고 하였다.

그러나 초기불교에서의 보시정신은 이것과 다르다. 설사 그것 이 보시를 권장하기 위한 방편이라고 한다 해도 보시에 대한 반 대급부를 강조하고 있다. 보시에 대한 과보를 생각하라고 가르친 다. "보시할 때는… 원(願)을 세워 갚음을 구하고 그 뒤에 복 받 기를 구하면 장자(長子)는 반드시 무궁한 복을 받을 것이다."103) "만일 어떤 사람이 널리 보시를 하면 현세에서 재물과 세력을 얻 고 온갖 덕을 두루 갖추며 천상에서도 한량없이 복을 누릴 것이 다."104) 즉 보시를 하는 것은 자비의 정신에서라기보다는 자신의 현재의 삶과 다음 생의 안락을 위해서이다. 초기불교에서 말하는 보시는 현대사회에서의 분배의 개념과는 다르다. 그것은 반대급 부를 염두에 둔 일종의 투자라 할 수 있을 것이다.

---

101) 道端良秀, 『중국불교와 사회복지사업』(林茂根 譯), p.21.
102) 道端良秀, 『중국불교와 사회복지사업』(林茂根 譯), p.22.
103) 『증일아함경』(1) 제19권 제27, 「等趣四諦品」 3(한대, p.367).
104) 『증일아함경』(1) 제7권 제14, 5, 「戒品」 4(한대, p.118).

『증일아함경』 제51경에서는[105], 보시를 하고 현재의 삶에서 당장 그 결과를 누릴 수 있는 일들을 다음과 같이 말하고 있다. 보시하는 사람은, ① 그의 이름이 널리 퍼진다. ② 끄샤뜨리야, 바라문, 사문들 무리 속에 가더라도 두려움과 어려움이 없다. ③ 남의 사랑을 받으므로 모두 와서 우러러 본다. ④ 보시할 때 기뻐하는 마음을 내고, 기뻐하는 마음이 있으면 곧 즐거움이 있어서 그 뜻이 견고해진다. ⑤ 뜻이 견고해지므로 4성제(聖諦)를 바르게 이해하게 된다.

보시에 대한 반대급부는 생전에서보다는 사후에 더 강조를 하고 있다. 보시를 많이 한 사람은 사후에 천상에 태어난다. 그렇지 못할 경우에는 부잣집에 태어나기도 하고, 많은 재산을 모을 수 있게 되기도 한다.

붓다는 사자장자(師子長子)에게 이 문제에 대해 자세한 설명을 해 준다. "또 사자장자여, 시주(施主)는 보시함으로써, 몸이 무너지고 목숨이 끝난 뒤에는 33천에 나고, 또 다른 다섯 가지 일이 있어 다른 신[天]들보다 뛰어난다. 다섯 가지란 어떤 것인가. 첫째는 얼굴과 귀함과 위신과 광명이고, 둘째는 무엇이나 마음대로 되어서 이루지 못하는 것이 없으며, 셋째는 시주로서 인간에 나면 부귀한 집을 만나고, 넷째는 재물과 보배[寶貝]가 많으며, 다섯째는 말대로 순종하고 작용하는 것이다. 사자여, 시주에게 이 다섯 가지 공덕이 있어 선한 길로 끌어들인다."[106]

보시는 일종의 투자인 동시에 자기 재산을 다음 생으로 가져

---

105) 『증일아함경』(3) 제51권 제52, 「大愛道般涅槃分品」 2-6(한대, p.506).
106) 『증일아함경』(2) 제51, 제52, 「大愛道般涅槃分品」 2-6(한대, p.507).

갈 수 있는 하나의 수단이라고 말할 수도 있다. 이 세상에서 아무리 많은 재산을 소유하고 있다고 해도 죽을 때는 다음 세상으로 아무것도 가지고 갈 수 없다. 모두 버리고 떠나야 하는 것이다.

재물과 또 순금 보배와, 코끼리와 말과 장엄 기구와,
종들과 여러 사환 아이와, 많은 논밭과 또 그 집들,
그들은 일체를 모두 버리고, 벗은 혼(魂)만이 홀로 갔거니,
…
이제 그에게 무엇이 있는가, 그는 무엇을 가지고 갔는가.
어떤 일인들 버리지 않으리, 마치 형체 따르는 그림자 같거니.

붓다는 『잡아함경』에서 이와 같이 게송으로 설명하고 있다.[107] 그러나 살아 생전에 자기가 가지고 있는 재산으로 다른 사람들에게 보시하면 그것은 살아 있을 때도 좋을 뿐 아니라 다음 생에서는 그가 보시한 것 이상으로 과보를 받게 되므로 결과적으로 이생에서 다음 생으로 자기 재산을 가져가는 것이 된다. 앞에서 인용한 경에서 그것을 다음과 같이 계속하고 있다. [108]

오직 그 죄와 복이 있어, 만일 사람이 그것을 지으면
그것이야말로 그의 소유이거니, 그는 언제나 가지고 다니면서,
태어나도 죽어도 버리지 못한다. 마치 그림자가 형체를 따르듯 한다.
…. 그러므로 마땅히 복을 닦아서, 오랫동안 쌓고 또 모으면

---

107) 『잡아함경』(3) 제46권 1233, 「命終經」(p.356).
108) 『잡아함경』(3) 제46권 1233, 「命終經」(p.357).

그 복덕은 능히 그 사람을 위해, 저 세상의 즐거움을 마련하리라.

보시는 그냥 베풀기만 한다고 해서 되는 것은 아니다. 갖추어야 할 조건들을 갖추어야 기대하는 결과를 거둘 수 있다. 경전에서는 보시가 갖추어야 할 조건으로 세 가지를 들고 있다. 즉 좋은 보시가 되려면 보시하는 사람, 보시하는 물건, 보시 받는 사람이 좋아야 한다. 이것을 삼륜청정(三輪淸淨)이라 한다.109) 보시를 하는 주목적이 가난한 사람을 그냥 도와주는 것이라고 하기보다는 반대급부를 고려해서 하는 것이므로 이상의 세 가지 조건이 갖추어지지 않을 경우 보시의 효과는 별로 없다.

보시하는 사람이 좋아야 한다는 것은 보시하는 사람이 계율에 청정하고 바르게 생활하는 것을 의미한다.110) 보시물이 좋아야 한다는 것은 칼이나 독약, 짐승, 여자[淫女] 등과 같은, 남에게 해로움을 주는 것은 보시물로서 적당하지 않다는 것이다.111) 이와 같은 보시는 좋은 과보를 받기는 고사하고 오히려 나쁜 결과를 받게 된다. 보시를 받는 사람이 좋아야 한다는 것은, 보시를 받는 사람이 복전(福田)의 역할을 하므로 복밭이 좋아야 심은 복에 대한 결과가 좋게 된다는 말이다. 밭이 나쁘면 아무리 좋은 씨앗을 뿌려도 수확이 좋지 않을 것은 당연한 일이다. "마땅히 줄 사람 가리어 주어라. 남을 속이고 함부로 내닫거든, 아무리 빌어도 주지 마라"112)라고 『장아함경』에서는 보시의 대상을 선택하라고

---

109) 『증일아함경』(2) 제40권 제44, 「九衆生居品」 2(한대, p.274) ; 『불교사전』, 곽철환 편저, 시공사, p.321.
110) 『잡아함경』(3) 제37권 1041, 「生聞梵志經」(p.90).
111) 『증일아함경』(2) 제27권 제35, 「邪聚品」 3(한대, pp.38-39).

가르치고 있다.

　보시의 대상을 선택해야 한다는 가르침은 초기 불교의 독특한 입장이라고 할 수 있다. 어느 때 꼬살라(Kosala)국의 수닷따 (Sudatta, 給孤獨) 장자가 붓다에게 자기의 보시행에 대해 "내 마음에는 저사람 이사람 구별이 없어, 더 주고 덜 주려는 마음을 내지 않고 일체 중생을 두루 똑같이 사랑하였나이다. 그래서 일체 중생에게 보시하면 그 갚음은 한량이 없고 그 받는 과보는 더하고 덜함이 없다고 생각하였나이다"라고 평등보시(平等布施)를 말한다. 그러나 붓다는 보시를 그렇게 하지 말고 그 대상을 가려서 하라고 가르친다. "중생들 마음은 우열이 있다. 계율을 지키는 사람에게 보시하는 것은 계율을 범하는 사람에게 보시하는 것보다 훌륭하다."[113] 붓다는 다른 곳에서 아난다 비구에게 이 문제에 대해 좀 더 구체적으로 설명해 준다. "아난다야, 축생에게 보시하면 백배의 복을 얻고, 정진하지 않는 사람에게 보시하면 천배의 복을 얻으며, 정진하는 사람에게 보시하면 백 천배의 복을 얻고…. 아라한에게 (하는 보시의 복)도 한량이 없으며, 연각(緣覺)에게도 한량이 없거늘 여래·무소착·등정각에게 (하는 보시의 복이)야 말할 것이 있겠는가."[114] 한 마디로 밭이 좋으면 좋을수록 그 수확은 좋다는 이치이다.

　초기 경전에서는 대승불교에서와는 달리 주로 개인에 대한 보시를 가르치고 있다. 그러나 공공을 위한 보시의 중요성도 말하

---

112) 『장아함경』 제10권 제2분, 「善生經」 12(한대, pp.269-270).
113) 『증일아함경』(2) 제37권, 「八亂品」 2-8(한대, pp.234-235) ; 『잡아함경』(1) 제 4권 95, 「生聞經」(한대, p.105).
114) 『중아함경』(3) 제47경 180, 「瞿曇彌經」 제9(한대, p.126).

고 있는 것을 볼 수 있다. 예를 들면『잡아함경』제36권에서 말하고 있는 것이 그것이다. "동산에 과일 나무 심으면 나무 그늘은 맑고 시원할 것이고, 다리나 배로써 물 건너게 해주고, 복되고 덕되는 집들을 짓고, 우물을 파서 목마름 풀어주고, 객사(客舍)를 지어 여행자를 쉬게 하라. 이렇게 하면 그 공덕은 밤낮으로 언제나 자랄 것이다."[115]

보시를 위해서는 위에서 말한 조건을 갖추는 것만으로 충분하지 않다. 보시하는 사람의 마음자세가 중요하다. 보시는 기계적으로 베풀기만 해서는 안 된다. 보시할 때는 다음과 같은 마음을 가져야 한다. 즉 "애착하는 마음을 내지 말고, 손수 보시하여 남을 시키지 말고"[116], "(주고 난 뒤에) 뉘우치는 마음이 아주 없고, 도로 받을 생각이 없으면 좋은 이익을 얻을 것이다."[117] "보시를 하면서도 깨끗이 믿는 마음이 아니었고, 제 손으로 주지 않았으며, 공경하게 주지 않고, 주고는 후회하였기 때문에" 그 보시의 결과로 다음 생에 비록 부자가 되었지만, "일부러 추한 옷과 추한 음식과 추하고 낡은 침구"를 쓰면서 자신에게 주어진 부를 누리지 못한 예를 말하고 있다.[118]

지금까지 추구해온 불교의 분배, 즉 보시는 현대적 의미의 분배는 아니다. 그리고 일반적으로 우리가 알고 있는 것과는 다르다. 상식적인 입장에서는 보시할 때 대상의 우열이나 반대급부를 생각하지 말라고 가르치는데, 초기불교에서는 그것과 반대다. 보

---

115)『잡아함경』(3) 997,「功德增長經」(한대, p.43).
116)『증일아함경』(1) 제19권 제27,「等趣四諦品」3(한대, p.367).
117)『증일아함경』(1) 제2권 제3,「廣演品」, 5(한대, p.38).
118)『잡아함경』(3) 제46권 1233,「命終經」(한대, p.356).

시 받는 대상의 우열을 가리고 반대급부를 생각할 것을 강조하고
있다. 보시 대상의 우열을 구별하라고 가르치는 것은 불교의 복
전사상에 말미암은 것이지만, 그와 같은 입장에서 보지 않더라도
이해할 수 있는 일이다. 불교의 궁극적인 목적이 열반의 성취이
므로 열반의 길과 거리가 먼 사람을 도와주는 것보다는 열반의
길을 추구하고 있는 사람 또는 이미 그것을 성취한 사람에게 보
시하는 것이 유리한 것이다. 보시하면서 그들과 가까이 할 기회
를 가질 수 있게 되고 그들과 가까이 함으로써 그들이 얻은 수행
의 결과를 나누어 받을 기회가 좀 더 쉬울 것이기 때문이다. 한
마디로 불교의 보시는 결국 불교의 궁극 목표인 열반을 성취하는
데 하나의 수단이라고 할 수 있다.

6. 결 론

지금까지 우리가 초기 경전을 통해 추구해온 바에 의하면 불교
에 있어서의 노동은 독특한 것이다.

불교의 노동은 업사상(業思想)을 바탕으로 하고 있다. 업사상에
의하면 개인과 사회, 심지어 세계의 모든 것은 업에 의해 결정된
다. 그런데 노동은 업의 일종이다. 따라서 노동은 의·식·주 문제
를 해결하기 위한 수단일 뿐 아니라 개인과 사회의 운명을 만드
는 핵심 요소다. 노동에 의해, 우리 존재의 현재와 미래의 모든
것이 결정된다. 불교에서 노동은 생산의 양보다는 그 내용에 비
중을 둔다. 해서는 안 될 노동과 해도 좋을 노동이 있다. 불교의
궁극 목표가 열반의 성취이므로 불교의 노동은 이 궁극 목표를

향한 일종의 수도 행위와 같을 것이 요구된다. 그렇지 못할 경우
에는 노동해서 얻는 것보다 잃는 것이 더 많음을 경전을 말하고
있다.

불교의 노동은 출가노동과 재가노동으로 나누어진다. 출가노
동이란 출가 수행자가 하는 정신노동, 즉 수도행위이다. 그리고
재가노동이란 재가자가 하는 육체노동, 즉 물질생산을 위한 노동
이다. 이 두 노동은 열반을 이루는 데 필수 불가결의 조건이다.

경전은 열반을 성취하기 위해서는 정신적인 것뿐만 아니라 물
질적인 것도 없어서는 안 된다는 것을 강조하고 있다. 출가자들
도 최소한의 것이긴 하지만 물질적인 것 없이는 수도생활을 할
수 없다. 역시 재가자들도 수행자들의 지도와 가르침 없이는 현
세의 정신적인 생활뿐 아니라, 특히 다음생의 좋은 삶을 도모하
기가 어렵다. 출가자와 재가자들은 그들의 노동에서 얻은 것을
서로 교환함으로써 공동의 목표에 도달할 수 있는 것이다.

노동을 열심히 하라고 하는 것은 결국 부(富)를 열심히 모으라
는 말이 된다. 그런데 부는 불교의 궁극 목표인 열반을 얻는 데
방해가 되는 욕망과 관계가 있다. 부가 많아질수록 욕망은 많아
지게 되고, 욕망이 많아질수록 열반의 길은 멀어진다는 것이 된
다. 그러나 사실은 부 자체에 문제가 있는 것이 아니고 부에 대한
사람들의 집착이 문제가 되는 것이다. 부가 많아도 그것에 집착
하지 않으면 문제를 일으키지 않는다. 오히려 부는 열반의 성취
에 기여하게 된다는 것이다.

불교는 열심히 부를 취득할 것을 가르치지만 역시 그것을 잘
사용할 것을 가르친다. 불교에서 권장되는 부의 소비는 보시다.

보시란 자신이 가진 물질적·정신적인 부를 다른 사람과 나누는 것이다. 그러나 그것은 현대적인 의미의 분배가 아니고 일종의 종교적인 행위이다. 보시의 결과는 현세에서보다는 내세에 더 영향을 미친다. 보시는 타인을 위한 것이라기보다는 자기 자신을 위한 것이라고 할 수 있다. 보시는 우리가 궁극 목표에 도달하는 데 도움을 주기 때문이다.

한마디로 요약하면 불교에서의 노동의 의미는 인생의 열쇠다. 인생을 만드는 것도, 인생을 유지하고, 인생의 모든 문제를 해결하는 것도 노동을 통해서이다. 노동 없이는 일상적인 삶도 영위할 수 없지만, 궁극 목표인 열반을 성취할 수도 없다. 불교는 이 점을 분명히 하고 있다.

호진스님

1964년, 직지사로 출가했다. 동국대학교 불교학과를 졸업하고, 같은 대학교 대학원에서 석사학위를, 프랑스 소르본대학교 철학과에서 초기불교 전공, 종교학 박사학위를 받았다. 동국대학교(경주캠퍼스) 불교학과에서 초기·부파불교를 가르쳤다. 저서로는 『무아·윤회문제의 연구』, 『불적답사기』, 『인도불교사(1-2)』(번역)가 있고, 『불멸연대고』, 『초기불전의 연구 (1-2)』, 『아쇼까왕과 불교』 등의 초기불교에 관한 몇 편의 논문이 있다.

노동(勞動)에서 장엄(莊嚴)으로

한형조 | 한국학중앙연구원, 철학

조주가 말했다. "깨달은 사람이 하면 사악한 것도 곧 법이 되고, 깨닫지 못한 사람이 하면 착한 일도 사악해지고 만다." 일상에서도 마찬가지이다. 노력이 중요한 것이 아니라, 지식과 안목이 일의 성패를 미리 결정한다고 하면 지나칠까. 노동의 철학을 말하기 전에 깨달음을 운위하는 까닭이 여기에 있다.

불교 앞에 두 가지 함정이 있다.

1) 하나는 불교적 성찰과 인식 없이 노동에 끄달려다니는 맹목이다. 일과 노동이 삶의 주요부분이라면, 그리고 불교가 그 삶에 대한 뛰어난 조언이라면, 어쨌거나 불교의 말에 귀 기울여야 한다.

그렇지 않으면 시지프스의 신화에서 바위를 밀어올리는 사람처럼 의미없는 노동에 지치고 살아가는 보람을 놓칠지 모른다. 소크라테스가 말했듯이 "음미되지 않는 삶은 의미가 없다." 우리는 이 모든 일이 왜 있는지, 내가 하는 일이 왜 중요한지를 알고

82

싶어한다. 니체의 고백처럼 우리가 견딜 수 없는 것은 노역의 어려움과 고난의 크기가 아니라 왜 이 신산(辛酸)을 견뎌야 하는지에 대해 자신의 대답을 들을 수 없을 때이다.

2) 두 번째는 불교의 지혜가 일과 노동의 구체적 현장에 접목되지 못하는 경우이다. 불교는 삶을 위한 조언이고 지혜인데, 그것이 불교 안의 영역에만 경계 속에서 언설로만 오갈 뿐, 삶의 현장에서 녹아들고 접화되지 못한다면 그 불교는 자신의 소임을 다하지 못하고 이유를 놓친 것이 된다.

대중들은 불교가 자신들의 일과 놀이, 그 삶에 직접 말을 걸고, 거기 현명한 태도와 지혜를 부여해주기를 기대하고 있다. 그런데, 지금 그 역할이 소홀하기 이를 데 없다. 재사(在寺)의 승가는 자신들의 화두를 끌어안고 마지막 한구절의 깨달음을 위해 노력하고 있고, 한편 재가의 대중들은 각자의 고민을 홀로 끌어안고 홀로 법당을 참배할 뿐이다. 둘 사이에 접맥과 소통이 필요할 때이다. 그런 점에서 불교와 노동을 묻는 이 기획은 절절한 문제를 제때에 물은 것이라고 생각한다.

다만 불교도 하나가 아니고 여럿이며, 대중들의 환경과 근기도 너무 다르기에, 하나의 해답이 있을 수 없다. 다음은 이 주제에 대한 나의 생각 몇 가닥을 짚고 정리해본 것에 불과하다.

1. 이 모든 것의 의미는 무엇인가

깨달음이란 몰랐던 것을 알게 되었다는 점에서 '이해'와 '지식'의 일종이다. 증오(證悟) 또한 해오(解悟)의 실천, 혹은 심화가 아닌가. 길을 나서기 전에 이정(里程)은 확인해야 하고, 집을 짓기 전에는 설계도부터 있어야 한다. 다시 묻노니, 우리는 '무엇'을 깨닫고자 하는가. 그것은 우리가 대체 무엇을 무명(無明), 즉 모르고 있는가 하는 물음과 같다.

두 가지를 모른다. 하나는 이 모든 것, 나를 둘러싸고 내가 그 속에서 살고 있는 이 세계의 실상을 모른다는 것이다. 또 하나는 이 세계가 자신의 환상의 결과이고, 착각의 그물이라는 것이다. 세상을 속속들이 구석구석 모른다는 말이야 누구나 알고 있다. 그런데 불교는 우리가 세상을 잘 모르는 것이 아니라, 아예 통째로 모른다고 말하는 점에서 충격적이다. "너는 세상에 대해 무지막지한 착각과 근본적인 오해를 하고 있다. 네가 알고 있는 세계는 환상이다!" 불교는 바로 그런 환상 속에서 사는 삶이 행복할 수 없다고 말하면서, 그 환상을 깨고 현실 속으로 돌아오기를 바란다. 오래된 환상 속에서는 건전한 일과 놀이가 불가능하다고 생각했음은 물론이다.

우리가 보는 세계가 다만 환상이라는 교설은 충격적이다. 다들 "이 세계(世界)가 실재한다"고 생각하고, 그 토대 위에서 살아왔기 때문이다.

이 믿음은 그러나 인류의 출현과 더불어 있어온 종족의 우상이다. 예외적 통찰력만이 이 오래된 착각을 깨는 데 성공했다. 붓다와 노자를 따라, 원효는 해골 물을 마시고, 삼계(三界)가 유식(唯識)임을, 즉 이 세계는 인간의 의식이 만든 환상(幻妄)이고, 부재[空]임을 확철대오했다. 그 깨달음이 우리를 다른 삶으로 인도할 것이다.

이 깨달음이 어디서, 어떻게 오느냐에 대해서는 의론이 분분하다. 불교 안에서 일치된 합의는 없다. 나는 근기에 따른 다양성이라고 생각한다. 깨달음에도 수준과 정도가 있다. 그래서 선승들 사이에서도 점검과 거량이라는 것이 있지 아니한가. 이것을 확대해보면 깨달음이 '오직 하나'만 있다는 주장은 당치 않다. 불교가 티베트의 승려만큼 있듯이, 깨달음은 중생의 수만큼, 아니 정도와 깊이를 고려한다면 그보다 몇 배만큼 있다. 그러므로 깨달음이란 '오직' 오랜 훈련의 결과로서 '어느 날 갑자기' 찾아온다거나, 오랜 겁 이전에 부촉받은 예외적 소수에게만 열리는 것이라고 생각해서는 너무 순진하다. 또 이 깨달음이 오직 불교의 전통 속에서만 있는 '독점'이라고 생각하는 것은 너무 편협하다.

불교의 반야, 혹은 깨달음은 동서의 철학적 천재들이, 또 어느 정도는 시정의 장삼이사들이 늘 보고 알고 있는 바이다. 불교만의 진실은 없다. 콘즈는 반야를 위시한 불교적 진실이 서양의 전통 속에서 역력하다는 것을 알려주고 있다. 불교는 치급히 견문을 확대할 필요가 있다. 다른 종교적·철학적 전통과의 대화도 더

미룰 수 없다.

한 예로, 그리스의 회의주의가 반야 중관과 똑같은 생각을 하고 있고, 쇼펜하우어나 윌리엄 제임스는 불교적 인식을 더 풍부하고 이로정연하게 풀어나가고 있다. "우리가 보는 '세계(Welt)'는 자기 '의지(Will)'와 관심이 추동시켜 만들어 낸 '표상(Vorstellung)', 즉 이미지[相]로 구성되어 있다." 『의지와 표상으로서의 세계』라는 쇼펜하우어의 책 제목은 불교가 가르치고 있는 바로 그 핵심을 집약해주고 있지 아니한가.

표상, 혹은 이미지는 아주 유용하다. 그것은 생존과 번영을 위한 적절한 선택과 행동의 도구이다. 그러나 그 반대쪽의 폐해 또한 간과할 수 없다. 불교는 폐해 쪽의 절반에 집중적 시선을 둔다. 그 이미지들은 주관적이고 자기중심적 핵을 통해 형성되어 있어, 이들이 끊임없이 충돌하고 말썽을 일으키고 있다. 그래서 불교는 이 환상의 그물을 근본적으로 성찰하고 통찰하여, 결과적으로 자기중심성을 완화시켜나가는 전략, 혹은 방편을 채택한다. 불교의 팔만의 방편들은 세계를 투명하게 있는 그대로(如如) 보고, 또 한편 그것을 방해하는 자아의 부당한 개입을 줄이려는 훈련들이라고 정의할 수 있다. 그 도구 수단들을 묶으면 3학으로 정리된다. ① 계(戒) : 사회적 규율을 범하지 않고 ②정(定) : 신체의 활동을 주시하고(인드리야 구티) 안정시키며 ③ 혜(慧) : 자아가 개입하고 세계가 만들어지는 양상을 관찰하고 분석하는 것으로… 무엇을 더 중요시하고, 또 각각의 구체적 방법을 어떻게 개발하느냐에 따라 다양한 불교 종파가 생기고, 개성적 불교가 펼쳐졌다.

그 훈련과 더불어, 망상의 두께가 엷어지고 심신의 장애물이 탈락하기 시작한다. 이와 더불어 세상이 달리 보이고, 다른 방식과 가치의식으로 일을 해 나가게 된다. 불교적 수련이 그의 삶을 바꾸어 놓는 것이다.

2. 소승에서 대승으로, '신체의 재인식'

불교는 처음 인간의 몸을 적으로 생각했다. 인드리야 구티, 신체의 활동을 단단히 감시하고 제어해야 한다고 가르쳤다. 성욕과 식욕으로 정신을 혼미케 하고, 습관적 활동이 정신을 부자유스럽게 한다고 여겼던 것이다. 이때 신체는 위태로운 경계의 대상이었다. 소승은 그 '응축'의 마인드를 주조로 했다. '출가'라는 이름 그대로, 성문(聲門)·독각(獨覺)들은 홀로 고요를 즐겼으며, 자연히 인간관계와 사회적 활동은 최소화되었다.

"여인네를 보지도 듣지도, 말을 걸지도 말고 더구나 성적 접촉은… 그건 독사의 입에 머리를 넣는 것과 같다"는 금기가 지배했을 때 노동은 없었을 것이다. "고행도 노동이었을까."

대중부와 대승은 이 사태를 혁신적으로 변화시켰다. 그들은 대중들의 정신적 의지처로서 의식(儀式)을 집전하고, 삶을 위로하는 상담가로 나섰다. 이게 전향의 시작이었는데, 그와 더불어 '신체를 다만 두려움의 대상이 아니라 '불법(佛法)의 적극적 도구'로

인지하게 되었다.

중관은 과도 혹은 중립적이었다. 거기 반야(般若)는 신체를 두려워해야 하지만, 한편에선 그렇게 '두려워하라는 요청' 자체가 두려워할 대상이라고 가르쳤다. 그 판단 중지의 토양에서 신체는 자유롭게, 적극적 활동을 할 공간을 열어나갈 기반을 얻게 되었다.

선, 혹은 혜능이 창도한 돈교는 그 혁신적 변화의 연장에 있었다. "마음을 열심히 닦고, 몸을 정결히 하자"는 신수에 대해, 혜능은 "마음에는 틀이 없고, 신체는 속박해서는 아니된다"로 맞섰던 것을 기억한다.

선의 혁명으로 신체는 금기의 억압으로부터 자유로운 활동의 에이전트로 등록될 자격을 얻게 되었다. 선은 그 인상에서 신체 활동을 중시하고, 승가집단 내에서의 활발한 소임을 적극적으로 해 나간다. 남악은 "퍼질러 앉아 좌선만 한다고 깨달음이 오겠느냐"고 했고, 백장은 "일하지 않는 사람은 먹지도 말라"고 신체의 운력(運力)을 강조했다.

3. 혜능의 돈교, 작용시성(作用是性)

6조 혜능은 신체의 응축을 뜻하는 많은 소승의 용어와 코드에, 새로운 돈교의 의미를 부여했다. 그는 '좌선(坐禪)'조차 앉아서 명상하는 자세로부터 적극적 행주좌와의 일상으로 전환시켰다.

혜능의 좌선은 가부좌를 하고 틀어 앉는 자세와는 별 관련이 없다. 그는 다만 "마음에 혼란과 두려움, 갈등이 없는 것"을 좌선이라고 정의했던 것이다. 다음의 일화가 혜능 선의 진수를 잘 보여주고 있다.

신수가 혜능의 가풍이 궁금해서 제자 하나를 보냈다. 혜능이 이 사실을 알고 다그쳤다. "신수가 보냈다니, 너는 필시 스파이로구나." "숨겼을 때야 스파이겠지만, 털어놓았으니 이젠 아닙니다." 혜능이 고개를 끄덕였다. "그렇다. '번뇌가 곧 깨달음'이라는 이치도 그와 같다."

혜능이 지성에게 물었다. "듣자니 신수는 계(戒)·정(定)·혜(慧) 삼학(三學)만 가르친다는데, 어떻게 하라고 가르치더냐." "제발 나쁜 짓 하지 말고, 착한 일을 찾아 행하라고 했습니다. 그리고 자기 속의 불순한 의지를 지속적으로 정화해 나가라고 했습니다. 이것이 계·정·혜 삼학을 수행하는 길이라고요." 혜능이 말했다. "훌륭하다! 그러나 내가 가르치는 것과는 좀 다르구나." "무슨 말씀이십니까." "그가 점진적 단계적이라면 나는 즉각적이며 초월적 방법을 제시한다. 나는 제자들에게, 무엇을 하라고 가르치지 않는다. 다만, 마음에 아무런 인위나 거짓이 없도록, 마음에 아무런 혼란이 없도록, 그리하여 마음 바탕에 어떤 무지의 구름도 끼지 않도록 하라고만 가르친다. 누구나 자기 안에 계율과 선정과 지혜의 빛을 갖고 있다. 다만 그것을 발휘하기만 하면 그뿐, 달리 별도의 수행체계를 끌어들일 필요가 없다."

행주좌와에 마음의 혼란과 편향이 없는 것, 신체와 더불어 정신이 빛과 힘을 얻는 것을 그는 '좌선'이라고 정의했다. 지눌 또한 심신의 반응을 "돌로 풀을 눌러놓듯이" 억압하지는 말라고 한다. 대신 자기 속의 상념들이 생겼다 이어지고 증폭되는 것을 잘 '관찰'하라고 가르친다.

그 단순한 관찰은 어지러운 상념들을 가라앉히고, 거친 정념의 반응들을 순치시킨다. 그와 더불어 우리가 보는 세상[世界]이 이미지[相]로 구성되어 있다는 것을 알게 되고, 그 근저에는 나의 욕망과 관심의 추동이 있다는 것이 뚜렷이 드러나기 시작한다. 밖에 흔들리지 않고 안으로 헉헉대지 않으면, 자신의 본래 힘이 스스로의 빛과 힘을 발산하게 된다. 더 이상 해야 할 것은 없다.

돈교는 이렇게 일정한 작법에 자신을 가두지 않는다. 그것은 자신의 심신이 '이미 완전하며,' 그렇기에 다스리고 억압할 것이 아니라 적극적으로 세상을 향해 자신의 힘과 공덕을 펼치라는 가르침이다. 그동안 자신이 하찮은 존재이며, 이 죄많은 육신을 억압하고 다스려야 한다는 얘기를 들어온 사람들은 놀란 입을 다물지 못할 것이다.

방거사는 주저없이 말한다. "신체의 활동 바로 그것이 위대한 기적이고 우주의 선물이다(作用是性)." 그 축복이 전부이니, 그 안을 뒤집어보거나, 그 밖을 기웃거리지 말라. 지눌은 충고한다. "사물을 통해 우리는 눈의 존재를 믿는다. 너 또한 우리 육신 안에 거하는 불성(佛性)을 의심하지 말라!"

모든 신체를 가진 것들은 위대하다. 어느 것 하나 버릴 것이 없다. 잡화경(雜花經)은 "세상은 온갖 꽃들로 피어난 부처들의 축제"라고 축하를 보냈다. 화장(華藏)세계의 구성원들은 각자 자신들의 삶을 육신을 통해 구현한다. 그것이 장엄(莊嚴)이다. 여기 육신은 정화의 대상이 아니라, 붓다의 영광을 드러내는 축복이다.

4. 운력(運力)과 노동(勞動) 사이

그 사실을 사무치게 받아들일 때, 덜커덩, 우리의 삶이 달라지기 시작한다. 일상의 작법(作法) 작무(作務)는 신성하고 또 신성하다. 작은 일이라고, 하찮은 일이라고 해서 허투루 여기거나 좌절하지 말라. 영원의 행복은 자신의 신체를 법신으로 보듬고, 세속의 일을 불국토의 장엄으로 여기는 바로 그 자리에 피어나기 시작한다.

그렇기에 불교는 '노동'을 말하지 않는다. 노동은 교환가치와 연관된, 쉽게 말하면 '돈을 벌기 위한 활동'이다. 그런 점에서 불교는 운력(運力)을 말하지만 노동(勞動)을 말하지는 않는다. 불교의 코드는 자기 절제와 사회적 참여, 그리고 공동체를 위한 베풂의 코드로 무장되어 있어, 노동을 상품으로 팔거나, 거기 고깃근처럼 값을 매기는데 익숙하지 않다. 작금, 부산의 어느 큰절에서 노동조합을 만들겠다는 직원들과, "세상에, 부처님 절간에 거기 무슨 소리고" 하는 보살들 사이의 충돌이 이 간극을 극명하게 상징하고 있다. 절집이 구성원들의 역할과 적절한 급부를 외면해서는 안 되지만, 조합을 만들어 띠를 두르고, 임금협상을 정례화하며, 요구가 관철되지 않을 경우, 띠를 두르고 농성을 한 대서야 그곳을 도량이라 할 수 있겠는가. 신뢰와 조정, 협조와 양보라는 불교적 미덕이 살아 있어야 절집이고 승가이다. 이 근본 면목을 훼손하면서까지 세속의 기준을 강요해서는 안 될 줄 안다.

불교는 세속을 업그레이드하기 위해 존재한다. 불교가 적응의 이름으로 근대의 원리에 무조건 순종한다면 더 이상 불교는 존재할 필요가 없다.

근대의 의식은 불교를 비웃는다. 불교는 교환가치를 의식하지 않고, 일을 노동이 아니라 영원의 활동으로 인식하기 때문이다. 이런 순진하고 유치한 발상이 어디 있느냐면서…. 그러나 바로 그 영리한 계산에 근대의 맹점이 있다. 자신의 신체와 일을 자신이 소유하지 못하는 '소외'가 만연되면서 인간은 본래의 축복으로부터 멀어졌고, 그것이 인간의 위기를 불러왔다. 정말이다. 사태는 정말 심각하고, 또 그것이 불교가 지금 있어야 할 이유이다. 불교는 근대의 병폐를 치유하고, 우리가 몰랐던 가치를 재삼 떠올리도록 일깨우는 영혼의 각성자이고 치유자이다.

행복은 우리의 신체를 덜 '상품화'함으로써, 소외를 극복하는 것만큼 얻어질 수 있다. 그래서 자본주의 사회에도 비자본주의적 틈새 혹은 숨통이 존재한다. 그 공간이 없으면 인간은 살아갈 수 없다. 개인적으로 여가를 즐기거나, 퇴근 후의 동창회 친교, 취미 등 동아리 그룹, 자원 봉사, 그리고 종교생활, 여행을 통해 매트

릭스를 벗어나기 등등이 그것이다.

행복을 위해서는 심신의 활동이 노동이 아니라 유희가 되어야한다. 노동으로서의 일을 줄이고, 일에 노동의 성격이 덜 부여되는 것만큼 그는 자신과의 일체감을 확보하면서 파편화의 관성으로부터 벗어나게 될 것이다. '노동'은 심신의 활동을 읽고 이해하는 전형적 근대의 방식이라는 것을 의식해야 한다. 다른 삶을 살고 싶다면 일과 놀이를 해석하는 전혀 다른 인지방식을 개발하고 설득해야 한다. 불교가 그 매트릭스 밖에서 일과 노동을 읽는 법을 가르쳐 줄 것이다.

5. 잡화(雜花)의 엄식(嚴飾),
   혹은 '허접한 꽃들, 누추한 인생의 축제'

마르크스는 '노동으로부터의 소외'를 말한다. 불교는 그 소외를 극복하기 위해서는 '노동'이라는 이름을 잊으라고 권한다. 핵심적 처방은 일상의 일과 놀이를 노동이 아니라 불국토의 장엄으로, 그 신성한 보람으로 승화시켜 나가는 일이다. 부엌일과 직장이 다 함께 성스런 일이며, 지위의 고하란 다만 맡은 일의 차이일 뿐이라는 큰 발심이 필요하다. 일을 통해 주고받는 재화도 보람과 자기 만족보다 더 클 수는 없는 법이다. 여기 큰일과 작은 일을 결정하는 것은 교환가치의 다과나 지위 권력의 고하가 아니다.
크고 대단해 보이던 일들이 사실은 아무것도 아니거나 추한 일이었으며, 작고 평범한 일들이 심금을 울린 사례를 우리는 나날

이 경험하고 산다. 어떤 일을 위대하게 만드는 일은 그 사람 자신의 판단에 매여 있지, 거기 본래 이름이 붙어있었던 것이 아니다. 그래서도 왈, 삼계(三界)는 유식(唯識)이다.

애플컴퓨터의 스티브 잡스가 말했다. "일은 삶의 아주 큰 부분이다. 자신이 하고 있는 일이 위대한 일이라고 믿을 때에만 인간은 진정 행복할 수 있다. 그리고 위대한 일을 하는 유일한 길은, 자신이 하는 일을 사랑하는 것, 그것 하나에 달려 있다."

야부 또한 『금강경』 송(頌)에서 재(在), 즉 인간이 '머물 자리'에 대해 이렇게 읊었다. "'在'라, 객이 오거든 꼭 내다보아야 한다. 그대로 보내서도 안 되고, 뒤따라가다간 맞는다.(客來須看也. 不得放過, 隨後便打)" 법계 안에는 큰 일 작은 일이 없다.

6. 공(空)의 사회적 회향

종합하면, 불교의 충고는 다음 세 가지로 정리할 수 있다.

(1) 자신의 일이 위대하고 거룩하다는 것을 자부하라. 잡화(雜花) 각각은 불국토를 장엄하는 화엄세계의 주인공들이다. 작고 하찮은 일들에 보람을 느껴라. 가령 누군가가 청소를 하지 않는다면 세상은 쓰레기 더미로 덮여버릴 것이다. 인간세의 교환가치는 '희소성'의 원칙 위에 서 있지만, 그러나 여래 혹은 우주는 '필요성'의 원칙으로 그것들을 평가한다. 이것은 일의 성패와 보상보다, 일의 의미와 가치에 좀 더 비중을 두라는 권고이기도 하다.

(2) 비상품화의 공간을 늘려라. 신체의 활동이 단순한 아르바이트가 아니라 보람과 연계되도록 노력하라. 사람을 상하게 하는 일보다, 도와줌으로써 돈을 버는 일들이 좋다. 가령, 음식점이나 서비스업. 상해나 과장 등을 포함한 직업이라면, 참회를 잊지 말라.

(3) 공(空), 즉 무아(無我)를 활동의 중심에 세워라. 사태를 자기의 이해관계를 떠나 바라보고, 판단과 행동을 취하는 연습을 부단히 하라. 공은 그 자연적 귀결로 공공의 선(善)과 전체의 이익을 위해 노력하게 추동한다.

공(空)은 불교의 중심 원리이다. 반야는 그것을 깨닫는 것이고, 그 삶의 원리는 곧 사회적 공공성으로 이어지게 되어 있다. 공은 자칫 체념이나 자기합리화의 변명에 그칠 수 있는데, 이것을 경계하면서, 공을 일과 놀이에서, 관계와 사업에서 활발발하게 구현할 수 있도록 노력해야 할 것이다. 그때 노동이 교환가치의 지평에서가 아니라 여여한 법계의 성기(性起) 혹은 장엄으로 거듭나는 소리를 들을 것이다.

한형조

동아시아의 전통과 그 전망을 탐구해 왔다. 주자학에서 다산 정약용으로의 철학적 전환을 다룬『주희에서 정약용으로(1996 세계사)』와, 선(禪)의 이념과 역사·방법을 해설한『무문관, 혹은 너는 누구냐(1999 여시아문)』, 그리고 동양철학의 주요 흐름과 그 의미를 개략한『왜 동양철학인가(2000 문학동네)』를 썼다. 고전이 들려주는 삶의 지혜를 듣고, 그것을 번역으로 소통해 나가는 길을 찾고 있다.

지금 퇴계『성학십도』의 철학적 해석, 조선유학의 지형과 의미, 그리고『금강경』의 현대판 별기와 소를 준비중에 있다.

현재, 한국학중앙연구원 교수로 있다.

선종의 노동문제

월암(月庵) | 스님, 벽송사

1. 이끄는 말

견성성불(見性成佛)하고 요익중생(饒益衆生)하기 위해 출가한 오늘날의 수행자는 노동의 가치를 어떻게 평가하고 수용해야 할 것인가? 노동은 출가 공동체의 유지와 운영의 방편일 뿐 아니라, 더 나아가 노동 그 자체가 그대로 수행으로 승화되어야 한다.

선종의 입장에서 볼 때 선종의 생존과 발전의 방식 가운데 가장 중요한 수단의 하나로 선농겸수(禪農兼修)를 통한 자급자족(自給自足)의 생산활동을 들 수 있다. 주지하는 바와 같이 인도불교에서는 출가 수행자는 탐욕을 제어하기 위해 무소유를 원칙으로 하되 오직 삼의일발(三衣一鉢)만을 소유하며, 걸식을 통한 일종식(一種食)을 생활원칙으로 삼고 있다. 또한 여러 초기 경전에서는 한결같이 출가사문(비구)의 생산노동을 금지하고 오로지 좌선과 명상 그리고 유행을 통한 수행생활을 강조하고 있다.

『수따니빠아타(Suttanipata)』와 『잡아함경』 제4권을 통해 너무나 잘 알려진 바라문과 석존의 대화, 즉 "바라문이여! 나도 밭을 갈고 씨를 뿌린 후에 먹습니다. 믿음은 종자요, 고행은 비이며, 지혜는 내 멍에와 호미, 부끄러움은 괭이자루, 의지는 잡아매는 줄, 생각은 내 호미날과 작대기입니다.… 노력은 황소이므로 나를 안온의 경지로 실어다 줍니다. 물러남이 없이 앞으로 나아가 그곳에 이르면 근심걱정이 사라집니다. 이 밭갈이는 이렇게 해서 이루어지고 단 이슬의 과보를 가져옵니다. 이런 농사를 지으면 온갖 고뇌에서 풀려나게 됩니다"[1]에 의거하면, 육체적 노동과 물질적 생산을 장려한 것이 아니라, 정신적 노동과 수행에 의한 해탈을 강조하고 있다.

이러한 인도불교의 전통이 중국에 전래되어 자연환경과 문화에 적응하기 위해 출가 승려가 직접 노동 작무에 참여하고, 물질적 생산활동을 통해 의식주를 해결하는 방식으로 변모하게 된다. 특히 선종 교단에서는 적극적으로 선수행과 노동활동을 일치시키는 '선농겸수(禪農兼修)'의 생산불교로 발전하게 된다. 이와 같은 선농겸수의 정신과 실천은 자급자족(自給自足)의 생활방식이 되어 법난(法難)이라는 외부의 충격에도 선종은 끈질긴 생명력으로 보존되어 왔음을 알 수 있다.

선종의 법맥이 지금까지 전수되어지고 있는 한국과 중국, 일본 등 동아시아에서 여타의 종파와 달리 선종이 오늘날까지 유지 발전되어 올 수 있었던 중요한 인자 가운데 하나가 바로 노동을 통한 자급자족의 생활방식을 들 수 있다. 선종에서 장려하고 있는

---

1) 법정 역, 『숫타니파아타』(샘터, 1991), pp.30-31.

노동은 단지 생산활동의 수단으로만 실시된 것이 아니라, 노동의 일과와 수행정진이 겸수되어 노동의 참 가치를 구현했을 뿐만 아니라, 동정일여(動靜一如)라는 수증(修證)의 방편으로 승화되었던 것이다. 이와 같이 선종에서의 노동의 수행화(修行化)는 불교사에서 획기적 사건으로 선종이 선종다운 종지종풍(宗旨宗風)을 선양하는 데 결정적인 역할을 하였다.

오늘날 한국 선종은 노동의 가치를 상실하고 자급자족이라는 생산불교의 전통이 무너져 가고 있다. 본고에서는 선농겸수의 선풍 속에 생활선의 조사선 가풍을 되살리기 위한 일련의 사상적 작업의 일환으로 선종의 노동에 대해 고찰해 보고자 한다.

2. 중국 선종의 노동의 연원

중국불교 역시 인도불교의 전통에 입각하여 출가 사문이 생산업에 종사하지 않는 풍조는 기본적으로 그대로 유지되고 있었음을 알 수 있다. 중국불교, 특히 선종의 경제생활 방식은 기나긴 발전의 역사를 가지고 있다. 중국에 불교가 전래된 이래 인도불교의 무노동 전통에 의해 스님들이 생산노동에 직접 참여하지 않았다. 출가 사문은 이른바 '방외지사(方外之士)'로서 많은 세속적 의무를 면제 받았다. 즉 조세와 부역의 의무를 지지 않음으로 해서 승단(僧團)이 꾸준히 확대되었다. 승단의 확대는 필연적으로 승단 자체의 생존문제에 부딪치게 되었던 것이다. 동진(東晉)시대부터 승려 개인의 농경, 상업 및 무속행위 등의 경제활동이 나타나기 시작하였으며, 당대(唐代)에 이르러서는 균전제(均田制)를 시행하여 승려들이 땅을 나누어 받았으며 면조(免租), 면역(免役)의 혜택을 받게 되었다. 여기다가 사원이 받은 보시 등은 사원경제의 급속한 발전을 가져오게 된 원인으로 작용하게 되었다. 머지않아 당왕조는 양세법(兩稅法)을 실행하여 조정에서 특허해 준 사원을 제외하고 모두 세금을 내게 하였다. 단 스님들 개인은 요역(徭役)을 면제해 주는 혜택을 주기에 이른다. 그러나 인도와 다른 문화풍토 속에서 일하지 않고 수행에만 전념하고, 여러 가지 국가적 혜택을 받는 승가를 향해 비불교(非佛敎) 집단의 비판이 가해짐은 명약관화한 일이다. 이러한 비판은 불교가 거의 국가의 중심종교로 발전한 당대(唐代)까지도 계속되고 있었던 것이다.

한 여인이 베를 짜지 않으면 천하 사람들은 추위에 떨게 되고, 한 남자가 경작하지 않으면 천하 사람들이 음식을 먹지 못하게 된다. 지금 석가의 가르친 법에는 베를 짜지 않게 하고 경작을 하지 않도록 하였다. 경전에 곡식을 재배하는 법이 없어 밭에는 경작하는 농부가 없고, 불교의 가르침에 베 짜는 방법이 없어 베 짜는 부인들은 일을 포기하고 있다. 발우를 들고 주장자를 짚어 걸식함에 누구에게 의지하며, 왼쪽 어깨에 가사를 걸침에 어떻게 (천을) 얻겠는가.[2]

그러나 인도와 다른 중국의 자연환경과 문화풍토에 의한 수행환경의 변화는 필연적으로 노동에 의한 생산불교로의 전환을 가져오게 된다. 근본적으로 걸식이나 탁발을 해서 의식주를 해결하

---

2) 法林, 「辯正論」, 『廣弘明集』 제13권, 大正藏 제52권, p.182中.

기에는 많은 문제점을 안고 있었다. 그러므로 왕실이나 사대부 등 단월(檀越)들의 시주에 의한 재정적 후원으로 사원경제가 운영되었다. 설사 신도들의 재정적 후원이 있었다 하더라도 그것으로는 경제생활이 완벽하게 해결될 수 없었기 때문에 최소한의 수행생활을 영위하기 위해 농경산업을 통한 생산활동에 종사하지 않을 수 없었을 것이다. 동진시대에 이미 승니(僧尼)가 "논과 밭을 개간하고 농사를 짓는 것은 농부와 같았고, 혹은 돈으로 물건을 사고 팔며 재물을 추구함에 상인들과 같이 이익을 다툰다"[3]라는 비판적 기록이 전해져 내려오는 것으로 미루어 보아, 당시 일부 승려에 국한된 일일지언정 승려들이 농사를 짓고 상업활동을 하고 있었던 것이다.

그러면 이와 같은 중국불교의 노동과 생산업의 종사에 대한 경전(經典)적 연원은 어디에서 찾을 수 있는가. 『법화경』 「법사공덕품」에 '자생산업(資生産業)'을 설하고 있음을 볼 수 있다.

　　모든 설하는 법이 그 뜻을 따라 다 실상(實相)과 같아서 서로 어긋나지 않으며, 혹은 세간의 경서나 세상을 다스리는 말씀이나 자생산업(資生業) 등을 설할지라도 모두 정법에 따르게 되리라.[4]

이와 같이 대승경전에서는 생산활동에 의한 치생산업을 긍정하고 대승불교 특유의 노동관을 언급하고 있다. 특히 『법화경』의 '자생업(資生業)' 사상은 중국불교에서 수용되어져 노동생산을 적

───────────────

3) 道安, 「二敎論」, 『廣弘明集』 제8권, 大正藏 제52권, p.143上.
4) 『法華經』 「法師功德品」.

극 장려하는 방향으로 나아가게 되었다. 천태지자(天台智者)는 그의 『법화현의(法華玄義)』에서 이 구절을 다음과 같이 해석하고 있음을 볼 수 있다.

　만약 지혜를 수행할 때 권실(權實)의 두 지혜를 궁구하여 통달하고, 내지 세상의 지혜와 치생의 산업이 모두 실상과 서로 위배되지 않는다(治生產業 皆與實相 不相違背).5)

　『법화경』의 이른바 '자생(資生)의 업(業)', 즉 노동생산이 바로 정법(正法)이라는 말을 천태는 모든 "치생의 산업(治生產業)이 실상을 위배하지 않다"는 관점으로 확대 해석하여 더욱 적극적으로 노동활동을 인정하고 있다고 하겠다. 이러한 『법화경』의 생산업에 대한 적극적인 인정의 기초 위에 『화엄경』「정행품」은 생산노동에서 더 나아가 일상생활 속에서 수행의 자세를 견지해야 한다고 주장하고 있다. 아울러 『유마경』「방편품」에 '일체치생(一切治生)'을 설하고 있는데, 즉 유마거사의 삶에서 세간과 출세간의 중도적 생활 그대로가 도업(道業)을 성취하는 장으로 발전되어지고 있다. 유마거사는 "속인으로 백의를 몸에 걸치고도 사문의 수행을 완수하며, 재가에 있으면서도 삼계에 물들지 않는 생활을 하였다. 처자가 있으면서도 항상 청정한 범행으로 어른들과 어린이를 가르치며, 모든 생업의 경영[一切治生]이 순조로워 세속적인 이익을 얻지만 그것에 기뻐하지 않았다."6)

---

5) 『法華玄義』, 大正藏 제33권, p.733中.
6) 『維摩經』「方便品」.

이러한 대승경전의 '치생산업'의 사상은 대승계율의 정신에도 영향을 미치고 있다고 할 수 있다. 따라서 『범망경』「제39경계(輕戒)」에는 "불자들은 언제나 일체 중생을 교화해야 한다. 승방을 건립하고 산림에 전답(田畓)을 마련하고 불탑을 세우며, 동하안거(冬夏安居)에는 좌선할 수 있는 처소와 불도를 닦을 수 있는 장소를 마련해야 한다"라고 규정하고 있다. 여기서 전답을 경작하는 노동과 안거수행이 함께 진행되고 있음을 알 수 있다.

대승경전의 노동생산설과 중국의 치생산업설이 일상의 수행과 결합하여 당나라 시대의 삼계교(三階敎)가 탄생하게 된다. 삼계교의 창시자 신행(信行)은 노동생산과 빈민구제를 통하여 노동과 수행을 일치시키는 수행공동체적 결사(結社)를 진행하고 있었다. 이러한 중국불교의 노동과 수행을 일치시키는 정신이 기본이 되어 선종의 선농겸수(禪農兼修)의 선풍으로 발전하게 된 것이다.

3. 중국 선종의 노동

(1) 백장청규와 보청(普請)

중국 선종에서 맨 처음 교단을 형성하고 교단의 유지와 운영을 위해 노동 작무를 일상생활에 도입한 것이 동산법문(東山法門)이다. 동산법문을 개창한 도신(道信)과 그를 계승한 홍인(弘忍)은 기주 황매의 쌍봉산(雙峰山)을 근본도량으로 하여 500여 대중이 운집하여 노동과 수행을 겸하는 수행집단을 형성하게 되었다. 진정한 의미에서 선종 교단은 노동과 함께 시작되었다고 해도 과언이 아니다. 산중에서 이미 운집 대중이 몇 백을 넘어서면 단월들의 시주만으로는 운영에 한계가 있기 마련이다. 동산법문 역시 수백 대중이 함께 모여 수행생활을 영위함에 필연적으로 생산작무(生産作務)를 통한 자급자족의 방향으로 나아가게 될 수밖에 없었다.

특히 홍인은 "낮에는 노동에 열중하며 대중을 공양하고 밤에는 좌선하기를 새벽까지 하였으며, 일찍이 게으름을 피운 일이 없었으며 여러 해를 지극히 열중하였다"[7]라고 전한다. 그가 일찍이 수행자가 산림 가운데 주거하는 이유에 대해 "심산유곡에서 자란 나무가 낫과 도끼에 베임을 피해서 큰 나무로 자라서 장차 동량(棟梁)으로 크게 쓰이는 것과 같다"라고 하여 산중불교의 중요성을 강조하고 있는 데서 알 수 있듯이, 산중에서 수행함에 반드시 전답을 개간하여 농경에 힘써야 함은 당연지사라 할 수 있겠다.

아울러 『염송설화』에는 홍인이 전생에 산중에서 평생 소나무를 심으면서 수행한 도인이라 하여 그 별명이 '재송도인(栽松道人)'이라 불렸음을 알려주고 있다.

선종은 동산법문 이후 자연스레 노동과 수행을 병행하는 전통이 수립되어, 신수(神秀)와 혜능(慧能)의 남북종선(南北宗禪)에서는 이미 체질화된 것 같다. 신수가 홍인의 문하에서 나무하고 물 긷는 운력을 게을리 하지 않았고, 혜능 역시 행자시절 8개월간 방앗간에서 중노동을 하였으며, 수법(受法) 이후 16년간 숨어서 행각하는 동안 온갖 궂은 일로 연명하였음은 이미 주지의 사실이

---

7) 『傳法寶記』「弘忍章」;『歷代法寶記』「弘忍章」, 大正藏 제51권, p.182上.

다. 그러므로 혜능에 대해서 다음과 같이 평하였다.

옳고 그름[是非]을 논하는 장(場)에 함구하고, 색과 공의 경계를 마음에 융합시켰다. 노동에 힘써 대중을 공양함에 부족함이 없게 하였다.··· 사위의(四威儀 : 行住坐臥)가 모두 도량이고, 삼업(三業 : 身口意)을 모두 불사로 삼았다. 고요함과 어지러움이 둘이 아니며(動靜不二) 내지 말함과 침묵함이 항상 하나였다(語默恒一).8)

혜능의 남종선은 정치 중심으로부터 멀리 떨어져 경제적으로 자급자족하므로 국가의 원조나 관료 및 백성들의 보시를 최소화하며 자율적이며 자주적인 노동과 청빈생활을 영위하였다. 즉 혜능의 남종 교단은 왕공 사대부의 후원으로 교단을 유지했다기보다는 서민 민중들과 함께 일하며 수행하는 대중불교적 면모를 강하게 풍기고 있다고 할 수 있다.

이러한 남종선의 가풍은 훗날 생활이 곧 수행이요, 수행이 곧 생활인 생활선(生活禪)으로 발전하게 된다. 따라서 혜능 남종선의 가풍은 조용한 곳에 앉아서 좌선에 몰두하는 것이 아니라, 논밭에서 일하며 일체 경계를 대하는 가운데서 경계에 흔들림이 없는 동정일여(動靜一如)의 경지를 역설하고 있다. 『단경』에 "밖으로 일체 경계에 걸림이 없어서 망념이 일어나지 않는 것을 좌(坐)라하고, 자성이 공함을 보아 어지럽지 않음이 선(禪)이라고 좌선을 정의하고 있으며, 또한 고요한 가운데 고요한 것은 진정한 고요함이 아니요, 움직이는 가운데 고요한 것이 진정으로 고요한 것

---

8) 『楞伽師資記』, 大正藏 제85권, p.1289中.

이다"라고 주장하고 있다.

이와 같은 혜능의 선사상을 계승한 마조(馬祖)는 이른바 '평상
심이 도(平常心是道)'라고 주장하고, 일상생활의 견문각지(見聞覺
知)를 떠나지 않고 해탈하는 생활선을 본격적으로 전개하였다.
혜능, 마조의 생활선사상과 사원경제의 요구에 의해 백장(百丈)
시대에 와서 부득불 기존의 율사(律寺)로부터 독립된 선종 독자
의 교단을 형성하게 된 것이다. 선종이 명실상부한 고유의 독립
된 종파로 거듭남으로써 거기에 수반되는 의무가 바로 경제적 독
립이라 할 수 있다. 지금까지 일정 부분 단월들의 후원으로 유지
운영하던 교단의 살림살이를 독자적으로 실행하기 위해 '청규(淸
規)'를 제정하고, 그 청규에 의한 '보청법(普請法)'을 실시하여 노
동생산에 종사하게 된 것이다.

백장은 "마조문하에서 수행할 때도 대중들과 똑같이 행동하였
고, 노동에도 문도들과 함께 어렵고 힘든 일을 같이 하였다"[9]라
고 전하고 있는데, 이것은 그가 청규에 의한 보청법을 실시하기
이전에 이미 대중이 함께 하는 노동운력을 친히 실천하였음을 보
여주고 있다. 백장의 이러한 노동정신이 훗날 총림의 방장 위치
에 있었음에도 불구하고 "하루 일하지 않으면(一日不作), 하루 먹
지 말라(一日不食)"는 경구로 대중을 경책할 수 있었던 것이다.
이른바 '일일부작 일일불식'은 선종 청규의 만고 방양이 되어 지
금도 선문의 준칙으로 살아 있는 것이다.

백장이 청규에 의한 보청법을 실행한 그 의의를 몇 가지 들어

---

9) 『懷海禪師塔銘』, 大正藏 제48권, p.1256下.

보면, 첫째, 선종 교단의 독립이라 할 수 있다. 종래에 독립된 사원을 갖지 못하고 율종 사원에 공생(共生)함으로써 선종 특유의 가풍을 진작하는데 많은 어려움이 따랐던 것이 사실이었다. 그러므로 선종이 독자적으로 독립함으로써 선종 가풍에 맞는 자주적 생활과 수행을 할 수 있었음은 선종의 발전에 획기적인 전기를 맞이할 수 있었다.

둘째, 사원경제의 독립이다. 기존의 방식에 의해서는 교단의 자율적 유지와 운영이 용이하지 않았다. 선종이 독립하여 선원청규에 의한 보청법을 실시함으로써 다소 청빈(淸貧)의 고난은 감수해야 했겠지만 자급자족의 자율경제의 발판을 마련할 수 있게 된 것이다. 이러한 자율적 경제의 기반은 이후 당무종(唐武宗)의 회창법난(會昌廢佛)에도 여타의 종파와 달리 면역력을 발휘하여 타격을 최소화했을 뿐만 아니라, 더 나아가 선종이 신속하게 발전하는 터전을 마련하게 된다.

셋째, 생산노동을 의무적으로 제도화함으로써 장차 선종의 수행 가풍이 선농겸수(禪農兼修)의 생활선(生活禪), 대중선(大衆禪)으로 발전하게 된 것이다. 이것은 단순히 노동과 수행의 병수(并修)에 그친 것이 아니라, 노동 그 자체가 그대로 수행으로 승화되어 수행과 깨달음의 역동성으로 발전시키고 있음을 말하는 것이다.

그러면 백장은 종래의 출가 사문의 생산노동 금지의 계율과 사상을 어떻게 극복하였는지 살펴보도록 하겠다.

묻기를, "풀을 베고 나무를 자르며 땅을 개간하는 일은 죄가 되어 과보가 없습니까?"

백장선사가 대답하기를, "반드시 죄가 된다고 말할 수 없고, 죄가 안 된다고도 말할 수 없다. 유죄와 무죄는 각자(當人)에게 있는 것이다. 만약에 일체 유무(有無) 등의 법에 탐염(貪染)하여 취사의 마음이 있고, 삼구(三句)를 투과(透過)하지 못한다면 이 사람은 죄가 된다. 만약 삼구를 투과하여 마음이 허공과 같이 되고, 또한 허공과 같다는 생각도 없다면, 이 사람은 무죄이다. 또 말하기를, 죄를 짓고나서 죄가 있다고 보지 않으면 말이 안 되며, 죄를 짓지 않았는데 죄가 있다고 한다면 그것 또한 말이 안 된다.

율장에서 '본성을 미혹하여 살인을 하거나 서로 살인을 한다 해도 살생죄가 되지 않는다'라고 했거늘, 하물며 선종의 문하에서 그럴 수가 있겠는가. 마음이 허공과 같아서 그 어디에도(一物) 집착하지 않으며 허공과 같다는 생각조차 없는데, 죄가 어디에 자리 잡기나 하겠는가.10)"

이른바 "풀을 베고 나무를 자르며 땅을 개간하는 일은 죄가 되지 않느냐"라고 하는 것은 불교 기존의 계율 인식이다. 백장은 이 인식을 '자성청정(自性淸淨)'이라는 본원심의 입장에서 청정심의 실천으로 극복하라고 제시하고 있다. 신수와 혜능이 다같이 계(戒)를 '자성청정'으로 해석하고 있음을 볼 수 있는데, 『범망경』에 설하기를 "금강보계(金剛寶戒)는 일체불(一切佛)의 본원(本源)이며, 일체 보살의 본원인 불성종자(佛性種子)이다. 일체 중생은 모두 불성이 있다.… 일체 중생의 계의 본원은 자성청정(自性淸

---

10) 『百丈廣錄』, 古尊宿語錄(中國佛敎典籍選刊, 中華書局), pp.15-16.

淨)이다"라고 하였다. 자성이 청정한 입장에서의 계율이란 자성을 미혹하면 번뇌망념에 집착하므로 유죄가 되며, 자성을 깨달으면 진여본성이 드러남이 되어 무죄가 된다. 그러므로 유죄·무죄는 자성의 미오(迷悟)에 있는 것이다. 백장은 우리의 마음이 유무를 초월한 허공과 같이 자성청정심을 깨달으면 무죄가 된다고 말하고 있다.

위에서 백장이 특별히 강조하고 있는 것 가운데 하나가 소위 '삼구투과(三句透過)'인데, 백장의 삼구(三句)는 백장선법의 독특한 용어로서 초선(初善)·중선(中善)·후선(後善)을 말하는 것이다. 『임간록(林間錄)』에서 백장의 삼구에 대해 다음과 같이 해설하고 있다.

대지(大智 : 百丈)스님께서는 다음과 같이 말씀하셨다. "교학에서 쓰는 말들은 대체로 삼구(三句)로 연결되어 있는데, 이는 처음·중간·마지막의 선(初中後善)이다. 처음은 그에게 선한 마음이 나오도록 하는 것이며, 중간은 그 선을 부수는 것이며, 마지막에 가서야 비로소 선을 밝힌다. 이를테면 '보살은 곧 보살이 아니니, 그 이름이 보살이라 한다(菩薩卽非菩薩是名菩薩)'고 한 것이나, '법은 법이 아니며 그렇다고 법 아닌 것도 아니다(法非法非非法)'라고 한 것이 모두 그러한 형식이다. 그러므로 만일 일구(一句)만을 설하고 답한다면 그것은 사람을 지옥으로 끌어들이는 일이며 삼구(三句)를 한꺼번에 설하면 그 스스로가 지옥으로 들어가는 것이니 부처님의 일과는 상관없게 된다.[11]

11) 『林間錄』 卷上(禪林古鏡叢書, 藏經閣), pp.97-98.

백장이 말하는 초선은 긍정하거나 부정하는 하나의 입장을 지키는 것이며, 중선은 초선의 입장을 부정하는(버리는) 것이며, 후선은 초선의 입장을 버렸다는 생각조차도 버리는 것(부정의 부정)이다. 다시 말하면, 초선은 어떠한 법에도 집착하지 않는 것이며, 그 집착하지 않음이 옳다고 여겨 거기에 머무는 것이니, 이는 곧 이승(二乘)의 경지이다. 중선은 이미 집착하지 않고, 나아가 그 집착하지 않음에도 머물지 않는 것이니, 이는 곧 보살승(菩薩乘)의 경지를 가리킨다. 후선은 이미 집착하지 않음에 머물지 않게 된 후에 또 애착하지 않음에 머물지 않는다는 지해(知解)마저 소탕해 버리는 불지(佛地)의 경계이다.

그러나 백장은 이 세 경지는 각각 하나의 지위에 머물러 있는 것이므로 완전한 최상승이 아니라고 말한다. 최상승의 깨달음은 세 경지, 즉 삼구를 투과하여 그 어디에도 머물지 않는 허공과 같은 경지라고 주장하고 있다. 삼구를 투과한 경지가 바로 마음이 허공과 같이 되고, 또한 허공과 같다는 생각도 없는 최상승의 경계이므로 유무(有無)가 자취도 없이 소탕되는 것인데, 죄가 어디에 본색을 드러낼 수 있겠는가라고 설하고 있다.

위의 문답에서 백장이 관철하고자 했던 의지는 출가 수행자가 생산노동에 종사하는 것은 계율에 저촉되는 일이기는 하지만, 이러한 유상계율(有相戒律)의 계목의 한계를 무상계율(無相戒律)의 본원인 자성청정심의 발현으로 극복하고자 했던 것이다. 즉 계상(戒相)과 죄상(罪相)에의 이원성(二元性 : 집착과 불집착)을 초월한 근원적인 청정심의 경지에서 이 문제를 초극하고자 하였던 것이다.

이러한 정신은 백장이 청규를 제정할 때에 "어떤 사람이 『유가 경(瑜伽經)』, 『영락경(瓔珞經)』은 바로 대승의 계율인데 어찌 그 것에 의해서 수행하도록 하지 않습니까?"라고 묻자 아래와 같이 대답하고 있다.

내가 기본으로 하고 있는 것은 대소승의 계율 조목에 국한하지 않고, 또한 대소승의 계율정신에 위배하고자 하는 것도 아니다. 마 땅히 두루 대소승의 계율을 섭렵하고 잘 절충하여 새로운 규범을 만들어 수행에 힘쓰도록 하기 위한 것이다.[12]

선종이 중국적 불교의 색채가 농후하듯이, 백장은 중국의 환경 과 풍토에 맞는 계율관을 정립하고 있다. 이미 시간과 공간의 상 이점에서 오는 여러 가지 계율조목에 대해 보다 적극적, 객관적, 현실적인 관점에서 다시 융섭하여 중국적 입장의 새로운 규범을 제정하여 실천하도록 하였던 것이다. 그것이 바로 중국 선종의 계율이라고 할 수 있는 '백장청규(百丈淸規)'이다. 이렇게 하여 불 교교단에서 출가 수행자의 노동생산의 문제는 정상적인 수행생 활로 정착하게 된 것인데, 이것은 불교교단사를 통털어 전무후무 한 획기적 사건으로 서양의 종교개혁에 비견할 수 있다. 아울러 엄격한 의미에서 백장청규의 시행으로 말미암아 '선문의 독자적 인 수행'이 시작되었다고 할 수 있다. 『송고승전』에서 찬녕은 다 음과 같이 말하고 있다.

---

12) 『傳燈錄』 卷第6, 大正藏 제51권, p.251上.

천하의 선종이 풀을 눕게 하는 것과 같이 선문의 독자적인 수행도 회해선사로 말미암아 시작되었다.13)

그러면 『백장청규』의 구체적 내용은 무엇인가? 아쉽게도 『백장청규』의 전체 내용이 전하지 않기 때문에 그 전모를 파악할 수는 없다. 다만 그 대강과 면목은 『위산영우선사어록』 및 『진주임제혜조선사어록』 등에서 그 편린을 엿볼 수 있고, 백장 원적 후 약 100년경 송 찬녕의 『대송승사략(大宋僧史略)』, 그리고 그로부터 약 10년 늦어서 경덕원년(景德元年 : 1004) 한림원의 학사 양억(楊億)의 찬인 『백장청규』의 서문(『경덕전등록』은 同序를 「禪門規式」으로 하여 「백장선사전」의 말미에 부록함) 가운데서 볼 수 있을 뿐이다.14)

본고에서는 그 목적에 의해 백장청규의 전체 내용 가운데 '보청(普請)'에 대해서만 살펴보도록 하겠다. 「선문규식(禪門規式)」에는 '보청(普請)'에 대해 이렇게 설하고 있다. "보청을 하는 것은 위와 아래가 힘을 합치는 것이다." 또한 자각종색의 『선원청규(禪苑淸規)』에도 "보청에는 요주(寮主), 직당(直堂)을 제외하고 모두 모름지기 가지런히(다함께) 부(赴 : 나아가다)하라. 주지(住持)라 할지라도 질병, 관객(官客)을 제외하고 곧 부(赴)하지 아니하면 그 시자를 중(衆)에서 나가게 하라"15)고 기술하고 있다. 그리고 『칙수백장청규(勅修百丈淸規)』의 '보청'조에도 역시 「선문규

<hr>

13) 『宋高僧傳』, 大正藏 제50권, p.771上.
14) 최법혜 역주, 고려판 『禪苑淸規 譯註』(가산불교문화연구원), pp.20-21.
15) 최법혜 역주, 고려판 『禪苑淸規 譯註』(가산불교문화연구원), p.163.

식」과 마찬가지로 "보청을 하는 것은 위와 아래가 힘을 합치는 것이다"라고 말하고, 이어 "마땅히 고인의 '일일부작(一日不作) 일일불식(一日不食)'의 계(誡)를 생각하라"16)고 기술하고 있다.

위의 내용으로 미루어 보아 보청이란 백장이 설한 '일일부작(一日不作) 일일불식(一日不食)'의 정신 아래 전체 대중이 균등히 생산노동에 힘쓰는 것이다. 이것은 선종의 노동에 대한 정의이자 수행에 대한 규범이라고 할 수 있으며, 이후 선종의 모든 노동과 수행의 근본정신으로 계승되어지고 있다.

백장청규의 핵심정신이라고 할 수 있는 '일일부작(一日不作) 일일불식(一日不食)'이라는 말이 유행하게 된 연유를 살펴보면 다음과 같다.

백장선사의 평생의 고절(苦節)과 힘든 수행은 비유로 다 말할 수 없다. 대개 매일 실행하는 노동에는 반드시 대중들보다도 먼저 앞장서 나아갔다. 이러한 모습의 선사를 주사(主事)가 차마 보고 견딜 수가 없어 하루는 가만히 선사의 도구를 감추고 쉬기를 간청하였다. 선사가 말하기를, '내가 아무런 덕이 없는데 어찌 남들만 수고스럽게 하겠는가'라고 하였다. 선사는 두루 도구를 찾아보았지만 찾지 못하자 그날 식사를 하지 않았다. 이런 까닭에 '하루 일하지 않으면(一日不作), 하루 먹지 않는다(一日不食)'라는 말이 천하에 유행하게 되었다.17)

결국 백장의 보청정신에 의해 '하루 일하지 않으면(一日不作), 하루 먹지 않는다(一日不食)'라는 격언이 생겨났고, 이러한 정신

---

16) 大正藏 제48권, p.1144上.
17) 『祖堂集』 제14권, 佛光大藏經 禪藏, p.724.

은 청규정신으로 면면히 전승되어졌던 것이다. 여기서 백장은 노동이 바로 생명과 직결되는 신성한 의무이자 수행의 핵심 요소로 파악하고 있었음을 볼 수 있다. 그의 이런 정신과 사상은 결국 노동과 좌선을 일치시키는 '선농겸수(禪農兼修)'의 수행 가풍으로 정착되게 되었다.

위에서 우리는 선종의 노동관에 대해 알 수 있다. 즉 노동과 좌선수행은 결코 분리될 수 없기 때문에 '선농겸수'라고 말하는 것이다. 노동이 단순히 생산을 위한 작무가 아니라, 수행으로 승화되어지고 있는 것이다. 또한 작무가 개인의 노동에 국한된다면, 보청은 항상 위로는 주지(방장)로부터 아래로는 행자에 이르기까지 전 대중이 공동으로 함께 하는 대중운력(大衆運力)으로 노동을 하되 노동상(相)에 집착하지 않고 철저히 수행의 일환으로 진행되어야 함을 강조하고 있다.

(2) 선농겸수(禪農兼修)의 정신과 그 전승

사실 혜능으로부터 태동하여 마조의 홍주선에 이르러 만개한 조사선(祖師禪) 사상이 생활불교로서 일상생활 가운데서 좌선과 노동을 함께 수행으로 일치시키고 있다. 앞에서도 언급하였듯이, 혜능은 일찍이 좌선을 정의하여 "일체 경계에 걸림이 없어 망념이 일어나지 않음이 좌(坐)요, 자성을 보아 본성이 어지럽지 않음이 선(禪)"이라고 하였으며, "일체 시간 가운데 행주좌와에 항상 직심(直心)을 행하는 것이 '일행삼매(一行三昧)'라고 주장하여 생활상의 수행을 강조하였다. 마조 역시 이른바 '평상심시도(平常心是道)'라는 생활선의 정신으로 '즉심즉불(卽心卽佛)'의 조사선사상

114

을 전개하였다. 이러한 조사선의 일상생활의 수행전개가 토대가 되어 백장이 선원청규를 제정하고 보청법을 시행하여 선종의 자주적 수행가풍을 수립할 수 있었던 것이다.

이와 같이 선종에서 좌선수행과 노동생산을 일치시키는 것을 '농선(農禪)' 혹은 '선농겸수(禪農兼修)'라고 칭한다. 좌선수행과 노동생산은 결코 분리될 수 없는 생활일과로서 가장 선종다운 면모라고 할 수 있다. 이러한 '선농겸수'의 선종 가풍은 이후 선종의 가장 중요한 실천덕목으로 자리매김하여 면면부절 이어져 내려오게 된다. 위에서도 대강 언급한 바 있지만 선농겸수의 정신은 무엇인가? 이것은 선원청규에 의한 보청법의 실천에서 그 의미와 정신을 엿볼 수 있다. 백장의 『고청규(古淸規)』의 정신을 계승하고 있는 『환주청규(幻住淸規)』의 보청에 대한 설명에서 그 의미를 새겨보도록 하겠다.

혹시 보청에 있어 노동에 임할 때는 일의 경중을 따지지 말고, 힘을 다해 그 일을 하도록 해야 한다. 좌선수행에 집착하여 적정함을 간직하기 위해 대중의 뜻을 따르지 않고 노동에 참여하지 않는 일이 없도록 해야 한다. 노동에 임할 때는 소리내어 농담을 하거나 큰소리로 웃어도 안 되며, 남보다 뛰어남을 자랑하거나 능력을 과시하려고 해서도 안 된다.

단지 마음으로 도념(道念)을 보존하고 몸으로는 대중과 함께 노동에 전념해야 한다. 일을 마치고 승당으로 되돌아온 후에는 고요하고 묵묵히 하여 처음과 같이 하도록 하라. 일을 할 때나 좌선을 할 때나 동정(動靜)의 두 모습이 여일(如一)하게 같아야 하며, 당체(當

體)는 일체의 경계에 초연해야 한다. 비록 종일 노동을 하였지만 아직 노동하지 않은 것과 같이 해야 한다.[18]

위에서 말하고 있는 보청의 내용으로 미루어 선종의 선농겸수를 위한 정신적 자세를 다음과 같이 정리할 수 있다.

첫째, 전심전력을 다해 노동에 임해야 한다. 선종에서의 노동은 생활이자 수행이므로 전력을 다해 참여해야 한다. 절대로 일의 경중을 논하지 않고, 일의 많고 적음을 시비하지 않고, 일을 함에 힘이 들고 힘이 덜 들고를 따지지 말아야 함은 물론이다.

둘째, 노동을 피해서는 안 되며, 오히려 일과 수행을 일치시켜야 한다. 즉 좌선수행을 핑계로 노동을 회피해서는 안 되며, 노동과 수행을 하나로 일치시켜 노동 그대로가 수행이 되게 해야 한다. 따라서 노동을 할 때에도 좌선하는 것과 똑같이 마음을 다잡아 행동을 함부로 해서는 안 된다.

셋째, 자랑과 과시를 해서는 안 된다. 즉 노동을 함에 있어 승벽심(勝癖心)을 가지고 자랑하거나 능력을 과시해서도 안 된다. 항상 상하 대중이 화합된 모습으로 보청에 임해야 한다.

넷째, 대중과 함께 노동해야 한다. 선종의 보청은 단순히 일하기 위한 작무(作務)의 수준을 넘어서서 수행생활과 경제적 자립의 당위성이 담보되어야 하기 때문에 반드시 대중이 함께 하는 노동이어야 한다. 그러므로 보청시에는 방장으로부터 행자에 이르기까지 전체 대중이 참석함을 원칙으로 하는 것이다.

다섯째, 동정이 여일(動靜如一)해야 한다. 노동의 움직임과 좌

---

18) 中峰明本, 『幻住淸規』, 續藏經 제111권, p.499.

선의 고요함이 둘이 되어서는 올바른 수행이 될 수 없다. 행주좌와의 사위의(四威儀) 가운데서 항상 여일한 공부를 지어가야 한다. 그러므로 노동을 함과 하지 않음이 여일(如一)해야 된다고 말하는 것이다.

위의 내용에 입각해서 보면 선종의 노동을 '중도노동(中道勞動)'이라 명명할 수 있다. 중도노동은 당연히 중도정관(中道正觀)의 수행과 깨달음을 지향하고 있는 것이다. 이러한 중도노동의 정신적 자세로 선농(禪農)을 병수(幷修)함으로써 선종 특유의 농선(農禪) 가풍을 수립하게 되어 훗날 선종이 외부의 충격(法難)으로부터 자종(自宗)을 유지 발전시킬 수 있는 원동력이 된 것이다.

보청에 의한 선농병수의 가풍은 이후 오가칠종(五家七宗)의 분등선(分燈禪) 시대를 거쳐 오늘날까지 유전되고 있다. 실제로 조사선 시대에 수행생활은 그대로가 선농겸수의 선풍이라고 말할 수 있다. 조사의 어록이나 공안에서 이러한 사상적 맥락이 그대로 녹아있음을 볼 수 있다.

특히 위앙종(潙仰宗)의 위산(潙山)과 앙산(仰山)의 선풍에서는 수많은 농선의 흔적이 발견되고 있다. 논밭에서 김을 매고 차를 따는 노동선(勞動禪)의 면모를 유감없이 발휘하고 있다.

앙산스님이 밭에서 돌아오니 위산스님이 물었다.
"밭에는 몇 사람이나 일하던가?"
앙산스님이 삽을 놓고는 차수(叉手)하고 서자 스님께서 말했다.
"오늘 남산에서 많은 사람들이 띠풀을 베더라."
이에 대해 어떤 사람이 순덕스님에게 물었다.

"위산스님이 말하기를, '남산에서 여러 사람이 띠풀을 벤다'라고 한 뜻이 무엇입니까?

순덕스님이 대답했다.

"개가 왕의 사면장을 물고 가니, 신하들이 모두 길을 피한다."[19]

위산스님께서 앙산스님과 차밭에서 운력하다가 이렇게 말했다.

"그대의 소리만 들리고, 그대의 모습은 보이지 않는구나. 나와 보아라. 보고 싶구나."

앙산스님이 차나무를 흔들어 대답하니, 스님께서 말했다.

"용(用)만 얻었고, 체(體)는 얻지 못했다."

앙산스님이 도리어 물었다.

"저는 그렇다치고 스님께서는 어떠십니까?"

스님께서 한참 잠자코 있으니, 앙산스님이 말했다.

"스님께서는 체(體)만을 얻었고, 용(用)은 얻지 못했습니다."

이에 위산스님께서 말했다.

"그렇게 말한다면 20방망이는 맞아야 되겠구나."[20]

한 뙈기 새밭 개간하여

한 웅큼 곡식 심었네.

고개를 들어 한가하게 바라보니

산도 푸르고 물도 푸르러라.

낮이면 밥 먹고

밤이 되면 그저 잠잘 뿐이네.

피곤하면 다리 뻗고 쉴 뿐이니

모든 것이 만족하여라.

---

19) 『潙仰錄』(禪林古鏡叢書, 藏經閣), p.98.
20) 『潙仰錄』(禪林古鏡叢書, 藏經閣), p.33.

팔구월이 돌아오면

울타리 그득하게 노란 국화 피어 있으리.21)

위의 예에서 보듯이 논밭을 개간하고, 곡식을 가꾸고, 풀을 베고, 차(茶)를 만들고 하는 일은 선문의 다반사라 농선(農禪)의 전통이요, 노동선(勞動禪)의 일상이라 할 수 있다. 평상심이 그대로 도가 되는(平常心是道) 이런 의미의 선농겸수의 가풍은 임제종(臨濟宗)에서도 예외가 아니었음을 볼 수 있다.

임제스님이 운력 중에 호미로 밭을 매다가 황벽스님이 오는 것을 보고는 괭이에 기대 서 있었다. 황벽스님께서 "이 사람이 피로한가?" 하니, "괭이도 아직 들지 않았는데 피로하다니요" 하였다. 황벽스님이 후려치자, 임제스님이 몽둥이를 받아 쥐고는 황벽스님을 탁 밀쳐 넘어뜨렸다. 황벽스님께서는 유나를 불러 말씀하셨다. "유나야, 나를 부축해 일으켜라."

유나가 가까이 다가가 부축해 일으켜드리면서 말했다. "큰스님, 이 미친놈의 무례한 짓을 그냥 두십니까?" 황벽스님은 일어나면서 유나를 후려갈기니, 임제스님은 괭이로 땅을 찍으면서 말하였다. "제방에서는 모두 화장하지만 여기 나는 한꺼번에 산 채로 파묻어 버린다."22)

조동종(曹洞宗)의 원붕선사 역시 당시 농선(農禪)의 풍광에 대해 "푸른 논두렁은 흩어져 물결에 부서지는데, 향기로운 햇볕은

---

21) 『潙仰錄』(禪林古鏡叢書, 藏經閣), p.125.
22) 『臨濟錄』(禪林古鏡叢書, 藏經閣), pp.129-130.

떠돌아다니며 볏꽃을 살찌운다. 몸소 경작하는 가풍의 명성은 예부터 오래였고, 귀로에는 농요소리 떨어지는 햇빛 속에 흥겹다"라고 읊고 있다.

오가칠종의 농선 가풍은 뒷날 대혜종고에 의해 간화선이 제창된 이후 더욱 발전하게 된다. 간화선 자체가 언어문자로 선을 이해하려는 문자선(文字禪)과 아무 일 없음에 안주하려는 무사선(無事禪) 및 앉아 있음으로 깨달음을 삼는 묵조선(默照禪)의 병폐를 극복하는 방편으로 제시되었던 것이다. 따라서 행주좌와의 일체 생활 가운데서 화두를 들고 참선하는 방법론에 입각해 있기 때문에 노동 가운데서 참구하는 활발발한 역동적 면모를 과시하고 있다고 말할 수 있다.

대혜가 일찍이 경산총림(徑山叢林)에서 한편 '반야농원(般若農園)'을 경영하며 간화선(看話禪)으로 접화(接化)한 본보기에서도 알 수 있듯이 간화선풍과 노동선은 불가분의 관계에 있다고 말할 수 있다. 간화선의 선농병수의 선풍은 이후 계속 이어져 원대(元代)에까지 전승되고 있다. 박산무이(博山無異)는 다음과 같이 묵조사선(默照邪禪)의 선병을 지적하고 생기발랄한 노동선을 강조하고 있다.

옛 선사는 복숭아를 따다가도 문득 선정에 들고, 호미로 밭을 매다가도 문득 선정에 들었으며, 절의 자잘한 일을 하면서도 선정에 들었다고 한다. 그러니 어찌 한 곳에 오래 눌러앉아 바깥 인연을 끊고 마음을 일어나지 못하게 한 다음에야 선정에 들었다고 하겠는가. 이를 곧 삿된 정[邪定]이라고 하니, 이는 납자가 가져야 할 마음이

아니다.23)

사실 송대(宋代) 이후 선종이 중심이 되어 불교의 명맥을 이어 오던 시절에는 거의 대부분이 노동생산에 의거해서 수행생활이 영위되었다 해도 과언이 아니다. 선농겸수의 가풍은 선문의 일상 사가 되어 오늘에까지 이어지고 있다. 중국 민국(民國)시대를 살다간 근대 중국 선의 중흥조라 일컫는 허운(虛雲) 역시 이러한 전통에 입각해서 농선과 노동선의 실천을 매우 강조하며 선풍 재진작에 진력하고 있다.

여러 스님들은 날마다 힘들게 장작을 패고 농사를 짓고, 흙을 돋우고 벽돌을 나르며 하루 종일 바쁘게 지내지만, 도를 깨치겠다는 굳은 의지는 잊어버리지 않습니다. 그러한 도를 향한 지극한 마음은 정말로 사람을 감동시키는 것입니다.24)

그리고 허운은 또한 강조하기를 "물 길어 오고 나무 해 오는 일상사가 묘도(妙道) 아님이 없으니, 밭 매고 씨 뿌리는 것이 모두 선기(禪機)인 것입니다. 하루 종일 다리를 틀고 앉아야 비로소 공부하고 도를 닦는 것은 아니다"25)라고 하였다.

이러한 전통은 한국의 선종에도 그대로 전입되어 선문의 일상 사로 정착되어졌던 것이다. 조선시대 산중에 은거한 선종만이 겨우 현사지맥(懸絲之脈)을 이어가게 되었을 때, 선종은 생존전략의

---

23) 『參禪警語』(禪林古鏡叢書, 藏經閣), p.36.
24) 『參禪要旨』(여시아문), p.35.
25) 『參禪要旨』(여시아문), p.64.

일환으로 산중에서 논밭을 개간하고 농사를 짓는 노동이 생활화되어 버렸다. 그야말로 억불(抑佛)의 현실 속에서 종교적 이상을 추구하기 위해 억지로라도 농선(農禪)을 실천하지 않을 수 없는 형국이 되어버렸던 것이다.

특히 조선 말에서 일제의 강점기를 살다간 용성(龍城)은 '반선반농(半禪半農)'의 선농불교(禪農佛敎)를 제창하게 되었다. 용성은 선농불교의 정신에 입각하여 "자기 생활에 힘으로 노동하고 남에게 의뢰하지 말 것"[26]을 주창하며, 선농당(禪農堂)과 화과원(華果院)을 건립하여 자급자족(自給自足)을 강조하고 있다.

아! 우리는 괭이 들고 호미 가지고 힘써 노농(勞農)하여 자작자급(自作自給)하고 타인을 의뢰치 말자. 여(余)는 차를 각오(覺悟)한 지가 이십 년 전이나 세부득이(勢不得已) 하여 못하고 있다가 오육 년 전에 중국 길림성 옹성랍자 용산동에 수천일경(數千日耕) 토지를 매입하여 오교인(吾敎人)으로 자작자급케 하였으며 또 과농(果農)을 종사하여 오육년간을 노력중이다.[27]

위의 반농반선(半農半禪)에 의한 자급자족의 선농관(禪農觀)에 대해 박용하(朴龍夏)는 "간도의 연길 명월촌 영봉촌에 칠십여 상(晌)의 전지(田地)를 매득하고 교당을 설립하여 승려의 반농반선(半農半禪) 생활의 효시를 작(作)한 지 벌써 십오 년이라 하니"[28]라고 기술하고 있다. 이와 같은 용성의 반농반선에 의한 선농불

---

26) 『大覺敎儀式』卷下,「十二覺文」.
27)「中央行政에 對한 希望」,『佛敎』93호, p.15.
28) 『龍城禪師語錄』卷下, p.39.

교의 정신은 자급자족뿐만 아니라, 일상생활과 수행을 일치시키는 청규정신에 입각하고 있음을 석운애(釋雲涯)는 아래와 같이 밝히고 있다.

그러므로 선자(禪者)도 자기의 생명을 유지키 위하여 식물의 공급 방법인 농(農)을 겸행하여야 한다. 농(農)으로써 육신의 생을 완전 보장한 후라야 정신의 생인 본지(本旨)를 달(達)할 수 있을 것이다.

위에서 이른바 '농(農)으로써 육신의 생을 보장'하고, '정신의 생인 본지(本旨)를 요달'하기 위해 선(禪)을 참구하는 방식의 선농일치를 주장을 하고 있다. 그는 아울러 진리를 일상생활과 관계가 먼 데서 찾는 것보다 일상의 실업(實業)에서 찾는 것이 첩경이기 때문에 반드시 반농반선(半農半禪)을 실천해야 한다고 주창하고 있다.

인과의 필연과 회인전과(廻因轉果)의 가능과 불생불멸(不生不滅)의 진리를 일상생활과 관계가 먼 데서 찾는 이보다 일상생활과 직접 관계를 가진 문제에서 찾는 것이 용이하기 때문이며, 은연(隱然)한 경전에서 구하는 이보다 현저한 실업(實業)에서 구하는 것이 첩경이기 때문에 반농반선(半農半禪)의 불교라야 된다는 것이다.[29]

용성의 반농반선의 선농불교 정신은 동시대의 선사 학명(鶴鳴)

---

29) 『弘法友』 창간호, p.40 ; 김광식, 『근현대불교의 재조명』(民族社), pp.82-83.

에 이어져 직접 선원에서의 일용(日用) 수행과목으로 "오전 학문(學問), 오후 노동(勞動), 야간 좌선(坐禪)"이 실행되어져 반선반농(半禪半農)을 선원의 목표로 설정하기에 이른다. 이러한 선농불교의 반농반선 사상과 실천을 백장청규의 보청에서 진일보하여 불교개혁의 한 방편으로 발전시키고 있는 것이 한국 선종의 특성이라 할 수 있다.

4. 맺는 말

역사적인 근거에 의해 살펴보았듯이, 선종이 선종다운 면모는 노동에 의한 자급자족에 있다. 수행과 노동의 일치에 의한 선농겸수의 전통은 백장청규의 보청법(普請法)에 연원하여 면면부절 이어온 선종의 특색이라 할 수 있다. 즉 백장선사의 "하루 일하지 않으면(一日不作), 하루 먹지 않는다(一日不食)"는 보청정신은 조사선 시대에 제기되어져 선문의 오가칠종을 거쳐 오늘날까지 시행되어져 내려온 선종만의 독특한 가풍이라 할 수 있다.

오늘 우리의 선문에서도 '운력(運力)'이라는 이름으로 그 정신과 맥이 전승되고 있기는 하지만, 안타깝게도 옛 전통에 준하는 수행과 노동의 겸수로써의 보청은 이미 사라져 가고 있다. 농선(農禪)의 전통을 오늘에 되살려 선종의 활발발한 선풍을 진작하는 것이 당면 과제 중의 하나라고 여겨진다.

아울러 선종의 노동이 '중도노동(中道勞動)'으로 정의되어질 수 있다면 현대의 노동문제에서 파생되는 여러 가지 사회문제까지 긍정적인 입장에서 해결할 수 있는 길을 열 수 있을 것이다. 선종의 중도노동의 정신과 가치를 오늘날 선문의 핵심가치로 자리매 김하여 더욱 발전시켜야 하는 당위성을 여기서 찾을 수 있다.

사실 선문의 보청(普請)은 소중한 정신문화의 자산이다. 이런 문화적 자산을 계승하고 발전시킴이 오늘날 선문 납자의 역사적 과제이다. 그리고 보청에 의한 대중운력은 화합승가의 꽃이라고 할 수 있다. 선종이 가장 선종다운 면모 역시 노동운력을 통한 역 동적 수행과 깨달음의 발현에 있다고 하겠다. 노동운력을 현재 선문의 수증의 한 방편(修證方便)으로 재활용하여 현대적 의미의 청규정신으로 꽃피움이 적극적으로 요구된다.

선종의 노동은 자급자족을 위한 교단의 경제적 자립에 크게 기 여했을 뿐만 아니라, 선농겸수의 수행 방편으로 조사선 종풍의 선양에도 그 정초(定礎)의 역할을 담당하였다. 특히 오늘날 한국 선불교는 불교개혁의 일환으로 실행된 근대 선종의 반농반선(半 農半禪)의 정신과 실천을 작금에 되살려, 육신과 정신의 생명을 장양(長養)하는 수행으로 노동과 참선을 겸수하는 전통을 재확립 하는 것이 바람직한 선문의 가풍이라 할 수 있겠다.

월암스님

월암(月庵)스님은 1973년 경주 중생사로 출가했다. 동헌선사를 계사로 도문화상을 은사로 사미계를 수지했다.(법명 : 德相) 1981년 해인사에서 고암선사를 전계사로 비구계를 수지했다.

중국에 유학하여 선종 조정(祖庭) 100여 도량을 두루 참배하였다. 또한 중국의 여러 선지식을 참방하고, 眞如禪寺, 柏林禪寺, 南華禪寺, 天童禪寺, 靜居禪寺 등 선원에서 선칠(禪七) 안거했다.

북경대학 철학과에서 중국철학을 공부하고, 선학[선종사상사]을 전공하여, 「돈오선 연구」로 철학박사 학위를 받았다.

백양사, 화엄사, 칠불사, 봉암사, 정혜사, 벽송사 등 제방선원에서 수선 안거하였다.

동국대학 선학과 강사로 후학을 지도하다. 지금은 지리산 벽송사 벽송선원에서 정진하고 있다.

용성선사(龍城禪師)의 선농불교(禪農佛敎)

지허(止虛) 김광식 | 부천대 교수

1. 선농불교란 무엇인가

'선농불교(禪農佛敎)'는 선(禪)과 농사(農事), 즉 농업을 결합시
킨 말이다. 여기에서 선은 수행의 일환이고 농사, 농업은 토지를
매개로 노동을 행함을 말한다. 그러므로 선농불교는 수행을 하면
서 농사를 짓는 것을 지칭한다고 볼 수 있다. 수행하는 출가 수행
재[스님]가 농사를 짓는 것은 중국 선불교의 전통이었고, 그 전통
을 받아들인 나말여초(羅末麗初)와 그 이후 고려, 조선시대의 불
교에서는 이미 관행으로 정착되었다. 그러나 오늘날의 불교계에
는 선농불교라는 말이 사라진 지 오래 되었다. 선농불교가 후퇴
하였다는 것은 곧 출가 수행자들이 수행의 일환으로 행하였던 농
사라는 행위를 않고 있다는 것을 말한다. 이를 달리 말하자면 농
사를 통한 보다 철저한 수행이 사라졌다는 측면과, 이제는 세상
이 산업사회로 변하여 농사를 지을 수 없다는 현실을 뜻하기도
한다.

그런데 '선농불교'라는 말에는 수행의 성격도 분명 존재하지만, 다른 측면에서는 출가자(출가 수행자의 줄임말, 이하 스님이나 승려를 출가자로 통일하여 호칭함) 및 사찰의 생존, 자립의 뜻이 존재하기도 한다.

중국의 선종(禪宗)에서 초창기에 농사를 지었다 함에서도 이 내용은 포착된다. 농사가 일종의 생존 차원에서 시작되었지만, 차츰 수행의 차원으로 전환되었다고 볼 수도 있다. 이러한 '선농불교'는 출가자의 수행과 사찰의 자립이라는 의미로 읽혀져야 하리라 본다.

그렇다면 현재 한국불교계에는 왜 선농불교가 사라졌는가? 그 연유를 말하기 전에 지금도 사찰에서 행하는 운력(運力)이라는 공동노동의 의미를 잠시 살펴보고자 한다. 흔히 사찰에서는 마당을 쓸거나, 절 주위의 밭에 있는 채소를 가꾸는 것, 혹은 집단으로 행해야만 되는 노동을 운력이라고 말한다. 공동노동이 곧 운력인 것이다. 이러한 전통은 절 집안 특유의 좋은 가풍이라고 보아도 좋겠다. 그러나 이런 운력을 선농불교라고 말하기는 어렵다. 한갓 일상의 협조적인 움직임을 선농불교의 산물로 볼 수 없기 때문이다.

운력에서도 수행, 농사, 생존의 의미가 일부 노출되지만 그것은 매우 단편적인 일면에 불과하다. 그리고 최근 남원 실상사에서 행한 농사[귀농학교]가 언론을 통해 세간에 알려진 적이 있다. 이것 역시 선농불교라고 볼 수는 없다. 실상사에서 행하는 농사는 '인드라생명공동체' 주관으로 도법스님이 지도하여 이제는 하나의 대안 공동체로 정착되었다. 그는 화엄사상에 근거한 인드라

생명이라는 가치관을 갖고 농촌과 도시 간의 공동체 유지, 도시에서 일탈되었거나 새로운 삶의 가치를 농사에서 찾으려는 도시민들의 농촌 정착을 후원, 훈련하는 의미에서의 농사이다. 때문에 실상사에서는 출가자의 노동이 존재하지 않는다. 그러므로 이를 선농불교라고 볼 수 없다는 것이다.

그러면 현대 한국불교에서 선농불교가 사라진 근본 연유는 무엇인가. 첫째는 치열한 수행정신의 쇠퇴이다. 둘째는 농사를 짓지 않고서도 사찰의 존립, 출가자의 생존이 가능하게 되었던 것이다. 셋째는 1950년대에 단행된 농지개혁으로 사찰에서는 대부분의 농지를 상실케 되었다. 이러한 세 요인이 결합되어서 선농불교는 존재하지 않는다고 보고자 한다. 일부 사찰에서는 수행의 일환, 자립의 보조 차원에서 농사를 짓는 경우도 있겠지만 대체적인 흐름에서 볼 때, 선농불교는 사라졌다고 본다.

2. 용성진종(龍城震鍾)은 누구인가

용성(1864~1940)은 선농불교를 치열하게 실천한 출가자이다. 용성은 근대 한국불교를 대표할 수 있는 선지식(善知識)이요, 큰스님[大師]이라고 볼 수 있다. 근대불교를 빛낸 거목으로 우리가 기억하는 경허, 만공, 한암, 수월, 한영 등을 지목할 수 있다. 이들은 진정 불교와 시대의 흐름의 중심에 서서 자기에게 부여된 역할을 다한 진정한 큰스님이다. 큰스님이라 함은 큰 역할, 큰 족적을 남긴 인물로서의 출가자를 칭한다. 요즈음 항간에서 떠도는 의례적인 큰스님들과는 차원이 다르다. 혹자는 지금의 불교를 해

치는 것 중의 하나를 출가자들의 '큰스님병'에서 찾기도 한다. 큰
스님도 아닌데, 자칭 큰스님, 마지못해 큰스님으로 부르고, 불러
주는, 또는 불리기를 원하는 풍토와 행태 때문이다. 이는 수행,
도덕성, 역할, 인간성이라는 측면에서 도저히 큰스님으로 보기
어려운 데에도 그렇게 부른다면 이는 양심의 어긋남, 즉 진실을
위배하는 행동이라고 본다.

그러나 용성은 참다운, 진정한 큰스님으로 보고자 한다. 이제
그의 선농불교를 이해하기 위한 전제 및 배경으로 용성의 큰스님
의 측면을 요약하고자 한다.

첫째, 용성은 치열한 수행을 거친 깨달은 출가자이다. 그는 해
인사에서 정식 출가한 이후, 도회지로 나온 1911년까지 근 30여
년을 오직 수행으로 일관하였다. 그는 다양한 수행, 참선, 주력,
염불, 간경 등 행하지 않은 수행이 없을 정도로 모든 수행을 거쳤
다. 더욱이 그는 네 차례의 깨침을 거친 이후 10년간은 치열한 보
임의 길을 통하여 자신의 깨달은 경지를 면밀히 다지기도 하였
다. 나아가서는 각처에 있는 간경의 대종사를 찾아 경전과 조사
어록을 열람하고, 자신이 공부한 것을 점검 또 점검하였다. 그리
고 일부 사찰에서는 선회(禪會)를 열어 대중을 지도하였다. 이러
한 수행, 깨침, 점검, 교화는 그 자체가 수행이라는 큰 구도에서
용해될 수 있는 행보였다.

둘째, 그는 거족적인 3.1운동 당시 민족대표로 피선, 활동하였
던 민족운동가이다. 그가 민족운동에 가담한 것은 1911년에 전개
된 항일불교인 임제운동에 참여하면서 본격화된다. 임제종 운동
은 친일 출가자가 한국불교를 일본의 일개종파인 조동종에 매각

130

하려는 조약에 대한 반발운동이다. 그 대응으로서 한국불교는 조동종 계열이 아닌 임제종 계열임을 천명하면서 자주적인 한국불교를 정립하려는 운동이었다. 이 운동은 만해용운, 석전한영, 진응 등 남쪽 지방의 출가자와 그들이 관련된 사찰이 주동되어 전개되었다. 이 운동의 주체들은 1912년 5월에 서울에 임제종 포교당을 개설하였는바, 용성이 그 포교당의 개교사장으로 근무하게 되었다. 이때부터 그는 임제종 운동의 행동책인 만해와 인연을 맺으면서 민족운동의 대열에 참여하였다. 그 결과로 마침내 3.1운동의 불교계 대표로 피선, 활동하게 되었다. 그는 일제의 형무소에 3년간 수감되었고, 입적하는 그 날까지 일제의 감시를 벗어날 수 없었다. 그러나 그는 결코 좌절하거나, 지조를 꺾지는 않았다.

셋째, 그는 불교개혁의 선봉장이었다. 그가 생존, 활동하였던 일제하의 불교는 조선시대의 구습에서 벗어나야 하는 시대적 사명, 그리고 일본불교의 도전으로 인해 불교의 존립 자체가 어려운 지경이었다. 이럴 때, 그는 불교의 체질을 개혁하는 최일선에 섰던 것이다. 선불교의 정체성을 재정비하기 위해 근현대 선종의 본부인 선학원의 건립을 주동하였을 뿐만 아니라, 망월사에 만일참선결사법회(萬日參禪結社法會)를 열기도 하였다. 결사법회에서는 선과 율의 조화를 통한 선불교의 치열성을 구현하였다. 그리고 일제불교의 침투로 벌어진 출가자와 종단의 일본화를 단연코 차단하려고 하였다. 그것은 대처육식을 금하라는 내용을 조선총독에게 제출한 건백서 제출로 구체화하였다. 1926년에 행한 이 건백서는 결과적으로 총독부에 거절당하였다. 이때부터 출가자들의 결혼이라는 파계가 본격화되었다. 그는 이로 말미암아 파계, 재산 망실, 부채 증가가 만연되는 교단을 떠날 수밖에 없었다.

이에 그는 교단 탈퇴서를 내용 증명으로 보내고 자신이 생각하는 새로운 불교를 개척하였으니 그것이 바로 1927년에 창립을 선언한 대각교(大覺敎)였다. 서울 대각사를 대각교중앙본부로 하고, 지방의 2개 처에 지부를 두면서 그는 대각교를 새불교운동의 기치로 내세웠던 것이다.

넷째, 그는 불교대중화의 기수였다. 불교대중화는 조선 후기의 산중불교에서 도회지불교로 나서면서 불교의 중흥을 기하기 위한 자기 정체성 정비였다. 이러한 불교대중화는 개항, 출가자들의 도성출입금지 해제 이후 줄기차게 추진한 불교의 자기갱신 그 자체였다. 이러한 방략에서 나온 것이 신식 학교의 건설, 포교당 건설, 역경 등이었다. 이러한 불교대중화에서 용성이 추구한 사업은 역경, 포교를 위한 불교출판이었다. 용성은 민족대표로 옥중에 수감되었을 당시부터 이를 결심하였다. 당시 개신교도들이 한 권의 성경을 읽고 종교생활을 하는 것을 본 그는 큰 충격을 받았다. 이에 그는 출옥을 하면 불교의 경전을 대중들이 읽기 쉬운 책으로 펴내겠다는 결심을 하였다. 출옥 후 그는 불교계에 자신의 포부, 소신을 알리고 협조를 구하였으나 뒤에서 쑥떡거릴 뿐 도움은 거의 없었다. 그래서 그는 혼자의 힘으로 역경의 채비를 하였다. 삼장역회(三藏譯會)라는 단체를 결성하고, 거의 독자의 힘으로 그는 노년의 몸을 추스리면서 역경에 나섰다. 1922년부터 그는 입적하는 날까지 그가 역경한 대상은 화엄경, 능엄경, 금강경 등 10여 종의 경전이었고, 10여 권의 불교사상서와 교양서도 발간하였다. 이렇게 그는 역경과 불교출판을 결합하였다. 당시 그가 펴낸 수량은 거의 수만 권에 달하였다. 이러한 불교대중화를 위한 그의 고투는 한국 현대불교에서의 대중화 기반으로 작용하였다. 그밖에도 그는 어린이 포교, 불교음악에서도 대중화의 저변을 넓혔다. 그러므로 우리는 그를 불교대중화의 기수라고 부를 수 있는 것이다.

지금껏 대별하여 살핀 바와 같이 용성의 행적과 고뇌에서 필자는 그를 근대불교의 선지식, 큰스님으로 부르는 것이다. 큰스님이란 거목이다. 거목은 그를 거목으로 인정하는 다수의 사부대중, 시대, 역사에서만이 인정되어야 한다. 오늘날의 세태에서와 같이 의례적으로 불린 호칭은 결단코 아니다. 우리는 이 점을 분명하게 인식해야 한다.

3. 일제하의 선농불교 인식

일제 강점기에는 선농불교에 대한 이해, 주장이 일각에서 제기되었다. 오늘의 현대불교보다는 다양한 주장이 제기되었다. 당시는 농업중심의 사회라는 점, 불교개혁이 제기되었던 측면, 출가자의 생존이 문제시되었던 측면이 결합되어 출가자 노동의 일환으로 다양한 의견이 나왔다. 용성의 선농불교를 선명하게 이해하기 위한 차원에서 그 개요, 성격을 간략히 소개한다.

첫째, 출가자의 노동 차원에서 강조되었다. 이는 『불교』지 60호(1929)에 김만태가 기고한 「불교청년들아 농공업에서 불(佛)을 찾아라」에서 엿볼 수 있다. 김만태는 사람에게는 무엇보다 의식주가 제일 중요하다고 여기고, 출가자가 농공업에서 부처를 찾아야 하는 당위를 설명하였다.

둘째, 농촌계발, 불교진흥 차원에서 출가자의 노동이 지적되었다. 이 내용은 『불교』지 75호(1930)에 기고된 「농촌개발과 현대 불교의 선무적 사명」이라는 글에서 찾을 수 있다. 이 글은 불교의 기반이 농촌이기에 농촌을 계발하는 것이 곧 불교의 진흥이라고 주장하는 차원에서 나온 것이다.

셋째, 출가자의 생활개선책의 일환으로 제시되었다. 일본 유학생이었던 정봉윤이 불교청년 잡지인 『금강저』 19호(1931)에 「교계 현상의 제 문제에 대하야」라는 글에서 이를 파악할 수 있다. 여기에서 그는 불교계는 자본주의 전래, 불교대중화로 인해 출가자의 생활 자체가 변화에 직면하였다고 보았다. 이에 그는 무학, 무직의 출가자들은 산림, 농장에서 일을 해야 한다고 하였다.

넷째, 반농반선(半農半禪)으로 출가자의 노동이 주장되었다. 이 주장은 봉선사 학인이었던 운애가 『홍법우』 창간호(1938)에 「현대에는 반농반선이라야 된다」는 글이 대표적이다. 이 글은 출가자가 육신과 정신을 균형적으로 수양해야 한다면서, 선을 수행하는 출가자가 농(農)으로써 스스로의 생을 보장해야 한다고 강조한 것이다. 자작자급과 일상생활인 농에서 깨달음을 얻을 수 있다는 주장이다.

다섯째, 민중불교 차원에서 불교의 농촌 진출이 강조되었다. 이와 관련된 대표적인 글은 김법린의 기고문이 있다. 즉 『일광』지 2호(1929)의 「민중 본위적 불교운동의 제창」과 『불교』지 103호(1933)에 「불교의 농촌 진출에 대하야」가 그것이다. 김법린은

이 글에서 불교가 농촌에 진출해야 하는 당위성과 농촌에 진출하여 전개할 수 있는 다양한 사업을 제시하였다. 그가 이처럼 불교의 농촌진출을 강조한 이유는 불교의 나약성을 민중, 사회와 유리된 것에서 찾았기 때문이다. 즉 불교의 발전을 기하기 위해서는 농촌에 진출해서, 민중불교를 해야 된다고 하였다.

지금껏 살핀 바와 같이 일제하의 불교에서는 다양한 관점, 접근에 의해서 출가자 노농, 불교의 노농이 지적, 강조되었다. 그렇다면 이런 배경하에서 용성의 선농불교가 갖는 성격을 조망해 보자.

4. 용성 선농불교의 개요

용성의 선농불교는 이론과 실천의 차원에서 동시에 주장되고, 실천에 옮겨졌다. 우선 용성이 자신이 행한 농사에 대해 회고한 글을 보자.

아ー 우리는 괭이를 들고 호미 가지고 힘써 노농하여 자작자급하고 타인을 의뢰치 말자. 나는 이를 각오한 지가 20년 전이나 세가 부득이 하여 하지 못하고 있다가 5~6년 전에 중국 길림성 용산동에 수천일경 토지를 매수하여 우리 불교도가 자작자급케 하였고, 또 과수원을 종사하여 5~6년간을 노력하고 있다.

이는 그가 『불교』지 93호(1932)에 기고한 「중앙행정에 대한 희망」이라는 글의 일부로서, 현대적인 표현으로 필자가 윤문한 것이다. 여기에서 우리는 용성이 중국 길림과 또 다른 곳에서 농장과 과수원을 경영하였음을 알 수 있다.

여기에서 중국의 길림은 지금의 연변을 말하며, 과수원이 있던 곳은 경남 함양의 백운산의 화과원이다. 그리고 그 시점은 이 글을 쓴 시점부터 5~6년 전이기에 1927년이다. 용성에게서 1927년은 여러 측면에서 주목할 시점이다. 그는 1926년까지는 교단 내부에서 불교개혁, 개신, 불교대중화를 추구하였지만 1927년부터는 대각교를 선언하고, 기존 교단을 탈퇴하여 독자적인 노선을 경주하였다. 때문에 1927년부터 선농불교의 일환으로 농사를 본격화하였던 것이다. 이 같은 용성의 선농불교의 객관적 조명은 그의 입적 후 발간된 『용성선사어록』에 봉선사의 운허용하가 기고한 「선농관」에서도 극명하게 나온다. 운허는 춘원 이광수와는 6촌간으로, 입산 출가하기 전에는 만주에서 독립운동에 투신한 이력을 갖고 있다. 해방 이후에는 주로 역경사업에 헌신한 강백이다. 때문에 그의 글을 신뢰할 수 있다.

간도의 연길 명월촌 영봉촌에 70여 경의 전지를 매득하고 교당을 설립하여 승려의 반농반선 생활의 효시를 작한 지 벌써 15년이라 하니…

즉 간도 연변의 두 촌락에서 토지를 구입하고 교당을 설립해서 출가자의 반농반선 생활을 15년이나 하였다는 것이다. 그 교당은 대각교당으로 불렸고, 참선을 겸행하였다 해서 선농당으로 칭하였다.

필자가 용성문도 스님들에게 전문(傳聞)한 바에 의하면 용성이 연변에 구입한 토지의 자금은 용성을 신행하던 궁중의 상궁들에게서 나온 것이라고 한다. 그리고 그 자금을 갖고 만주로 넘어갈 때에는 몸 속, 혹은 주장자 등에 숨겨서 갔는데 일본 경찰에게 노출될 것을 염려해서 기차 안에서는 늘상 주력과 송주를 하였다. 그리고 용성은 일본인이 보기 싫어서 늘상 멀리 가서 살아야 하겠다고 하였는데, 과연 만주에 교당을 지었다고 한다. 용성은 선농당에 찾아오는 손님이나 거지에게도 약, 옷, 밥, 돈을 이유 없이 주도록 하였다. 그래서 그 내방객에는 독립군, 민족운동가들도 있었다. 결과적으로 선농당은 당시 만주로 이주한 동포들의 자립을 도와주고, 중생교화를 하였으며, 독립 자금의 진원지 역할을 하였다고 볼 수 있다.

그런데 연길의 이 농장이 언제까지 존립하였는지는 알 수 없다. 지금 현재는 저수지, 혹은 아파트 단지가 되었다고 한다. 이는 용성의 문손(門孫)이 최근 그곳을 탐방한 내용에서 나온 것이다. 그리고 현지의 노인들도 그 농장을 기억하고 있다고 한다. 1941년까지는 농장이 존재하였음을 전하는 기록이 있다.

유점사에 돌아온 나는 법무로 있으면서 70여 사찰의 본사, 말사를 4년간 두루 다니면서 강론을 했다. 이 강론 때문인지 왜경의 요시찰이 점점 강화되면서 나는 만주 북간도에 있는 용성스님이 세운 대각교 농장을 찾기로 하였다(1941).

이 기록은 불전 번역에 참여한 김달진의 회고, 『산거일기』(세계사, 1990)의 '나의 인생, 나의 불교'에 나온 내용이다. 김달진은 거사가 되었지만 원래는 유점사 출신의 출가자였고 또한 시인으로도 이름을 날렸으며 말년에는 운허와 함께 역경에 헌신했다. 위의 내용에 의하면 용성이 입적한(1940) 직후에도 농장이 존재하였음을 알 수 있다.

다음으로 살필 농장은 함양에 과수원으로 존재한 화과원이다. 일제하의 기록에서 화과원의 내용을 전하는 것은 아래의 『조선불교』 89호(1933)에 게재된 화과원 탐방 기사이다.

지금으로부터 6년 전에 경남 함양군 백운사에 가서 산림, 황무지 등 수만평을 매입하여, 그것을 개간하고 과수, 야채, 마령(감자) 등을 재배하고, 자급자족의 정신으로 일하고 인근 촌락의 빈민 아동을 모아서 교육시키고 있었다.

이 화과원은 가파른 산비탈에 과수나무를 심고, 주위 농민들에게 과일나무를 심으면 보리쌀 한 되박씩을 나누어주면서 개간을 하였다고 한다. 지금도 화과원 주변 노인으로서 당시를 회상하는 사람이 생존해 있다. 그리고 화과원에는 용성스님과 그를 따르던 출가자들이 머물며, 수행을 하였던 법당과 요사채가 있다. 법당에는 불상을 모시지 않고, 일원상을 그려 붙였다. 지금 용성문도 한 사람이 화과원을 재건하려고 부단히 노력중인데 곧 가시적인 성과가 나오기 직전으로 보였다. 용성이 독립운동가라는 점에서 지방자치단체가 그 재건 비용을 후원하여 교육의 장소로 육성할 계획이라고 한다.

용성은 이곳에서 농사를 짓고, 수행을 하며, 번역도 하면서 대중과 더불어 하나의 공동체 생활을 하였던 것이다. 그곳에서 용성의 계모와 속가 동생들도 와서 머물며 생활하였다는 구전도 있으며, 여기에서 나온 자금이 상해 임시정부의 김구 선생에게로 흘러 들어갔다는 용성문도들의 증언도 있었음을 부연한다. 이 화과원에 대한 정황도 김달진의 기록으로 아래와 같다.

> 그때 유점사에서는 변설호스님으로부터 능엄경에 대한 법문을 열심히 들었고, 다음해(1935)에는 용성스님이 창립한 항일불교 단체인 대각교가 운영하는 화과원(華果院, 함양 백운사)에서 반선반농(半禪半農)의 수도생활을 하면서 용성스님이 번역한 화엄경의 윤문에 전심전력하였다. 3.1독립선언 33인의 한 분인 용성스님이 화과원이라 이름을 한 것은 뜻깊은 불교적 뜻이 있다. (중략)
> 이렇게 볼 때 용성스님이 화과원이라 이름하여 백운산에 선농을 병행하는 항일 불교단체인 대각교를 창시하고 경제적 자립상태에서 장과(莊果=華果)의 참뜻인 인과상즉무애(因果相卽無碍)를 몸소 후진들에게 교시하신 것은 불교사뿐만 아니라 역사적으로도 높이 평가되어야 할 것이다.

이렇게 화과원은 선농불교, 대각교 지부, 역경의 진원지, 출가자의 경제적 자립 등이 어우러진 곳이었다. 이러한 정리는 용성이 입적한 직후 『불교시보』 59호(1940. 6)에 대은스님이 기고한 '고 용성대선사의 추모'에서도 여실히 나온다.

육십사세시(1927년, 필자주)에 대각교당을 짓고 불교를 사회적으로 향상시키기 위하여 또는 일반 사회 사람들의 불교에 대한 멸시적 나쁜 관습을 고치기 위하여 대각교를 선언하고 불교의 이채를 내게 하였다. 그리해서 함양에는 화과원을 짓고 간도 용정가에도 지부를 두었다.

이렇게 용성은 1927년에 항일불교, 저항적인 대각교를 선언하였다. 그리고 곧 이어 불교의 개신의 차원에서 선농불교를 단행하였거니와 그것이 바로 화과원과 용정의 선농당이었다. 그런데 바로 화과원, 선농당은 대각교의 지부였다.

지금껏 살핀 바와 같이 용성은 1927년부터 입적하였던 그날까지 선농불교를 실천하였음을 파악하였다. 이제 우리는 용성의 선농불교의 성격을 추적할 차례이다.

5. 용성 선농불교의 성격

지금껏 필자는 용성의 선농불교의 성격을 이해하기 위하여 선농불교, 용성의 생애, 일제하 불교계의 농업문제 인식, 용성 선농불교의 개요 등을 요약하여 제시하였다. 이러한 전제하에서 용성 선농불교의 성격을 대별하여 제시하고자 한다.

첫째, 용성의 선농불교는 이론과 주장만으로만 제시된 것이 아니라 실천에 옮겨졌다는 점에서 주목을 받을 수 있다.

둘째, 그의 선농불교는 우연적인 선농의 실행에서 나온 것이 아니라 사상 실천의 구도에서 나왔다. 그 사상은 대각사상이고,

그 실천체계는 대각교 운동이었다. 그는 1911년에 서울로 올라와서 포교 대중화를 하기 위한 자금 마련을 위해 북청에서 광산을 경영하였고, 3.1운동 참여, 역경과 저술활동, 참선결사, 대처식육반대 건백서 제출을 통한 전통불교 수호 등 다양한 행적을 통하여 자신의 독자적인 사상 정립에 이바지하였다. 이러한 용성의 독자적인 구도가 정비되면서 선농불교가 그 실행의 하나로 구체화되었던 것이다.

셋째, 용성의 선농불교의 논리와 실행에는 식민지불교의 비판과 극복이라는 방향이 설정되어 있다. 용성이 행한 모든 움직임은 민족운동 차원에서 접근, 해석될 여지가 있다. 달리 말하면 식민지 불교로 나온 불교의 파행상을 극복할 수 있는 대안의 성격인 것이다.

넷째, 전통불교의 핵심인 계율의 회복이 강조되었다. 용성이 1925년에 단행한 만일참선결사회에서는 선과 율의 균형이 강조되었다. 그러나 1927년부터의 선농불교에서는 선, 율, 농 즉 수행, 계율, 자립이 동시에 추구되었던 것이다. 이 같은 측면은 그의 선농이 단순한 계율 강조를 넘어서 불교의 체질을 개혁하려는 성향이 강한 것임을 알게 해준다.

다섯째, 그의 선농불교는 선농불교의 효시라는 위상을 갖는다. 그가 농사를 지은 것은 속납으로 64세부터이다. 그렇다면 그는 70여 세에 농사를 짓는 일선에 있었다는 것이다. 지금부터 80년 전의 노인의 범위를 생각해 보자. 그리고 깨침을 경험한 도인, 불교계의 어른, 선지식이란 대상자가 노농을 제창하고, 그 일선에 나가서 사업을 챙기고, 이를 진두지휘하였다 함은 간단한 일이 아니다. 예사로운 일이 아니다. 이에 대한 적절한 의미 부여가 있어야 한다. 이를 필자는 선농불교의 효시라 한다. 용성보다 약간 이른 시점에 선원 개신 차원에서 납자들의 반농반선을 내장사에서 행한 출가 수행자인 학명의 사례가 있다. 학명이 노구를 이끌고 그를 행한 것도 중요하다. 그러나 그는 1923년부터 1929년까지 내장사에서 선원 개혁 차원에서 실천하였을 뿐이다.

이상의 내용에서 우리는 용성 선농불교의 다양한 측면, 성격을 조망하였다. 때문에 필자는 그의 선농불교를 근대불교사상에서 특별한 역사, 위상으로 자리매김을 해야 한다고 본다.

6. 선농불교의 계승, 재인식

용성이 일제하 불교, 근대불교사에서 선농불교를 제창하고, 실천한 것은 우리의 고귀한 역사이다. 용성은 그 당시로서는 가장 적합하고 뛰어난 방법으로 대각교의 사상운동을 펼쳤다. 결코 그것을 지금의 입장으로만 생각하거나 이해해서는 안 될 것이다. 용성은 이 선농불교를 통해 두 가지 일을 도모했다고 본다. 내적으로는 당시 난마처럼 얼크러져 있던 불교계를 혁신시키는 새 불교운동의 일환이고 외적으로는 자립자강을 통한 독립운동이었다. 이 두 가지는 하나의 사상으로 귀결되는데 바로 대각교운동(大覺敎運動)이다. 이 대각교운동을 용성의 후대들은 대각구국구세운동(大覺救國救世運動)으로 구체화시켜 나간다.

아무튼 지금의 우리는 용성의 선농불교를 바로 인식하고, 그것을 현대불교의 발전책으로 삼아야 할 것이다. 그의 선농불교를 하나의 역사로서만 기억하는 것은 계승의 차원으로 볼 수 없기 때문이다. 그러므로 용성의 선농불교는 현재 불교계, 특히 조계종단이 현재를 성찰하고, 미래를 새롭게 준비할 때에는 반드시 참고해야 할 대상이라고 필자는 본다. 그러면 이러한 선농불교를 누가, 어디에서부터 참고, 응용할 것인가? 그것이 자못 의문스럽고, 못내 두렵기만 하다. 그러나 그 대상자는 우선적으로는 선방, 납자들에 의해서 검토되고, 철저하게 실행에 옮겨져야 하리라 본다. 선방, 납자는 불교계의 핵심 구성원이고 불교사상의 구현자임은 두말할 나위가 없기 때문이다.

그런데 최근 선방, 수좌계에 대한 여러 우려의 목소리가 적지 않다. 저 용성의 선농불교와 비교해서 너무 무사안일, 무위도식에 빠져 있으며, 고요함만 즐기는 적정경계의 탐닉이 그것이라는 것이다. 이런 우려에 대한 자기성찰, 현실극복은 어디까지나 수좌계에서 자율적으로 처리할 문제라고 본다. 과거 선불교의 전통에 비추어 볼 때, 백장청규(百丈淸規)에 의한 자급자족의 정신이라든가 운력의 가풍을 가볍게 볼 수는 없고 그 정신이 지금도 선방 내면에 흐르고 있어서이다. 그리하여 선방과 수좌의 건강한 체질 개선과 풍토의 건전함을 도모하여 대승불교의 중생구제 차원에서 선농불교가 재인식되어야 할 줄로 믿는다. 그렇다면 자연 선농불교의 역사와 정신이 다시 살아나리라고 보고, 오늘 이 시대에 맞는 탁월한 방안이 등장하리라 본다.

다음으로 생각할 점은 최근 시민단체에서 강력히 주장한 국립공원 입장료와 사찰의 문화재 관람료의 분리 징수가 눈앞에 닥쳤다는 문제이다. 그간 시민단체가 분리에 대한 문제를 여론과 법에 호소하여 그 일부가 정부에 의해 수용되기 직전에 있다. 이러한 구도대로 진행되면 지금까지 합동징수에 의해서 사찰의 입장료를 받고, 그 재정에 의해서 유지되어 온 사찰들은 큰 타격을 받을 것은 너무나 분명하다. 일각에서는 90% 이상의 재정적인 손실을 추측하기도 한다. 이런 도전, 변화에 대하여 불교계는 그 대책을 강구해야 할 것이다.

이에 대해서 필자는 안일한 미봉책보다는 보다 근원적인 사찰경제, 출가자의 수행풍토 등을 심각하게 고려해야 한다고 주장한다. 근원적이라는 말은 부처님 가르침에 근거해야 한다는 뜻이다. 율장에는 절이나 출가자는 상(商) 행위를 하지 못하게 하고 있다. 요즘 사찰경제에 도움이 된다고 절 내에서 메주를 팔거나 심지어는 사찰 대웅전에서까지 차나 먹을거리를 파는 경우를 보게 되는데 이는 분명 근원적인 해결책이 아닐 뿐만 아니라 설령 다소간의 도움이 된다 해도 율장에 위배되는 일이 된다. 그렇다면 해서는 안 될 일이다. 그리고 이런 방법은 과거의 출가자들이 몸소 농사를 지어 자급자족했던 것과는 너무나 거리가 멀 뿐만 아니라 이미 언급한 대로 불교의 율장정신에도 어긋나는 일이다.

사찰경제는 철저하게 재가자들의 보시수행에 의지해서 이루어져야 한다. 결코 합법적이지 않은 방법으로 지원을 받는다거나 문화재 지킴이로서 대가를 받아서 사찰을 운영해서는 한계가 있고, 자율적이거나 자립적일 수 없다. 사실 시민단체의 문제제기나 항의 이전에 불교계 스스로 정리하고 대책을 세워야 했을 사항이라고 본다. 그렇게 하기 위해서는 무엇보다 출가자들 스스로가 자신의 수행풍토와 삶의 자세를 일신시켜야 한다. 그래서 먼저 출가자의 위의를 가다듬은 후 재가자와의 신앙적인 역할 분담이 이루어져야 한다. 이러한 출가자와 재가자의 위상정립과 역할에 대한 것은 당연히 부처님 당시의 관계를 연구, 고찰하여 그 근본정신으로 돌아가야 한다고 본다. 예를 들면 용성의 문손이었던 불광(佛光)의 광덕(光德)처럼 철저하게 포교를 통한 재가수행자들의 보시수행을 통해 사찰경제의 토대를 마련하는 것이 부처님 본래의 뜻에 부합할 것이라는 생각을 해 본다.

아무쪼록 과거 농업중심 사회에서의 선농불교가 갖는 의미가 지금 같은 21세기 정보화사회에서 그대로 적용될 수는 없다고 본다. 그러나 역사에서 교훈을 얻지 않고, 지난 역사를 화석화시킬 때에는 그에 대한 엄혹한 역사의 시련을 겪을 것이다. 그러하기에 진정한 선농불교의 정신이 무엇인가를 찾아서 그 변용된 선농불교, 현대사회에 걸맞게 수행·노동[포교]하는 신수행자상(新修行者像)이 불교 내부에서 그려져야 하리라 본다. 결론적으로 용성은 선농불교를 통해 두 가지 사상운동을 했다고 본다. 새불교운동과 독립운동이다. 이 두 가지 운동은 동시에 대각교의 실천이었으니 용성의 전인들이 내세운 대각구국구세라고 할 수 있을 것이다. 이럴 때에 용성의 선농불교는 시대를 뛰어넘어 다시 살아날 것이다.

김광식

충북 음성 출신으로, 건국대학교 사학과에서 석사·박사 학위를 취득
하였다. 독립기념관에 근무하면서 연구원, 자료과장, 전시부장 등을 역
임하였다. 건국대, 호서대 등에서 강의하였으며, 용성진종 스님의 생애
와 사상을 연구하는 대각사상연구원의 연구부장을 맡았으며, 주 연구
분야는 한국불교사인데, 고려시대 불교로 석사·박사 학위를 취득하였
지만 최근에는 근현대불교를 중점적으로 연구하고 있다.

법명은 지허(止虛)이며, 현재 부천대 교수로 있다.

저서로는『새불교운동의 전개』등 다수가 있다.

세계화와 직업윤리[1]

소천스님의 사상과 한국 전통사상의 재조명을 중심으로

학송(鶴松) | 스님, 佛迎寺 주지

1. 서론

아태경제협의체(APEC)의 18개국 정상들은 말레이시아의 보고르에서 정상회의를 갖고 '선진국은 2010년, 개도국은 2020년부터 무역을 자유화'하기로 하는 보고르 선언을 채택했다.[2]

이는 경제적으로 국경이 사실상 의미를 잃어가는 이른바, 세계화 추세가 이들 국가의 정상들에 의하여 확인되고 가시화된 결정적 계기로 사료된다. 이에 능동적으로 대처하기 위하여 김영삼 대통령은 세계화 구상을 피력하게 되었고 이를 뒷받침하기 위해 정부는 행정쇄신 · 교육혁신 · 규제완화 · 의식개혁 등을 세계화 4대과제로 선정[3]하여 추진하기에 이르렀다.

---

1) 이 글은 1995년에 발표한 논문을 2006년 「노동의 가치」와 연계한 주제 발표를 계기로 다듬은 것이다.
2) 「동아일보」 제22686호(1994. 11. 16) 제1면.
3) '세계화 4대과제 선정' 題下의 「조선일보」 제22875호(1994. 12. 2) 제1면. 그리

그 일련의 조치로서 정부조직 개편4) 그리고 세계화에 발맞춘 외환혁명으로 불리는 외환거래의 대폭 자유화5) 등이 추진되었음은 주지하는 바다. 그리고 1995년 1월 1일부터 발족하는 세계무역기구(WTO) 가입 비준 동의안의 국회통과6) 등 세계화 추세에 부응하기 위한 정부의 정책과제 추진은 가히 혁명적이라고 놀라움을 표할 정도로 획기적이고도 신속하게 진행되고 또 지속될 수밖에 없는 일대 변혁의 시기를 맞이한 셈이다.

시간과 공간의 제한성을 극복한 정보통신혁명은 세계를 하나의 광장으로, 하나의 시장으로, 지구촌으로 변모시켜 세계화를 불가피하게 하고 있다.7) 정보화에 수반된 세계화는 정보화에 비례하여 가속될 수밖에 없어 21세기에 들어 세계화는 본격화되고 있다.

세계화란 자본·상품·서비스·기술·정보·인력 등의 국가 간 ·지역 간 이동과 교류가 보다 자유롭고 보다 활발하게 일어나는 현상8), 곧 경제에 관한한 전 세계가 하나의 시장과 연계된 생산

고 세계화추진위원회는 교육제도 개혁 등 세계화 12대 과제와 국정 전 분야에서 65개 세계화 과제를 선정, 각 부처가 긴밀한 협력을 통하여 적극 추진키로 함.['교육개혁 최우선 추진' 題下의 「조선일보」 제22922호(1995. 1. 22) 제1면]

4) 1994. 12. 23 정부조직 개편으로 종래 2원 14부 6처 15청에서 2원 13부 5처 15청으로 1부 1처가 줄어 장관 2, 차관급 3, 차관보 5, 국장 26, 과장급 115개가 축소 개편됨.[「한국일보」 제14450호(1994. 12. 24) 제7면]

5) '외환거래 대폭 자유화' 題下 및 '世界化에 발맞춘 外換혁명' 題下의 「세계일보」 제1943호(1994. 12. 6) 제1면 및 제2면.

6) 'WTO 가입비준안 통과' 題下의 「조선일보」 제22889호(1994. 12. 27) 제2면.

7) 박영식, 『세계화의 윤리적 지향』-세계화 시대의 윤리적 쟁점(유네스코 한국위원회, 한국정신문화연구원 제1회 공동가치 포럼, 2002. 4. 26), p.25.

8) 박세일, 『대한민국 선진화 전략』(21세기북스, 2006), pp.21-22.

체계로 부상하는, 이른바 지구촌 시장이 확대 심화되는 대변혁9)
인 만큼 세계화는 한편으로는 무한경쟁과 또 한편으로는 협력이
불가피하게 된다. 무한경쟁 측면에서 보면 세계화는 곧 선진화
내지 일류화(一流化)를 추구하게 되고 협력 측면에서 보면 세계화
(世界化)는 일체화를 요하는 것이어서 세계화의 두 측면인 무한경
쟁과 협력을 조화시키기 어렵듯이 일류화와 일체화도 그 조화가
용이치 않아 세계화는 실로 어려운 과제로 여겨진다.

특히 1990년을 전후하여 평등을 이념으로 하는 공산주의 체제
하의 동구권 공산국가들이 붕괴하고 소련이 공산주의를 포기함
에 따라 자유를 이념으로 하는 자본주의의 우위로 그간의 이념논
쟁과 체제경쟁이 종식되고 1990년대에 불기 시작한 세계화의 바
람은 자연히 자유의 바람으로 화하게 되었다. 자유는 경쟁 개념
이고 자유가 있는 곳은 경쟁이 있기 마련이어서 자유화는 경쟁을
촉발하게 되어 있으므로10) 경쟁 우위의 세계화를 어떻게 협력과
균형을 이룬 세계화로 이끌 수 있을 것인가가 과제다.

뿐만 아니라 세계화는 전 세계를 하나의 시장, 곧 하나의 생활
권으로 엮고 있으나 하나의 생활권이 곧 공동체에 귀속케 하는
공동의 가치관이나 공동의 윤리가 정립·성숙되지 않아 일체감
의 미약으로 새로운 갈등을 초래하고 있다. 즉 경쟁 우위의 세계
화로 인하여 ① 강대국은 더욱 강대해지고 약소국은 더욱 약해져
서 힘의 격차가 심화되고 ② 국가 간, 계층 간 빈부격차 또한 심

---

9) 金基桓, '세계화 시작됐다' 題下의 「조선일보」 제22878호(1994. 12. 6) 제5면.
10) 박영식, 『세계화의 윤리적 지향』 - 세계화 시대의 윤리적 쟁점(유네스코 한
   국위원회, 한국정신문화연구원 제1회 공동가치 포럼, 2002. 4. 26), pp.25-26.

화되어 세계화에 부정적인 시각이 증대되고 ③ 국가 간, 지역 간 문화적 차이, 가치관의 차이를 감안하지 않은 채 서구문화, 서구 가치관 주도하의 세계화로 개별 사회가 지닌 전통문화와 이를 바탕으로 한 주체성이 심각한 위기에 봉착하는 등 가치관의 격차를 좁히지 못한 채 진행된 세계화는 우리를 하나의 생활권으로 엮고 있으나 우리를 진정한 이웃으로 만들지는 못하고 있다.[11] 이로 인해 반세계화 운동[12]과 신부족주의(Neo-tribalism)[13] 경향 또한 만만치 않게 진행되고 있다.

정보통신 혁명으로 초래된 세계화가 앞서 제기한 역작용을 완화·해소시켜 하나의 생활권에서 지구촌 가족 모두가 함께 따사로이 사는 진정한 이웃으로 거듭나기 위해서는 '함께 하는 세계화', '차이를 인정하는 세계화'[14]로 나아가야 하고 이를 위해 세계를 하나의 이웃으로 생각하는 보편윤리 내지 공동윤리가 정립되어야 한다[15]고들 주장한다. 타당한 주장으로 사료된다.

그러나 보편윤리 내지 공동윤리의 준거에 대한 성찰을 제대로 하지 않은 채 공동윤리 내지 그 덕목으로 '인류애'[16], '박애'[17] 등을 거론하고 있다. 공동윤리의 준거 없이 주장되는 박애나 인류애는 세계화된 시장경쟁에서 낙오되고 소외된 지역의 사람들이

---

11) 이홍구, 「세계화의 윤리적 문제와 전망」 - 세계화 시대의 윤리적 쟁점(앞의 제1회 공동가치 포럼), pp.17-18.
12) 박영식, 『세계화의 윤리적 지향』 - 세계화 시대의 윤리적 쟁점(유네스코 한국위원회, 한국정신문화연구원 제1회 공동가치 포럼, 2002. 4. 26), p.26.
13) 임혁백, 주7)의 『세계화 시대의 윤리적 쟁점』, p.29.
14) 박영식, 주7)의 『세계화의 윤리적 지향』, p.26.
15) 이홍구, 앞의 글, p.21 ; 박영식, 앞의 글, p.26.
16) 박영식, 주7)의 『세계화의 윤리적 지향』, p.26.
17) 임혁백, 『세계화 시대의 윤리적 쟁점』, p.29.

그들의 종교, 종족, 문화 등 과거의 본원적 운명공동체에서 자신의 정체성을 찾으려는 신부족주의 경향으로 야기되는 문화집단들 간의 충돌18)앞에 무기력하거나 세계화된 시장경쟁에 승리한 자의 '온정' 정도로 비하되는 취약점을 지니고 있다. 반세계화 운동 내지 신부족주의 경향을 유념하건대 상호 다른 종족·문화·종교·관습 등을 아우를 수 있는 세계화에 부응하는 공동윤리의 모색은 거의 불가능해 보인다.

이에 본고에서는 비록 종족·문화·종교·관습 등을 달리 하더라도 어느 사회건 인간의 사회적 생존구도의 기본적 요소인 '직업'이 갖는 공통된 기능에 착안하여 세계화에 부응하는 공동 직업윤리를 우선 모색하고 이 공동의 직업윤리를 기초로 세계화로 도래한 지구촌의 이웃 간 공동윤리를 모색하고자 한다.

세계화라는 새로운 변혁기에 처한 인류의 삶도 분명 새로운 사상과 가치관에 의거 영위되지 않으면 안 될 것이고 이에 부응한 새로운 직업윤리의 정립 또한 새로운 과제로 부각될 것이다. 직업윤리는 시대와 사상의 변천과 함께 직업관이 달라지거나 또는 직업이 당면한 문제상황에 따라 달라져 온 바19)에 비추어볼 때 세계화가 추구하는 가치관에 부응하여 응당 새로운 변화가 요구되기 때문이다.

그런데 우리나라는 공업화와 도시화로 상징되는 산업사회로 발전하는 과정에서 무분별한 서구화로 우리의 전통윤리와는 근본적으로 다른 서구적 윤리가 팽배하여 전통윤리만으로는 해결

---

18) 임혁백, 주7)의 『세계화 시대의 윤리적 쟁점』, p.29.
19) 장의순, 「직업윤리에 관한 고찰」, 『숭의논총』 제10집(1987), p.147.

하기 어려운 여러 가지 사회적 갈등에 직면20)하고 있다. 이와 같이 시대적 변천에 부응하는 올바른 직업관과 새로운 직업윤리를 확립하지 못하고 있는 상황에서 다시금 세계화라는 변혁기에 처하게 되었으니 세계화에 부응할 수 있는 새로운 직업윤리의 정립은 실로 어려운 과제가 아닐 수 없다.

혹자는 국제화와 세계화의 한 단면인 무한경쟁만을 염두에 두고 이 경쟁에서 승리하기 위해 생산성 향상을 위한 새로운 과학기술 개발을 통한 선진화 내지 일류화를 강조한다. 그러나 아무리 새로운 과학기술이 개발되었다 하더라도 이를 생산으로 연결지을 근로자들의 근로의욕이 저하되거나 직업윤리가 올바르게 정립되지 않을 경우 소기의 성과를 기대할 수 없음을 감안하면 기술개발이건 경영혁신이건 그 성패는 직업윤리와 직결되어 있음을 알 수 있다.

세계화의 다른 측면인 협력, 즉 일체화를 염두에 두면 더더욱 직업윤리의 중요성이 부각된다. 세계화라는 새로운 변혁기에 능동적으로 대처하려면 분명 새로운 직업윤리의 정립이 시급하고도 중요한 과제임을 직시하여야 할 것이다.

우리나라는 19세기 말 그 시대의 가장 큰 변혁이었던 국제화의 흐름에 올바로 대처하지 못한 결과 망국의 서러움21)과 한국전쟁 그리고 남북분단의 고통 등을 한 세기 동안 겪어왔다. 이러한 역사를 돌이켜 보더라도 역사의 흐름에 잘 대처한 실천활동은 성공

---

20) 具憲會, 「문화변천과 직업윤리」, 『세무대학』 제6집(1986), p.5
21) 이상우, '부국강병시대 끝났다' 題下의 「조선일보」 제22913호(1995. 1. 13) 제5면, '국내외 지성 신년 칼럼' 그리고 주 9) 참조.

과 번영을 가져오고 역사의 흐름에 역행하는 경우에는 실패와 쇠망 등 재난을 가져왔기에[22] 시대적 변혁에 능동적으로 대처해야 할 필요성에 대한 인식과 결단 그리고 지혜가 국가적 차원에서, 아니 세계적으로 전 인류에게 절실히 요청되고 있음을 모두 공감하리라 본다.

그런데 세계화(globalization)는 개념조차 정립되지 않아 구체화 작업은 손도 대지 못하고 있다는 비판[23]도 있지만 정부 나름대로의 개념이 정립되어 있고 또 세계화 과제도 선정·추진되고 있다. 이에 의하면 세계화란 국내적으로는 모든 부문에 합리성과 경쟁이 정착되게 하고 국외적으로는 국제무대에 적극적으로 진출하고 협력하는 것 즉 경쟁과 협력으로 요약·정의되고 있다. 다시 말하면 세계화란 국제무대에서 국가 간에 경쟁할 것은 경쟁하면서 협력할 때는 협력한다는 개념으로 국가 간 경쟁에 초점이 맞추어진 국제화(internationalization)보다 적극적이고 진취적 개념이다. 국제화가 국가를 전제로 한 것인 반면 세계화는 지구촌 개념인 셈이다.[24]

여기에서 유념해야 할 것은 첫째로 국제화가 국가 간 무한경쟁에 주력하느라 식민지 경략을 위한 국가 간 전쟁으로 치달아 세계 1·2차 대전과 동서 냉전에 이르기까지 인류역사상 가공할 만한 시련과 불행을 안겨준 교훈을 염두에 둘 때, '경쟁'은 순기능 못지않게 역기능이 심대하므로 세계화과정에서는 순기능이 돋보

---

22) 이상우, 주 21) 그리고 朴榮壽, 「직업과 윤리」 논문집 제21집(경북공업전문대학, 1984), p.335.
23) '세계화 갈피 못 잡는 民自' 題下의 「세계일보」 제1937호(1994. 11. 29), 제4면.
24) '세계화란' 題下의 「동아일보」 제22692호(1994. 11. 23), 제5면.

이는 협력의 장점은 여하히 살려 경쟁과 협력의 균형을 일구어 낼 것인가가 문제다. 둘째로 세계화를 추진함에 있어 정치·경제 영역에 치중하여 제도의 기능적 개선에 주력하려고 하나 세계화의 성패는 제도의 개선 못지않게 그 운영의 묘에 좌우된다 할 것이므로 국민의식 또한 세계화에 부응토록 개혁하여야 함을 간과해서는 안 된다는 점이다.

경쟁과 협력의 조화 등에 관한 첫째 주제나 국민의식 등에 관한 둘째 주제는 모두 새로운 가치관과 사상 그리고 이에 입각한 올바른 직업윤리의 정립과 연계된 문제이다. 세계화의 개념이 겨우 정립되고 있는 단계이고 이를 이끌어 나갈 사상과 가치관 그리고 직업윤리 등의 정립 또한 초보단계여서 그 방향조차도 제대로 헤아리지 못하고 있는 듯하여 아쉽다.

그런가 하면 토인비는 '21세기 태평양 시대에는 극동에서 세계를 지배할 사상이 나올 것'이라고 예언했으며 『25시』의 작가 게오르규는 '21세기 태평양 시대에는 한국이 낳은 홍익인간사상이 세계를 지배할 것'[25]이라고 역설하고 있어 이들의 예언적 주장이 세계화를 이끌 사상 내지 가치관과 직업윤리의 정립 방향을 제시하고 있는 것은 아닌지 살펴봄직하다.

그리고 존 콥(John B. Cobb)은 '서구사상은 이제 파국 직전에 처해 있다. 서구의 시원적 실체론적 이원론의 결함을 극복하기 위해 전개된 과정철학은 많은 부분에 있어 고대 동양사상에서 배워야 한다'[26]고 지적하고, 같은 맥락에서 김상일은 "서구사상은 세

25) 양근석 편저, 『韓國思想과 倫理』(형설출판사, 1990), p.177.
26) 김상일, 『한철학』(전망사, 1988), pp.7-9.

계의 이념적 양극화·자연과 인간의 괴리·인간 내부의 의식과 무의식의 분열을 초래한 바, 이를 극복하기 위해서는 비시원적·비실체론적 · 비이원론적인 한국 고유의 '한'사상에 관심을 돌려야 한다"[27]고 주장한다. 이들의 주장 또한 앞서 토인비나 게오르규의 예언적 주장과 상통하는 바 있어 우리의 고유사상인 '홍익인간사상'이 과연 세계화를 이끌 21세기의 새로운 사상인지 여부를 중심으로 본 주제에 접근하고자 한다.

그런데 세계화의 개념이 겨우 정립단계에 있고 국제화와 혼동의 여지 또한 없지 않아 세계화의 기치 아래서도 당분간은 종래의 타성대로 세계 각국이 자기 나라의 이익을 안정적으로 확보하고 나아가 더 많은 이익을 추구하기 위하여 무한경쟁 상태에 몰입되어 갈 전망이다. 즉, 세계화의 진정한 의의는 각 국가가 상호협조와 이익의 균점을 통한 지구촌의 평화와 균형적 발전을 기함에 있으나 세계화 과정에서도 종래 국제화의 기치 아래 성행한 군사대국과 경제대국의 독점적 이익 확보를 위한 무력전쟁과 무역전쟁의 위험성이 없지 않다는 말이다.

그리고 세계화는 '1등만이 살아남는다'는 구호아래 과학기술개발과 경영혁신 등 기업 생산성 향상을 위한 무한경쟁과 협력뿐아니라 국민 모두에게 친절과 정직 · 성실이 요구되는 등 정치 · 경제 · 교육 · 과학 · 종교 · 문화 등 모든 영역에 있어 총체적 줄다리기를 뜻한다. 따라서 국가 간의 협력보다는 자못 과다경쟁으로 인한 국제적 긴장을 고조시켜 종래 전쟁 · 범죄 · 빈곤 · 질병 · 공

---

27) 김상일, 『한철학』(전망사, 1988), p.13.

해·인간성 상실 등등의 인류위기를 가속화시킬지도 모른다. 21세기는 새로운 희망과 막연한 불안이 교차되고 있어 불확실하다.

또한 자본주의 제도가 그 나름의 결함을 지니고 있는 상황에서 공산국가의 몰락으로 공산주의가 퇴조됨에 따라 아직 세계화가 정착되지 않은 단계에서 세계화·개방화는 자본주의의 결함을 증폭시켜 사상의 공동화 현상을 초래할 가능성이 높다. 토인비나 게오르규, 존 콥 등 서구 선각자들의 주장에 의하면 세계화·개방화로 인한 인류위기의 가속화와 사상의 공동화 현상을 극복할 수 있는 대안 역시 우리의 전통사상이라 하니 가히 민족적 자긍심을 갖고 그 의의를 새롭게 조명해야 할 즈음인가 한다.

본 연구 주제를 다룸에 있어 직업윤리 역시 그 시대를 이끄는 사상과 연계하여 새롭게 정립될 수밖에 없는 것이기에 세계화에 걸맞은 새로운 직업윤리를 올바로 파악·정립하는 일은 곧 세계화를 이끌 새로운 사상을 창출하는 일이기도 하므로 이는 전쟁·범죄·질병·빈곤·공해·인간성 상실 등 현대 위기를 극복하는 방안이 될 수 있음도 염두에 두고자 한다.

2. 세계화와 동서공화(東西共和)

(1) 개요

경쟁과 협력, 즉 경쟁 우위 확보를 위한 일류화와 원만한 협력을 이끌어 내기 위한 일체화로 요약·정의되는 세계화는 동서양의 특성을 존중하여 상호 공화(共和)의 차원에서 전개되어야만 합리적 경쟁과 원만한 협력이 구축될 수 있고 세계화 또한 성공

할 수 있을 것이다. 직업윤리의 서구화가 곧 세계화에 기여하는 직업윤리가 된다고 단언할 수 없는 것이기에 세계화에 부응하는 직업윤리의 정립 또한 동서공화의 차원에서 검토되어야 할 것이다. 이는 문화집단 간의 충돌을 유발하는 신부족주의 경향을 순치예방하고 나아가 함께하는 세계화, 차이를 인정하는 세계화로 나아가기 위한 방안이기도 하다.

그리고 세계화로 세계시장, 곧 지구촌 시장이 확대 심화될수록 노동분업의 세분화·특화 가능성이 커지고 그 결과 노동생산성의 증가로 경제성장과 발전 가능성도 커짐[28]을 유념하건대 동서양의 특성을 노동분업의 세분화, 특화로 연계시킴이 득책으로 사료된다. 이에 본 항에서는 동서공화(東西共和)에 대한 이해를 돕기 위하여 우선 동서양의 차이점을 파악하고 이어서 공화(共和)의 요체를 살펴보고자 한다.

(2) 동서양의 차이점

동서양의 차이점은 동서양인의 특성을 대비해 보면 더욱 분명하므로 이에 맞추어 개요를 살펴본다.

서양인은 육식과 밀가루를 주식으로 하고 동양인은 채식과 쌀을 주식으로 하는바, 음식물의 차이에서 피부나 눈·머리카락의 색깔·대장(大腸)의 길이 등 신체상의 차이가 나타난다. 또 식사 때 서양인은 전쟁이나 사냥시 사용하는 도구를 자그만하게 만든 칼과 포크를 사용하나 동양인은 숟가락과 젓가락을 사용한다. 서양인에게는 식사 자체가 은연중 소규모의 전투 내지 사냥의 연속

---

28) 박세일, 『대한민국 선진화 전략』(21세기북스, 2006), pp.22-23.

인 셈이다.

서양인은 왼손으로, 동양인은 오른손으로 음식물을 입으로 가져가고 식사시 서양인은 양손을 동양인은 한 손만을 주로 사용한다. 서양인의 능률과 경제에 밝은 잠재력의 일면을 식생활에서도 볼 수 있다. 서양인은 일미식인 분식을, 동양인은 비빔밥식의 종합식을 하고 서양인은 저녁 만찬을 즐기나 동양인은 아침을 풍성하게 든다. 사용하는 그릇도 서양인은 은색을, 동양인은 금색을 좋아한다.

의복의 경우 서양인은 동적인 사냥에, 동양인은 정적인 농경에 편리하도록 설계되어 있다. 그리고 서양인은 외투를 벗는 것으로, 동양인은 겉옷을 입는 것으로 예(禮)를 삼는다. 주거에 있어 동·서양인은 문을 여닫는 방향, 열처리 방식, 침구 등이 서로 다르고 건축시 서양인은 정초식을, 동양인은 상량식을 하는 점이 또한 다르다. 동양화(畵)는 선과 필치를, 서양화는 면과 색채를 중시하고[29] 동양 악(樂)은 강박(强拍)으로, 서양 악은 약박으로 시작한다.[30]

그 외에도 동양인과 서양인은 차(車)와 사람의 통행 방향, 톱질할 때 힘을 주는 방향, 연필 깎는 방향 등이 다르고 숫자를 헤아릴 때 서양인은 주먹을 쥐고서 작은 손가락부터 펴 나가나 동양인은 손가락을 펴서 큰 손가락부터 굽혀 나간다. 돈을 헤아릴 때 동양인은 단위가 큰 것부터 헤아려 내려가고, 서양인은 단위가 작은 것부터 헤아려 올라오고, 지폐의 경우 서양인은 바깥쪽으로

---

29) 朴相和, 『正易과 韓國』(경인문화사, 1985), p.139.
30) 李惠求, 『한국음악서설』(서울대학교출판부, 1975), p.425.

넘기면서, 동양인은 안쪽으로 넘기면서 헤아린다.

문자의 경우, 동양은 종합체이나 서양은 분해체이고 또 글 쓰는 방향이 동양인은 오른쪽에서 왼쪽으로 그리고 위에서 아래로 세로쓰기를 하나, 서양인은 왼쪽에서 오른쪽으로 가로쓰기를 하여 서로 다르므로 신문이나 책의 편집방향, 책장 넘기는 방향, 책장을 넘기는 손, 눈 운동 방향 등이 서로 다르다. 사람을 부를 때 동양인은 남자를, 서양인은 여자를 먼저 부르고 또 서양인은 왼손을 들어 손바닥을 위로 향한 채 손가락 하나를 율동시키나 동양인은 오른손을 들어 손바닥이 땅으로 향한 채 손과 손가락 전체를 율동시킨다. 눈짓을 할 때 서양인은 한쪽 눈을, 동양인은 두 눈 다 끔뻑인다.

동양은 부전자승(父傳子承)의 대가족 형태이나 서양은 부부 중심의 핵가족 형태이고 동양인은 합장으로, 서양인은 악수로 예를 표한다.31) 주소를 표기할 때 동양인은 국명·지역·성명의 순으로 쓰나 서양인은 역으로 성명·지역·국명 순으로 쓰고,32) 연·월·일의 표기도 서양인은 일·월·연의 순서로, 동양인은 연·월·일의 순서로 쓰는 등 체질적 특성에 따른 차이점은 부지기수다.

총체적으로 보아 서양인은 현실적·물질적·현세적·실존적·실증적·논리적·분석적·단편적·개인주의적·적극적·진취적이나 공포심이 강하고 의심이 많으며 실제적 행동주의자이자 배타적·정복적·미시적·원심적·기계적·동적·남성적·인위적

---

31) 朴相和, 『正易과 韓國』(경인문화사, 1985), pp.137-140.

32) 기우식, '동서양의 주소 쓰는 순서'라는 題下의 「한국경제신문」 제7551호 (1988. 1. 31) 제1면.

이고 신본주의(神本主義)·실용주의 그리고 성악설을 지지하며 과학과 경제에 밝다.

그러나 동양인은 이상적·정신적·내세적·신비주의적·영험적·직관적·종합적·통일적·전체주의적·소극적·퇴영적이나 인내심이 강하고 신앙심이 열렬하며 현도적(玄道的) 이상주의자이자 조화적·관용적·거시적·구심적·예술적·정적·여성적·자연적이고 인본주의(人本主義)·명분주의 그리고 성선설을 지지하며 종교와 정치에 밝다.[33]

이상의 총체적 차이점을 염두에 두면 서양인들이 '나'를 앞세우거나 'dutch treat'가 자연스럽고 각종 법안이나 도시, 도로 등을 개인의 이름을 따서 명명하는 것 등을 이해할 수 있다. 또 동양에서 세계 8대 종교가 발상한 것이라거나 동양인에겐 전체주의적 행정부 중심의 정치제도가 더 체질에 부합되고 경제보다 정치가 더 우선하는 반면 서양인에게는 개인주의적 의회중심의 정치제도가 더 체질에 부합되고 경제 우선의 정치가 펼쳐지는 이유도 쉬이 납득이 갈 것이다.

그런데 동서양의 차이점을 비교하다 보면 동서양인은 모든 면에서 반대로 착각하기 쉬우나 동서양인의 눈·코·입 등은 똑같이 얼굴에 있듯이 동서양 인간에 공통된 점도 있음을 유념하여야 하고 또 서양 내에서도 영국과 미국이 동·서 관계에 있고 동양 내에서도 일본과 한국은 동·서 관계에 있는 등 복잡다단한 측면도 염두에 두어야 할 것이다.

---

33) 박상화, 『正易과 韓國』(경인문화사, 1985), pp.138-139 ; 奇埈成, 『自然食』(행림출판, 1983), p.16.

이상에서 살펴본 동서양의 차이점에 대한 개요를 참고로 이하에서는 동양인이 동양인으로서의 체질적 특성을 망각하고 무분별하게 서구화함으로써 야기된 문제점을 살펴 서구화의 한계와 동서 공화의 필요성을 세계화 측면에서 살펴보기로 한다.

(3) 동서공화와 세계화

한국전쟁 후 '똥 빼 놓고는 미제가 다 좋다'[34]는 말이 유행어가 될 정도로 우리 사회는 무분별한 서구화의 열풍에 휩싸였다. 선진국 진입을 위해 산업화가 가속화되고 있는 오늘날에 이르기까지 그 열기는 수그러들지 않고 있는 것 같다. 개인주의적인 서양인에게 적합한 의회민주주의를 그대로 도입하였으나 동양인의 전체주의적 특성에 적합한 행정부 중심으로 정치를 운영하려는 잠재적 특성 때문에 수차례의 개헌으로 혼미한 정국이 거듭된 것하며, 교육내용도 서구화되어 전통윤리가 붕괴되고 정치나 종교에 밝은 영재들마저 과학계로 진출하는 등 동양인으로서 체질적 특성, 즉 장점을 살려야 남다른 경쟁력을 지니게 됨을 망각하고 자신의 특성을 살리지 못하여 서양인의 뒤를 쫓아 만년 이등을 추구하고 있는 사례가 빈번하다.

핵가족화로 전통문화의 단절과 노인의 유기 등 역작용이 증대되고 서양인보다 대장(大腸)이 긴 동양인이 육식 위주로 식단을

---

34) 똥 빼놓고 미제가 다 좋다고 하는 이유를 세 가지로 우스개 같은 풀이를 하는데 ① 서양인의 똥은 완전 소화 흡수로 영양가가 없기 때문 ② 주인을 바꾸지 않는 개[犬]의 충성심 내지 식성 때문 ③ 신토불이를 본능적으로 알기 때문이라고들 하나 무분별한 서구화를 일깨우기 위한 역설적인 표현으로 사료된다.

바꿈에 따라 혈액의 산성화·노화 촉진·조로·단명·암·고혈압·심장병·변비 등 각종 성인병이 급증하고 있으며, 청소년 범죄의 포악화 및 증가 추세는 서구적 인스턴트 식품의 지나친 섭취로 뇌신경에 필요한 영양이 조화를 잃고 있기 때문이고[35] 또 서구적 윤리가 팽배하여 여러 가지 사회적 갈등에 직면하고 있는 등 이들 사례에서 무분별한 서구화의 폐해의 심각성과 서구화의 한계를 감지할 수 있을 것이다.

앞서 살펴본 동서양의 차이점을 시야를 좀 넓혀서 살펴보면 근대화 이후 국제화 과정에서 빈번한 식민지 전쟁·생태계의 파괴·공해의 심화 등은 서양인의 배타적·정복적·인위적 특성에 기인되었음을 알 수 있다. 그리고 현대 산업사회로의 변천을 주도한 서구문명의 근저인 근대화정신은 휴머니즘에 기초한 낙천적·실천적·합리주의로 특징지을 수 있는바, 이 근대정신이 근대적 시민사회의 성숙에 따른 인간의 수평화, 산업혁명의 성취에 따른 기구의 확대 강화, 이로 인한 인간의 규격화·자기소외·자기상실·절망·허무감 등으로 합리주의적 낙천관에 동요를 일으키고 있어[36] 존 콥도 서구사상은 이제 파국 직전에 처해 있다[37]고 외치고 있음을 앞서 보았다.

이 모두 서구화의 한계를 단적으로 보여주는 바라 할 것이다. 또 '서구의 근대인은 물질을 다루는 데는 놀라운 솜씨를 가졌지

---

35) 朴明潤, '10代 탈선과 食生活'이라는 題下의 「조선일보」 제21442호(1990. 10. 31), 제10면.
36) 하영석, 「인간과 윤리」, 『학생지도연구』 제17권 제1호(경북대학교 학생생활연구소, 1984) 제3면.
37) 김상일, 『한철학』(전망사, 1988), pp.7-9.

만 인간 자신의 사회생활과 그 속에서 연출되는 정신생활의 영역에서는 유치한 경지를 벗어나지 못하고 있는 것으로 보인다'[38]라고 함도 동서양의 차이점과 서구화의 한계를 단적으로 일깨우는 바라 하겠다.

이상에서 우리는 동서양의 체질적 특성을 무시한 무분별한 서구화의 역작용의 구체적 사례를 통해 또 서구문명의 위기와 그 원인 그리고 전쟁·공해 등 현대위기의 원인 등을 통해 서구화의 한계를 살펴보았다. 여기서 우리는 동서양의 차이점과 서구화의 한계를 통하여 동양과 서양의 현격한 체질적 특성은 어느 일방이 옳고 타방은 그릇된 것이 아니라 상보적(相補的)인 것임을 알아야 한다. 이는 이 지구촌 세계는 동(東)만도 아니오, 서(西)만도 아니며 본래 동서가 없는 하나의 세계인지라 동이라면 세계의 동이요 서 또한 세계의 서인지라 세계 차원에서 볼 때 동서의 상보 즉 동서의 공화는 당연한 것이기 때문이다. 따라서 우리는 세계화를 추진함에 있어 먼저 동양과 서양의 차이점을 분명히 인식하고 서로의 체질적 특성을 존중하여야 함을 알아야 한다.

그리고 서구사상은 파국 직전에 처해 있다는 존 콥의 주장이나 '서구문명의 위기의 종국적 원인은 정신적인 것'[39]이라는 분석은 앞서 동서양의 차이점의 고찰에서 서양인은 현실적·물질적인 반면 동양인은 이상적·정신적이고 또 서양인은 배타적·정복적이라는 체질적 특성을 감안하건대 서구문명의 위기 초래는 정신 위주의 동양인이 자기의 체질적 특성을 살리지 못하고 서구화된

---

38) 주 36)과 같음.
39) 주 36)과 같음.

탓이거나 아니면 서양인이 동양의 정신적 우월성을 단지 물질적 우월감에서 무시해버린 배타적·정복적 체질 탓이 아닌가 한다. 여기서 우리는 동서양이 자기의 체질적 특성을 망각하고 무분별한 서구화나 무분별한 동양화 내지 일방이 타방을 무시하거나 일방의 체질적 특성을 타방에게 강요하는 것은 어리석음의 소치요, 또 한계가 있음을 명확히 깨달아 세계화에 즈음하여서는 동서가 상호 체질적 특성을 존중하여 동서공화의 길을 모색40)해야 함을 알 수 있다.

단적으로 말해서 '파국에 처한 서구사상'이나 '정신적 원인으로 인한 서구문명의 위기'는 동양인의 체질적 특성인 '정신적' 역량을 존중하는 이른바 동서공화가 이루어졌던들 예방될 수 있고 또 치유될 수 있다 함이다. 앞서 토인비가 '21세기 태평양시대에는 극동에서 세계를 지배할 사상이 나올 것'이라고 한 바나, 게오르규가 '21세기 태평양시대에는 한국이 낳은 홍익인간사상이 세계를 지배할 것'이라고 한 말이 무엇을 뜻하는지는 세계화의 물결과 동서양의 차이점 그리고 동서공화를 염두에 두면 더욱 명확해질 것이다.

아무튼 세계화의 첫걸음이 이 동서공화에서 시작된다면 서구문명의 위기를 극복할 수 있음은 물론 종래 국제화 과정에서 초래된 전쟁·생태계 파괴·공해 등등 현대위기도 해소될 수 있을 것이다. 그리고 세계화가 지구촌 모두의 경쟁과 협력을 추구하는

---

40) 동서양의 두 문화 내지 두 문명은 서로 충돌할 것이 아니라 서로 퓨전하여야 한다고 한바(박세일, 『대한민국 선진화 전략』, p270)도 같은 맥락으로 사료된다.

것이라면 동서공화 없이는 진정한 협력이 불가함도 자명하다 할 것이어서 세계화는 동서공화 차원에서 합리적 경쟁과 원만한 협력을 이끌어 낼 수 있는 새로운 사상의 창출과 이에 자리한 직업관 내지 직업윤리의 정립이 그 선결 요건임을 분명히 인식해야 함도 자명하다 할 것이다.

동서양인이 각각 자신의 체질적 특성을 발굴하고 이 체질적 특성을 살린다면 자신들의 장점을 살리는 바가 되므로 분명 경쟁력을 강화하여 세계화에 기여할 것이고 나아가 동서양인이 각각 상대방의 체질적 특성을 이해하고 존중한다면 상대방의 장점을 활용하게 되므로 상호 원만한 협조가 이루어질 것은 자명하다. 이는 세계화의 요체인 합리적 경쟁과 원만한 협력은 동서공화에서 비롯될 수 있음을 단적으로 일깨우는 바임을 알 수 있다. 나아가 동서공화는 신부족주의 경향을 잠재워 문명 간 충돌을 예방하여 함께하는 세계화, 차이를 인정하는 세계화로 나아갈 수 있음도 자명해진다.

세계화란 동(東)만의 세계화나 서(西)만의 세계화를 추구함이 아니요, 동서(東西) 모두의 세계화를 추구함이니 동과 서가 세계의 동과 서로 융화됨이 진정한 세계화일진대 동서공화는 세계화의 근저요 그 출발점인 셈이다. 동서공화의 차원에서 동서양의 체질적 특성을 감안한 새로운 국제분업을 모색하는 세계화가 추진된다면 이는 동서 모두의 일류화이자 일체화의 길이어서 지구촌 가족인 인류의 공동 번영과 세계평화 그리고 자연과의 조화로운 건강한 삶이 이룩될 수 있다는 공통된 인식을 거듭 강조하면서 이하에서는 세계화에 부응하는 공동윤리의 모색을 위한 전 단계로 우선 직업관과 직업윤리를 살펴보고자 한다.

3. 직업관과 직업윤리

(1) 직업과 직업관

사람은 살아 있는 존재이고 살아 있다 함은 움직인다는 뜻이다. 사람이 움직이는 것은 삶을 영위하고 있음을 극명하게 나타냄인 동시에 삶을 영위하기 위함이기도 하다. 사람이 삶을 영위하기 위하여 움직이는 일련의 동작은 삶 그 자체를 유지하기 위한 수단적인 면과 삶의 목적을 성취하기 위한 목적적인 면이 있다. 이런 일련의 동작이 반복 되풀이되어 하나의 틀이 형성되면 이를 일러 '일'이라고 한다.

그런데 인간은 혼자 그 삶을 영위하기보다 집단적 사회생활을 통해 그 삶을 영위하는 것이 편리하고 안전하며 효율적이므로 대부분의 사람은 사회구성원이 되고 또 구성원으로서 담당하여야 할 일이 있기 마련인바, 이 일이 사회적 기능 내지 역할로 정착되면 이를 직업이라고 한다. 이 직업은 ① 생계유지를 위한 재화 획득수단 ② 일정한 사회적 역할의 분담 ③ 개성의 발휘 내지 자아실현 등 세 가지 기능을 갖고 있다.[41]

인간은 생존과 종족보존 본능을 충족하기 위하여 필요한 의·식·주에 소요되는 물질적 재화를 확보하여야 한다. 이 재화획득

---

41) 陳英石, 「산업사회의 직업윤리」, 『경남전문대학』 제13권(1985), p.24 ; 이덕순, 『직업생활』(한국산업인력관리공단, 1994), pp.36-37 ; 張義順, 「직업윤리에 관한 고찰」, 『숭의논총』 제10집(1987), pp.138-139.

을 위해 인간은 모종의 일을 하여야 하므로 직업을 생계유지의 수단으로 보는 것이다. 그리고 사회구성원으로서 공동의 집단생활을 영위하려면 그 사회의 존립 발전과 연계된 기능이나 역할을 분담할 때 비로소 사회구성원의 자격이 부여되는바 이런 관점에서 직업은 사회적 역할 분담의 기능이 있다고 하는 것이다.[42]

다음으로 인간은 '일'을 통해 자신의 소질과 적성을 발견하고 그 소질과 적성을 통하여 자신만의 존재 의의를 찾게 되며 자신의 존재 의의에 상응하는 인생 목적을 정립하고 그 성취를 위하여 부단히 자신의 일을 가꾸고 계발해 나간다. 이 과정에서 성취감과 만족감 등 삶의 희열을 맛보며 보람을 느끼고 마음의 안정을 얻는다. 즉 인간은 제 나름의 일을 통하여 자아를 발견하고 완성해가며 자아를 실현하는 것이다.[43] 이런 측면에 착안하여 직업

---

42) 직업에 의한 사회적 역할 분담은 근대 자본주의의 생성발달과 궤를 같이 하고 있다. 즉, 산업혁명을 통하여 경제의 주도권이 농업에서 공업으로 이행됨에 따라 공장제 공업을 이끄는 자본가들은 사유재산과 경제활동의 자유 그리고 경제행위의 영리 등의 보장 및 계급과 신분의 철폐 등을 요구한 바, 이는 중세 종교개혁을 통하여 '모든 사람은 하나님 앞에 독립·자유·평등하다'는 주장에 근거한 것으로 이와 같은 개혁요구에 부응하여 신분과 계급이 철폐되고 모든 사람은 동일한 시민 즉 시민계급으로 소유권 절대의 원칙·계약자유의 원칙·과실책임의 원칙 등 근대 시민법의 삼대 원리에 의하여 보호를 받게 됨에 따라 근대 자본주의의 발달을 보게 되었다.[김치선, 『노동법강의』(박영사, 1994), pp.3-9] 이러한 역사적 사실에 의거하건대 근대 이전의 사회는 신분에 의하여 사회적 역할이 분담되었다고 할 수 있고 직업에 의하여 사회적 역할이 분담된 것은 근대 자본주의의 발달로 직업의 분화와 전문화가 촉진됨에 따라 더욱 명확하게 되었다고 할 수 있다. 그리고 근대 이전에 신분에 의한 사회적 역할의 분담, 즉 직분론에 대하여 이는 '治者계급의 被治者계급에 대한 경제적 寄生'으로 보아 의롭지 못하므로 이를 부정하는 자립론이 주장되기도 했다.[박철환, 「전통사상의 현대적 조명」, 『새마을연구논문집』 제3집(강릉대학새마을연구소, 1985), pp.102-104]
43) 拙著, 『九種人間』(도산문화사, 1990), p.100.

은 자아실현의 기능이 있다고 하는 것이다. 앞의 두 기능은 수단적인 측면이 두드러지고 세 번째 기능은 목적적인 측면이 존중된다 할 것이다.

이상과 같은 직업의 기능에 착안하여 '직업은 인간 개체의 생존·발전과 그들의 공동체인 사회적 기능의 역할 분담 그리고 자아의 실현을 목표로 하는 지속적인 일'44) 또는 '직업이란 개성의 발휘, 생계의 유지 및 사회적 소임의 실현을 위한 계속적인 인간 활동'45)이라고 정의하기도 한다.

다음으로 직업의 기능 중 어떤 기능에 치중하느냐에 따라 '직업에 대한 가치관'46) 즉 직업관이 상이하게 형성될 수 있는바, 직업의 기능에 상응하여 ① 소승적 자기 본위의 직업관 ② 전체주의적 직업관 ③ 자아실현적 직업관 등으로 분류할 수 있다.47)

소승적 자기 본위의 직업관이란 직업을 자기 생존에 필요한 재화의 획득이나 입신 출세를 위한 수단으로 여기는 직업관으로서 어느 시대에나 공통적으로 바탕에 깔려 있는 직업관이다. 특히 오늘날과 같이 산업화가 가속되어 기계화·분업화로 인간소외 현상이 심화됨에 따라 직업을 개인의 욕구충족 수단으로만 생각하는 경향이 두드러지고 있어 후기 산업사회의 직업관으로서 일

---

44) 李漢龜, 『직업과 윤리』(한국정신문화연구원, 1985), p.36 ; 이덕순, 『직업생활』, p.36 ; 그리고 Max Weber는 직업을 人愛와 사회공헌을 위한 생활의 수련 내지 훈련으로 보고 또 신에게서 부과된 사명을 완수하는 일이며 그 자체는 수단이 아니라 목적이라는 종교개혁시대의 직업 관념을 내세워 직업을 신앙적 개념으로 파악한다.(구헌회, 주 20)의 논문, p.9)
45) 朴榮壽, 「직업과 윤리」 논문집 제21집(경북공업전문대학, 1984), p.335.
46) 장의순, 「직업윤리에 관한 고찰」, 『숭의논총』 제10집(1987), p.146.
47) 韓端錫, 「公職者의 職業倫理에 관한 研究」, 『現代社會와 倫理』(한국정신문화연구원, 1982), pp.293-296 ; 李漢龜, 주 44)의 책, pp.38-42.

면을 엿볼 수 있다.[48]

전체주의적 직업관은 사회공동체가 지향하는 목적이나 이익을 가치기준으로 삼아 직업이 갖는 사회적 역할 분담 기능에 치중한 직업관으로서 전통적 폐쇄사회[49]에서 널리 갖게 되는 직업관이라 할 수 있다. 그리고 자아실현적 직업관은 직업이 자아를 발견·완성·실현해 가는 기능에 착안한 직업관으로서 근대 시민국가에 이르러 직업선택의 자유가 보장되고 또 자기의 적성과 소질에 적합한 직업을 선호하게 됨에 따라 자연 직업활동 자체가 곧 자아실현의 희열과 보람을 안겨주는 바가 되었다. 즉 자아실현적 직업관은 근대 자본주의 발달에 부응하여 풍미된 직업관이라고 할 수 있을 것이다.[50]

이상에서 직업의 의의와 기능 그리고 직업관의 고찰을 통하여 직업관은 시대적 여건이나 가치관에 따라 변해 왔고 또 변할 수밖에 없음을 보았다. 이는 직업의 세 가지 기능 중 어느 기능이 그 시대적 요청에 더욱 부합되는가에 따라 특정 기능에 다소 치중된 직업관이 자연 그 시대를 지배하는 직업관이 될 수밖에 없기 때문이다.

그리고 이들 직업관은 직업의 세 가지 기능이 분리될 수 없는 것임에도 불구하고 편의상 특정 기능에 치중하여 분류한 것에 불

---

48) 장의순, 「직업윤리에 관한 고찰」, 『숭의논총』 제10집(1987), p.144.
49) 전통사회란 한 사회의 행동양식이 數代에 걸쳐 변화 없이 계속되는 사회를 일컫는 것으로 이 전통사회를 지배하는 것은 관습이고 사회구조는 상하 신분에 의하여 序列的이며 사회적 지위는 상속되는 특성이 있다.[구헌회, 「현대사회와 인간성」, 『세무대학』 제5집(1985), p.5]
50) 주 42) ; 장의순, 「직업윤리에 관한 고찰」, 『숭의논총』 제10집(1987), p.143.

과하므로 이들 직업관이 상호 대립되거나 단절된 시대상의 반영으로 착각해서는 안 된다. 어느 시대에나 직업의 세 가지 기능은 있고 어느 시대에나 세 가지 직업관이 혼재해 있을 수밖에 없으며 다만 그 시대적 요청에 따라 특정 기능에 상응하는 직업관이 두드러지게 표출되었을 뿐이다.

같은 맥락에서 세계화라고 하는 변혁기에 즈음하여 응당 세계화에 부응하는 새로운 직업관에로의 변천이 불가피하나 직업의 기능이 새롭게 추가되지 않는 한 세계화 추세에 부응하는 직업관도 직업의 기능에 대한 새로운 해석에 의하여 다소 모습을 바꿀지언정 종래 직업관의 범주를 크게 벗어나지 못할 것으로 일응 사료된다.

(2) 직업관과 인생관

세계화에 부응하는 새로운 직업관을 정립하기 위해서는 직업의 기능에 대한 새로운 해석이 시도되어야 한다. 직업의 기능을 종래와 같이 ① 이기적 생계수단 ② 사회적 역할 분담 ③ 자아실현으로 분류하더라도 세계화를 지향하는 변혁기에는 직업의 기능이 갖는 의미가 종래 국제화를 지향하던 시대나 근대 시민사회 내지 중세 봉건사회와는 사뭇 달라질 수밖에 없다는 점에 착안하면 세계화에 부응하는 직업관의 윤곽의 일부가 들추어질 수 있을 것이다.

우선 '사회적 역할 분담' 측면에서 고찰하건대 국제화시대 즉 자기 나라의 이익만을 우선적으로 추구하기 위하여 국가 간의 경쟁이 치열한 시대의 사회적 역할 분담 기능에서 '사회'는 '자기

나라'의 테두리를 벗어날 수 없고 사회적 역할 분담은 애국이라는 가치관이 그 척도가 될 수밖에 없다. 그러나 세계화시대에서 '사회'란 각 국가의 국경을 넘어선 지구촌을 일컫는 것이어서 사회적 역할 분담 기능은 결국 지구촌 가족 즉 세계의 구성원으로서, 인류의 구성원으로서 지구촌 가족에게 봉사하고 세계에 봉사하고 인류에 봉사하는 것으로 개념의 확장이 불가피하다.

그리고 이러한 개념의 확장은 인간 개개인이 자기 존재에 대한 의식의 확장 내지 자아에 대한 새로운 자각 없이는 제대로 구현될 수 없음을 알아야 한다. 이는 자기 존재에 대한 의식의 확장 내지 자아에 대한 새로운 자각이 없이는 종래 오랜 국제화의 타성인 이기적 경쟁을 뛰어 넘는 협력을 기대할 수 없고 협력 없는 세계화는 단지 구두선일 뿐 겉돌기 마련이기 때문이다.

자기 존재에 대한 의식의 확장은 이기적 생계수단으로서의 직업의 기능에 대한 새로운 해석이 될 것이고 자아에 대한 새로운 자각은 자아실현이라는 직업의 기능에 대한 새로운 해석이 될 것인바, 이 두 가지 기능에 대한 새로운 해석은 앞서 사회적 역할 분담 기능에 대한 개념 확장과 더불어 상응할 때 비로소 세계화에 부응하는 직업관이 온전하게 정립될 수 있다 함이다.

자기 존재에 대한 의식의 확장과 자아에 대한 새로운 자각은 인생관의 문제로 사료된다. 사회적 역할 분담 또한 마찬가지이다. 즉 직업관은 사회 구성원인 개개인의 인생관과 직결되어 있다는 것이다. 이는 직업이 개인과 사회를 하나로 융화시키는 것은 단순히 직업 그 자체의 기능이 개인과 사회를 하나로 융화시킨다기보다는 개개인의 인생관에 자리한 직업관이 직업의 기능을 활성화하여 개인과 사회를 융화시킨다고 볼 수 있기 때문이다. 따라서 세계화에 부응하는 직업윤리 내지 직업관을 온전하게 정립하려면 먼저 세계화에 걸맞는 인생관의 정립이 선결 과제임을 알아야 한다.

또한 직업관의 변천은 시대적 여건과 가치관의 변화에 의존한다는 말도 엄밀히 따져 본다면 직업관의 변천은 인생관의 변천에 의존된다는 말임을 알 수 있다. 이는 시대적 여건의 변화 자체도 이를 이끌어 낸 그 시대의 주역인 사람들의 인생관의 변화에 상응하는 현상에 불과하고 가치관이라는 것도 인생관의 변화에 따른 가치판단 기준의 변화에 상응하는 판단에 불과하므로 결국 직업관의 변천은 인생관의 변천이 직업의 기능에 대한 가치판단의 변화를 초래한 것에 불과하다는 말이다.

(3) 인생관과 인간상

생각컨대 사람은 개체적 존재이자 사회적 존재이며 또한 초월적 존재이다. 개체적 존재로 지칭할 때는 인(人), 사회적 존재로 일컬을 때는 민(民), 초월적 존재로 나타낼 때는 천(天)이라고들 한다.[51] 직업의 세 가지 기능도 사람의 존재 특성에 상응하여 연계시켜 볼 수 있다. 즉 개체적 존재 특성에 상응하여 이기적 생계수단, 사회적 존재 특성에 상응하여 사회적 역할 분담, 초월적 존재 특성에 상응하여 자아실현 등으로 연계해 볼 수 있다.

그런데 초월적 특성에서 보면 사람은 모두 바르고[正] 진실된[眞] 존재[52]이나 그 본성[53]인 바르고 진실됨을 어느 정도 온전하

---

51) 拙著, 주 43)의 『九種人間』, p.53.

게 깨닫고 실천하느냐에 따라 아홉 종류의 사람으로 구분된다.[54]

아홉 종류의 사람이란 ① 금수인간 ② 학자 ③ 철인(哲人) ④ 달사(達士) ⑤ 이인(異人) ⑥ 신인(神人) ⑦ 지인(至人) ⑧ 도인(道人) ⑨ 진인[眞人, 부처, 完人] 등이다. '금수인간'이란 오욕[55]충족에 급급함이 동물과 다를 바 없는 사람을, '학자'란 동서고금의 많은 학식을 쌓아 동물적 행동을 삼가나 동물적 심리가 잠복되어 있는 사람을, '철인'이란 우주의 원리와 인간의 근본을 알고자 노력하여 어느 정도 앎이 생긴 사람을, '달사'란 나름대로의 앎이 사(事)와 물(物)에 병용하여 통하고 달함이 있는 사람을, '이인'이란 그 행적이 세간과 출세간에 초연한 사람을, '신인'이란 언행이 신묘하고 초인적인 행동을 하는 사람을, '지인'이란 신묘한 경지

---

52) 天地八陽神呪經에 의하면 '사람[人]은 바르고 진실되어 마음은 허망함이 없으며 몸은 바르고 진실함을 행한다. 사람 人의 왼쪽 변인 별(丿)은 바름[正]을 뜻하고 오른쪽 변인 불(乀)은 진실됨[眞]을 뜻한다. 늘상 바르고 진실됨을 행하므로 사람이라 일컫는다[人者正也 眞也 心無虛忘 身行正眞 左丿爲正 右乀爲眞 常行正眞 故名爲人]'고 한 바를 참조.

53) 인간의 본성을 악하다고 보는 성악설과 착하다고 보는 성선설에 대하여 사람은 바르고 참된 존재라고 보는 견해를 필자는 性正眞說이라고 이름함. [拙著, 『下山 그 다음 이야기』(불광출판부, 1992), p.330]

54) 拙著, 『下山 그 다음 이야기』, p.330. 그리고 인간의 근본 내지 본성에 입각하지 않고 사회적 여건의 변화나 사상의 변천에 상응하여 나타나는 인간 행동의 양식에 치중하여 工作人間(homo faber), 理性人間(homo sapience), 經濟人間(homo economicus) 등으로 분류(구현회, 주 49)의 『현대사회와 인간성』, pp.2-3)하기도 하나 이와 같은 유동적 인간상은 역사적 변천과정을 살펴보는 데는 다소 참고가 되나 본 연구 주제에 접근하는 데는 별 도움이 되지 않으므로 생략함.

55) 五慾이라 함은 인간이나 동물의 생존과 불가분의 관계에 있는 다섯 가지 욕망으로서 色慾·食慾·財慾·名譽慾·睡眠慾 등을 말하며 이 욕망을 이기적으로 추구·충족하느냐, 상호 협력 하에 추구·충족하느냐, 단순히 잠재적 본능에 따라 추구·충족하느냐에 따라 동물과 사람 내지 사람과 사람 간에 차이가 있음.

를 다 터득하여 그 경지에 스스로 만족하고 이에 머물러 있는 사람을, '도인'이란 유무(有無)의 상대적 대립상에 홀려 생사의 고통 속에 헤매는 중생을 구제하는 도에 능통한 사람을, '진인'이란 생사를 초월하여 생사에 자유로운 해탈을 증득한 사람을 말한다.[56]

이 아홉 종류의 인간상은 곧 개개인이 어떤 인간상을 삶의 목적 내지 목표로 삼는가 하는 이른바 인생관의 구체적 반영이라 할 수 있다. 개개인의 인생관의 구체적 반영인 인간상이 갖는 의미를 살펴보는 것은 현대 위기의 원인 분석과 대책 강구 및 세계화가 지향하여야 할 방향과 이에 상응하는 직업관과 직업윤리 및 보편윤리를 정립하는 데 도움이 될 것이다.

(4) 인간상과 세계화

이상에서 아홉 종류의 인간상을 살펴본 바, 세계화를 추구하려는 변혁기에 즈음하여 세계화란 도대체 이들 인간상 중 어떤 인간상을 지향하고 있으며 인류의 역사를 돌이켜 볼 때 오늘날에 이르기까지 인류는 또 어떤 인간상을 추구해 왔으며, 현재는 어느 단계에 머물러 있는지를 살펴봄이 의미가 있을 것 같다. 시대별 인간상을 검토함에 있어 창조론이나 진화론 또는 성선설이나 성악설 등은 극명하게 대립되어 끝없는 논쟁거리는 될지언정 현대위기의 원인규명이나 대책강구 내지 세계화에 접근하는 데는 아무런 도움이 되지 않으므로 본고에서는 생략하고 위에서 제기한 성정진설(性正眞說)[57]과 구종인간상(九種人間像)에 의거 세계

---

56) 상세한 것은 신소천, 『韶天禪師文集Ⅱ』(불광출판부, 1993), pp.95-96 참조.

화 이전의 인간상과 세계화가 지향하는 인간상을 간략히 살펴보
고자 한다.

　인류 역사를 돌이켜 볼 때 오늘에 이르기까지 인류가 추구해
온 인간상이 아홉 종류의 사람 중 어떤 사람인가 하는 것은 인류
의 그간의 삶의 모습을 살펴보면 쉬이 알 수 있다. 오늘에 이르기
까지 인류의 긴긴 역사는 전쟁의 연속이었고 범죄와 질병이 끊이
지 않았으며 절대적 빈곤 내지 상대적 빈곤으로 고통을 받고 있
다. 생태계는 파괴되고 공해는 날로 심각한 상황이다. 이와 같이
전쟁과 범죄 · 질병 · 빈곤 · 공해 · 인간성 상실 등등의 위기상황을
일구어 낸 인류의 삶은 ① 인간과 우주의 근본에 대한 무지와 이
로 인한 불완전한 종교와 사상의 범람 ② 이기적 오욕 충족 욕구
의 순치 내지 조정능력의 미흡 ③ 물질문명의 번성으로 물심[物
心 : 육체와 정신] 조화체인 인간의 정신 위축 ④ 우주와 인간의
부조화와 자연재해의 증가 ⑤ 정치 · 경제 · 과학 · 종교 · 교육 등
국가중심 기능의 유기적 통합력의 부족 ⑥ 무분별한 서구화와 동
서공화 능력의 미흡 등에서 그 원인을 찾을 수 있다.

　즉 인간과 우주의 근본에 대한 무지에서 비롯된 그릇된 종교와
사상 때문에 사람마다 자기(自己) 중심으로 오욕을 충족시키고자
수단과 방법을 가리지 않게 되었으니, 다른 사람의 오욕 충족은
아랑곳하지 않고 자신의 색욕 · 식욕 · 재욕 · 명예욕 · 수면욕 등
다섯 가지 욕망을 효율적으로 충족하기 위하여 남의 것을 빼앗거
나 심지어 사람을 죽이길 마다하지 않았다. 초기에는 개인 간, 다

---

57) 주 53) 참조.

음 단계에는 부족 간, 나아가 국가와 국가 간에 빼앗고 죽이는 일이 예사로 자행되었으니 이것이 곧 범죄와 전쟁이요, 이로 인하여 다수의 빈곤과 질병이 끊이질 않게 되었으며 전쟁도 다양하게 전개되고 또 변천되었으니 무력전쟁·종교전쟁·사상전쟁·무역전쟁 등이 그것이다. 오늘날은 무역전쟁이 주역인 셈인데 이는 이윤추구를 위한 기업 간의 무한경쟁을 유발하고 이로 인한 긴장과 공해는 날로 증대되고 있다. 이윤추구를 위한 무한경쟁도 내용인즉 오욕의 효율적 충족을 위한 재화의 확보 곧 재욕의 발로에 불과하다.

이상에서 인류의 삶은 전쟁·범죄·질병·빈곤·공해 등으로 찌들어 있고 이는 개개인 그리고 그 집단인 기업이나 사회·국가가 모두 자기중심으로 다섯 가지 욕망을 충족시키고자 하는 몸부림에서 그 원인의 일단을 엿볼 수 있다. 이는 달리 말하면 그간 인류는 금수인간적인 삶을 영위하여 왔으며 지금도 그 연장선상에 있음을 단적으로 증명하는 바라 할 것이다. 오늘날에 이르기까지 인류의 삶은 금수인간 지향적인 인생관에 의하여 이끌려 왔다고 볼 수 있다.

인류로 하여금 금수인간적 인간상을 형성하도록 이끈 계층은 동서고금의 지식을 진리라는 이름으로 전파·교육시켜온 학자들임도 분명하다. 학문의 자유가 광범위하게 보장된 오늘날은 학자 계층의 인간이 많아지기는 하였지만 학자도 금수인간적 심리는 잠복되어 있으므로 언제든지 금수인간적 행동을 할 수 있기에 크게 보아 금수인간과 대차가 없으므로 그간 인류가 지향해 온 인간상은 금수인간이라고 할 수 있을 것 같다. 그러면 세계화를 추구하는 변혁기에 즈음하여 인류가 지향하고자 하는 인간상 또한 금수인간인지 아니면 새로운 인간상을 지향하기 위한 변혁으로서의 세계화인지 검토되어야 할 것 같다.

그간 인류사회가 원시사회에서 국제사회로 성장·변천되어 오는 동안 인류역사는 발전되어 왔다고 하나 인간상은 금수인간 차원에 머물러 있고 또 인류의 의식은 민족중심의 국가라는 테두리를 크게 벗어나지 못한 채 그간 국가 간 무한경쟁을 가속화한 국제화에 머물러 있다. 국제화가 국가 간 무한경쟁으로 무력전쟁·사상전쟁·무역전쟁 등을 유발하여 인류가 갈구하는 평화, 즉 수면욕은 좀처럼 충족될 수 없었고 이들 전쟁의 연장선상에서 범죄와 질병과 빈곤 그리고 공해 또한 끊이지 않고 있다. 이런 위기상황은 인류의 미래를 불확실하고 불안하게 하고 있다.

세계화가 이와 같은 위기상황을 극복하여 인류사회의 평화를 지향하는 것인지 아니면 무한경쟁의 역기능만을 다소 완화하여 위기상황의 폭발을 지연시키기 위한 미봉책인지는 불명확하다. 이는 세계화가 지향하는 바가 '경쟁과 협력'이어서 경쟁만을 염두에 두는 국제화와는 달리 '협력'이 중요한 기능으로 작용할 것으로 사료되나 그 협력이 경쟁을 카무플라주(camouflage)하기 위한 거짓 몸부림으로서의 협력인지 아니면 극단적인 경쟁을 완화하기 위한 협력인지 혹은 세계화가 지구촌을 전제로 그 구성원인 인류를 가족처럼 서로의 삶이 온전하도록 협력하기 위한 경쟁을 장기목표로 설정하고 그 과정적 단계로서의 경쟁과 협력인지가 불분명하기 때문이다.

그리고 세계화가 지향하는 인간상이 무엇인가에 따라 '경쟁과 협력'의 의미가 명확해질 것이나 현재로서는 세계화가 지향하는 인간상 또한 불명확한 상황이어서 경쟁과 협력의 의미 또한 명확하지 않다. 만약 세계화가 지향하는 인간상이 지금과 같이 금수인간이라면 '경쟁과 협력'의 의미나 기능은 결국 인류로 하여금 더욱더 철저한 금수인간이 되게 하는 것이어서 '협력'은 각 국가가 자국민의 이기적인 오욕 충족을 교묘히 위장하기 위한 거짓스러운 몸부림으로 귀결될 가능성이 높다.

그게 아니고 진실로 지구촌 가족 모두의 인간다운 삶을 지향하는 세계화라면 우리는 종래 금수인간과 그 연장선상의 학자와 같은 인간상을 뛰어넘는 새로운 인간상을 지향하는, 이른바 인생관의 변혁도 차제에 병행되어야 진정한 의미의 세계화가 이룩될 것임을 알 수 있다. 그런 의미에서 세계화 이전에 전개된 여러 사상도 그 사상이 추구하는 인간상과 연계하여 그 의의를 재조명하고 그 당부를 재검토하여야 할 것이다.

위에서 살펴본 내용을 요약하면 세계화는 ① 그간 국제화 등으로 가중된 전쟁·범죄·질병·빈곤·공해·인간성 상실 등 인류 위기를 해소시킬 수 있는 방안이어야 하고 그러기 위해서는 ② 사회적 존재인 인간이 그간 지녀온 '사회'의 개념을 '국가사회'에서 '세계사회 곧 지구촌'으로 확장시키고 ③ 개체적 존재인 '나'를 고립되고 소외된 존재로서가 아니라 인류의 구성원 즉 지구촌 가족임을 자각하고 그 자각을 명확하게 하기 위하여 ④ 자아완성 측면에서 종래 금수인간이나 학자와 같은 소아적·이기적 인간상을 뛰어넘어 철인·달사·이인 등에로 인생의 목표 내지 목적을 상향시켜야 그 이상이 구현될 수 있음을 알 수 있다.

즉 이상적인 세계화의 성공 여부는 새로운 인간상과 새로운 인간상을 지향해야 하는 이유 등에 대한 자각과 새로운 인간상을 자아완성 측면에서 부단히 추구하려는 의지와 이를 뒷받침해주는 제도의 정착 등에 좌우되는 셈이다. 그리고 이러한 자각과 의지 등은 '인간의 근본'에 대한 새로운 깨달음에서만 비롯될 수 있고 이 깨달음에 입각한 새로운 인생관의 정립과 이 인생관에 자리한 직업관과 직업윤리의 정립에 의하여 세계화는 구체적으로 온전하게 추진될 수 있음을 알 수 있다. '인간의 근본'에 대한 검토는 우리의 전통사상 등과 연계하여 다음 항에서 다루기로 하고 이하에서는 세계화에 부응하는 직업윤리에 대하여 간략히 살펴보기로 한다.

(5) 세계화와 직업윤리

어느 사회나 그 나름의 건전한 기능을 유지하여 존립하기 위해서는 그 구성원에게 공통적으로 준수토록 요구되는 행동규준[58]이 있기 마련이다. 이와 같이 인간행동을 규율하는 사회규범 중 하나가 윤리이다. 직업은 사회적 역할을 분담하는 기능이 있기 때문에 직업활동 또한 그 사회 전체의 존립과 연계된 모종의 규율이 필요불가결한바, 직업활동에 특별히 요구되는 사회규범을 사회 모든 구성원에게 공통적으로 요구되는 일반윤리와 구별하여 직업윤리라 한다.[59]

---

58) 장의순, 「직업윤리에 관한 고찰」, 『숭의논총』 제10집(1987), p.146.
59) 직업윤리를 직업의 특수성 내지 전문성에 부응하는 특수직업의 윤리와 직업일반의 윤리로 구별하기도 한다.(장의순, 「직업윤리에 관한 고찰」, 『숭의논총』 제10집(1987), p.147)

그리고 직업윤리는 시대와 사상 그리고 그 지향하는 인간상의 변천에 상응하는 직업관의 변화에 따라 변천되어 왔고[60] 또 변천될 수밖에 없다. 세계화에 즈음하여 직업윤리의 변천내용을 살펴보는 것은 새로운 직업윤리의 정립에 도움이 될 것 같다.

봉건적 전통사회에서의 직업은 신분에 의거 세습적이었고, 직업활동은 종래의 전통적 방법을 거의 답습하였으며 개개인의 적성은 도외시된 채 사회 전체의 역할 분담과 사회에 대한 봉사가 강조되었다.[61] 즉 전통사회는 직업의 기능 중 사회적 역할 분담에 치중하여 직업활동은 사회 전체의 존립과 발전에 기여하는 것을 당위로 삼는 직업윤리를 그 이상으로 여겼다고 할 수 있다. 막스 베버는 이러한 직업윤리를 유기적 직업윤리(organische Berufsethik)라고 한다.[62] 유기적 직업윤리는 개인보다 사회 전체의 존립과 발전을 앞세우게 되므로 단적으로 멸사봉공(滅私奉公)이 유기적 직업윤리의 요체라고 할 수 있다. 이와 같은 직업윤리는 봉건적 전통사회의 붕괴와 더불어 그 당위성을 잃고 쇠퇴하게 되었다.

다음으로 중세 종교개혁과 산업혁명 그리고 시민혁명 등을 거쳐 출현한 근대 시민국가가 사유재산의 보장·경제활동의 자유와 경제행위의 영리 보장을 그 기본원리로 하는 자본주의적 생산방식을 옹호함에 따라 발전하게 된 근대 자본주의 사회는 합리적인 기업원리를 통하여 영리의 극대화를 추구하는 자본주의 정신

---

60) 장의순, 앞의 「직업윤리에 관한 고찰」, p.147.
61) 장의순, 앞의 「직업윤리에 관한 고찰」, pp.148-149.
62) 韓端錫, 「公職者의 職業倫理에 관한 硏究」, 『現代社會와 倫理』(한국정신문화연구원, 1982), p.296.

을 그 기초로 하게 되었다. 이 자본주의 정신은 정당한 수단에 의하여 최대의 영리를 얻는 것을 직업활동의 윤리적 의무라고 생각하므로[63] 단적으로 말하여 개개인의 이기적 생계수단으로서 직업활동이 합리화될 정도로 이기적 자기 본위의 개인주의적 직업관에 바탕을 둔 직업윤리가 생성되게 되었다고 볼 수 있다.

그러나 자본주의의 생성 발전을 주도한 캘빈주의적 프로테스탄트들은 ① 자신의 직업을 신(神)이 예정한 천직(天職)으로 알고 직업활동은 신에 대한 봉사이므로 ② 직업활동에 헌신적으로 전념해야 하고 이를 방해하는 나태·향락·과소비 등의 욕망을 자제하는 금욕을 직업의 윤리로 삼아 ③ 직업활동으로 축적된 이윤은 하느님의 가르침인 이웃사랑에 기꺼이 바치는 박애주의를 실천함으로써 자본주의 정신이 개인주의적 이기심으로 퇴색되는 것을 막아 자본주의가 건전하게 발전하도록 이끌었다. 막스 베버는 이러한 직업윤리를 금욕적 직업윤리라고 한다.[64]

즉 근대 자본주의 사회는 개개인의 직업선택의 자유가 보장되어 종래 전통사회의 신분에 의한 직업의 세습이 지양되고 개성과 창의성이 존중되는 등 개인주의적 성향이 두드러짐에 따라 종래 사회 전체에 대한 한 부분으로서 봉사가 강조되던 전통사회의 직업윤리와는 사뭇 다른 직업윤리가 형성되었다. 캘빈주의적 프로테스탄트들은 직업활동이 신에 대한 봉사이므로 직업활동에 헌신적으로 전념하고 향락적 욕망을 자제하는 금욕이 강조된 점으

---

63) 장의순, 「직업윤리에 관한 고찰」, 『숭의논총』 제10집(1987), p.150.
64) 주 62) ; 권규식, 「유교윤리가 경제발전에 미치는 영향」, 『문리학총』 제6권 (경북대학교 문리과대학, 1979), pp.16-21.

로 미루어 이 시대의 직업윤리는 이기적 직업관에 바탕을 둔 직업윤리라기보다 자아실현적 직업관에 입각한 자주적이고 합리적인 직업윤리라 할 수 있다.

다음으로 자본주의가 발전 성숙함에 따라 ① 캘빈주의적 프로테스탄트의 금욕적 직업윤리를 수용할 만한 종교적 기반이나 전통이 없는 자본주의 국가가 늘어나게 됨에 따라 금욕적 직업윤리가 그대로 적용될 수 있는 영역은 종래 금욕적 직업윤리가 역사적으로 존재하여 그 정신이 종교와 결합되어 계승되고 있는 일부 선진 자본주의 사회를 제외하고는 소실되어가고 있으며[65]

② 또 국가 간·기업 간 경쟁이 치열하게 됨에 따라 금욕적 직업윤리보다는 자본주의 정신에 의거 정당한 수단에 의한 '최대의 영리를 추구'하는 것이 직업활동의 윤리적 의무라는 의식이 자연 강하게 되고 이는 물질적 번영을 구가하는 자본주의 경제활동과 오욕 충족의 물적 기초인 재물에 대한 급증하는 욕구와 결부되어 황금만능사회로 변모되고 프로테스탄트의 금욕적 직업윤리는 자연 쇠퇴할 수밖에 없어 새로운 직업윤리의 정립이 요구되며

③ 기계에 의한 대량생산이 이루어지는 고도 기술사회인 현대 산업사회에 이르러서는 인간 행위도 하나의 재료로 생각될 정도로 인간의 가치는 축소되어 인간은 소외·파괴되는 등 인간상실의 병리적 현상이 노정되고[66] 또 기계화가 심화됨에 따라 개인의 역할 분담이라는 측면도 점차 그 의미를 잃어가는 상황에[67] 이르

---

65) 박영수, 「직업과 윤리」 논문집 제21집(경북공업전문대학, 1984), p.339. 그러나 R. Bellah는 일본의 경우 보은과 업적본위의 사상 등이 프로테스탄트의 윤리와 유사한 기능을 담당한 것으로 봄.(권규식, 주 64)의 논문, p.16)
66) 陳英石, 「산업사회의 직업윤리」, 『경남전문대학』 제13권(1985), pp.17-19.

게 되어 인간 소외가 심화되자 직업을 개인의 욕구를 충족시키는 수단으로만 받아들이는 이기적 직업관이 강하게 등장하게 되었다.

이 이기적 직업관이 팽배함에 따라 개개인의 소아적 이기심과 자본주의 정신인 최대의 영리추구가 서로 상승작용을 일으켜 오직 이익에 따라 사회 전체가 움직이게 되고 직업활동에 요구되는 개개인의 행동규율 즉 직업윤리 또한 그때그때의 '이익' 여부에 따라 유동적일 수밖에 없어 어떤 정형이 결여된 나머지 직업윤리라고 내세울 것이 없는 이른바 직업윤리의 해체가 자연스러운 현상이 될 수밖에 없다. 최대의 영리추구는 기업으로 하여금 생산성 향상을 위한 효율적 노무관리 등 경영혁신과 기술개발 그리고 이에 대응하여 근로자는 제 몫 찾기를 위한 노동운동으로 인간관계는 황폐화되어 가고 기업과 기업, 국가와 국가 간의 경쟁은 최대의 영리추구 차원을 넘어서 살아남기 위한 몸부림으로 치달려 이익을 위해서라면 무력전쟁과 무역전쟁도 주저하지 않을 정도로 이익 앞에서는 보편적인 윤리마저 해체되고 있는 실정이다.

특히 '산업사회의 기술발전은 인간실존을 위협'한다거나 '인간의 존재 근거로서의 초월적인 것은 이미 존재하지 않는다'거나 '현대 기술문명에 의해 인간생활은 정신적·물질적 양면에서 균형이 깨졌다'거나 '기술의 인간화가 주장'되고 있다든지 '인간의 사귐도 유용성과 이익에 기초를 두고서 기술적으로 접근'한다거나 '기술에 의한 국가 간의 접근과 상호의존은 국가 간의 부정의

---

67) 장의순, 「직업윤리에 관한 고찰」, 『숭의논총』 제10집(1987), p.144.

를 악화시켰고 집단 이기주의의 잔인성을 더 한층 격화시켰다'는 등등의 말68)은 이익 앞에 윤리와 직업윤리가 해체 · 상실되고 있음을 뜻한다고 할 수 있겠다. 이는 사회와 직업의 기능 측면에서 보더라도 기존사회의 해체 · 붕괴를 뜻하고 새로운 윤리와 직업윤리의 정립을 필요로 하는 새로운 사회건설의 필요성을 시사한다.

만약 소아적 이기심을 부추기는 이익 지향적 · 이기적 직업관과 직업윤리를 지닌 채 세계화로 나아간다면 인류 모두는 저마다 이기적으로 욕망 충족을 추구하는 나머지 국제화시대에 못지않은 분쟁과 투쟁 그리고 전쟁으로 혼돈과 절망이 심화될 것이다. 이와 같은 폐해를 예방하려면 지구촌을 지향하는 세계화는 지구촌 가족의 진정한 이익이 무엇인지를 먼저 점검하여야 할 것이다. 후기 산업사회에 이르러 개인이건 국가이건 무한경쟁적으로 추구하고 있는 이익의 가장 바람직한 이상형은 개개인이 추구하는 이익이 사회 이익과 조화를 이루고 사회 이익은 국가 이익과, 국가 이익은 국가 간의 이익 즉 국제 이익과 조화를 이루어야 하고 그렇게 되면 국제 이익은 곧 인류 모두의 이익, 즉 지구촌 가족의 이익이 될 것이다.

이들 이익 간에 만약 조화점을 찾지 못할 경우 개인과 개인, 개인과 사회, 부분 사회와 국가, 국가와 국가 간에는 상호이익의 충돌로 분쟁과 전쟁 그리고 범죄 등이 끊이질 않게 될 것이고 이는 곧 개개인의, 사회의, 국가의, 인류의 손해로 귀결될 것이기 때문

---

68) 진영석, 「산업사회의 직업윤리」, 『경남전문대학』 제13권(1985), pp.18-20.

이다. 따라서 세계화시대 곧 지구촌시대의 진정한 이익은 개인 이익=사회 이익=국가 이익=세계 이익=인류 이익=개인 이익의 등식관계가 성립되어야 할 것이다.[69] 이는 지구촌의 구성원인 인류는 가족으로서 서로 협력하며 서로를 위해서 살아야 함을 뜻하기도 한다.

그리고 위 등식은 국제화가 무한경쟁을 추구함에 있어 자기 나라의 이익에 국집하여 국가 간 전쟁으로까지 치달려 자국이익마저 온전히 취득하지 못한 반면 세계화시대에는 자국이익이 곧 세계 이익·인류 이익과 직결되도록 조화를 이룰 수 있도록 세계화의 요체인 '경쟁'과 '협력'이 추진되어야 함을 뜻한다.

후기 산업사회가 물질적 이익에 매몰되어 해체위기를 맞고 있는 것은 ① 앞서 제기한 바와 같이 산업화에 따른 인간소외와 이기적 직업관 탓도 있지만 ② 진정한 이익에 대한 성찰 없이 ③ 아홉 종류의 인간상에 대한 몰이해로 금수인간적인 인간상을 지향하여 이기적 오욕 충족만이 인간다운 삶을 영위하는 것으로 착각한 데서도 그 원인을 찾을 수 있다. 따라서 후기 산업사회의 해체위기의 극복 내지 새로이 도래할 사회 즉 세계화시대에 대한 대비는 진정한 이익에 대한 성찰과 새로운 인간상의 설정에서 시작되어야 함을 알 수 있다.

그리고 세계화시대에 부응하는 바람직한 직업윤리 내지 공동윤리 일반의 정립 또한 진정한 이익에 대한 성찰과 새로운 인간상의 설정에서 시작되어야 함을 알아야 한다. 이는 진정한 이익

---

69) 진정한 이익에 대한 추가 고찰은 본고 '4. (3). ⑦' 참조.

에 대한 성찰과 새로운 인간상의 정립 없이 세계화가 추진된다면 세계화의 요체 중 하나인 경쟁은 종래와 같이 금수인간적 이기심을 효율적으로 충족하기 위하여 자국 이익을 우선적으로 확보하기 위한 무한경쟁으로 치달려 새로운 전쟁을 유발할 위험이 있고 또 진정한 이익에 대한 성찰과 새로운 인간상의 정립 없이는 세계화의 요체 중 하나인 원만한 협력을 기대할 수 없기 때문이다. 단적으로 말해 진정한 이익에 대한 성찰과 새로운 인간상의 정립이 없는 세계화는 무엇을 위한 경쟁이며 무엇을 위한 협력인지가 불명확하여 또 다른 혼돈과 절망을 인류에게 안겨줄 소지가 있다는 말이다.

그러나 진정한 이익에 대한 성찰과 새로운 인간상이 설정되면 이기적 직업관이 극복되어 세계화에 부응하는 새로운 직업관이 정립되고 이에 입각한 새로운 직업윤리가 또한 정립되어 바람직한 경쟁과 원만한 협력관계가 구축될 수 있을 것이다. 그리고 세계화에 부응하는 직업윤리 내지 공동윤리의 정립을 위한 바람직한 인간상의 파악과 진정한 이익에 대한 올바른 성찰을 위해서는 인간의 근본에 대한 올바른 이해가 선행되어야 하므로 이하에서는 우리의 전통사상을 살펴 인간의 근본을 알아보고자 한다.

4. 한국 전통사상과 직업윤리

(1) 전통사상의 의의와 영역

한국의 전통사상이 논의되는 의의는 한민족이 그 나름의 역사 발전과정에서 국난을 극복하고 인간다운 삶을 영위함에 있어 전통사상이 정신적 지주로서 역할을 여하히 펼쳐오고 있는가를 살펴 오늘날에도 그 유용성을 살려보고자 함이다.

이런 관점에서 볼 때 한국의 전통사상은 '한국'이라는 공간—역사상의 강토 포함—에서 '한민족'이 역사적으로 형성·발전시켜 온 한국의 철학·종교·정치·사회·경제·교육 등 모든 영역에서 '한민족'의 생활양식과 가치관을 이끌어 온 체계적 사유의 총체로 정의할 수 있다.[70] 따라서 한국의 전통사상에는 한민족의 고유사상은 물론 외래사상이 토착화된 유교·불교·도교·기독교 등과 동학·증산교 등 신흥 민족종교도 다 포함될 수 있겠다.

(2) 전통사상의 본질

한국 전통사상의 본질은 다양한 전통사상이 간직하고 있는 특수성 중 공통요인으로 이끌어 낼 수 있는 보편성[71]에서 구할 수 있는바, 우리 고유사상에 내재된 홍익인간사상이 여타의 전통사상에서도 표현을 달리할 뿐[72] 공통된 보편적 특성임을 알 수 있다.

본고에서는 고유사상을 통해 전통사상의 본질인 홍익인간사상의 연원과 그 내용을 살피고 인간의 근본을 밝혀 세계화에 부응하는 직업윤리를 정립해 보고자 한다. 이는 최치원 「난랑비서(鸞郎碑序)」에 이르길 '나라에 현묘한 도가 있으니… 근본적으로 삼

---

70) 한국정신문화연구원, 『한국민족문화대백과사전』, p.848 ; 황순연, 『한국사상의 이해』(박영사, 1992), p.10 ; 한국국민윤리학회, 『국민윤리』(형설출판사, 1986), p.105.
71) 趙南國, 『한국사상과 현대사조』(교육과학사, 1991), p.15.
72) 상세는 본고 4. (3). ③. 내용 참조.

교(仙·佛·儒)를 자체 내에 지니고 있어…(國有玄妙之道…實乃包
含三敎…)'라고 한 바[73]에서 알 수 있듯이 우리 고유사상이 여타
의 전통사상의 시원이자 모태임이 밝혀지고 있기 때문이기도 하
다.

(3) 고유사상의 원전과 인간의 근본
① 고유사상의 원전
우리 고유사상의 원전으로는 천부경·삼일신고(三一神誥)·참
전계경(叅佺戒經) 등을 들 수 있는바, 그 중 천부경을 통하여 인
간의 근본을 살펴보기로 한다. 천부경은 총 81자(字)로 구성되어
있는 간결한 경전이나 이 81자 중에는 우주와 인간의 근본과 그
운행 및 생성원리가 다 설명되어 있어 역학·천문·지리·의학 등
학문은 물론 모든 종교와 사상의 뿌리요 그 궁극의 경지를 다 담
고 있다.[74] 방대한 불교경전의 요체가 260자 반야심경에 압축되
어 있으나 그 본지를 깨닫기 어렵듯이 유불선 3교의 근본 교리를
자체 내에 지니고 있는 천부경은 더욱 간결하여 그 본지에 접근
하기가 용이하지 않다. 만약 천부경의 본지를 깨닫게 된다면 유
불선 3교에 두루 통하게 되는지라 현대 위기의 한 표출인 종교전
쟁을 극복할 수 있는 계기가 마련되는 셈이어서 제3의 종교혁명
이 가능하게 되리라고 본다. 우선 한문으로 된 천부경 81자와 그
해석을 살펴보자.

---

73) 金富軾, 『三國史記』, 「新羅本記」 第4 ; 안창범, 『民族思想의 源流』(敎文社,
1988), p.222 및 p.238. 그리고 본고에서 仙敎는 東仙[동학]과 西仙[서학 : 기
독교]으로 분류한 바에 의함.
74) 권태훈, 『천부경의 비밀과 백두산족 문화』(정신세계사, 1989), p.69.

一始無始一折三極無盡本天一一地一二人一三一積十鉅無匱化三天二三
地二三人二三大三合六生七八九運三四成環五七一妙衍萬往萬來用變不動
本本心本太陽昂明人中天地一一終無終一

☞ 一의 始는 無에서 始하나 一이라[一은 始함이 없는 一에서 始한
다]. 三極으로 折해도 本은 無盡함이요 天一은 一이요 地一은 二요 人
一은 三이라. 一積하고 十鉅해도 三으로 化함은 匱함이 無라. 天에도
二三, 地에도 二三, 人에도 二三하니 大三이 合六하야 七八九가 生하
니라. 運三은 四로 成環하고 五七은 一로 妙衍하여 萬往하고 萬來하여
用變하니 本은 不動이라. 本心은 太陽에 本하여 昂明하며 人中에 天地
는 一이라. 一의 終은 無로 終하나 一이라[一은 終함이 없는 一로 終한
다]75).」

② 인중천지일(人中天地一)과 인간의 근본

  인간의 근본을 제대로 파악하려면 천부경 중 우선 '인중천지일
(人中天地一)'과 '인일삼(人一三)' '인이삼(人二三)' 등 사람 '人'을

---

75) 천부경 번역은 송호수, 『개천경』(인간연합, 1985), p.3에 의함. 송박사에 의
   하면 천부경은 天帝桓國의 口傳之書로서 위 인용은 '묘향산 석벽본'이며, 어
   느 해석이 정설이라고 단정지을 수 없을 정도로 각양각색이라 함. 그리고
   '一始無始一'을 '一은 無에서 始하나 一이라'고들 해석하나 이 해석에 의하
   면 '一'은 有인지라 그 始는 無가 되고 '一(有)'과 無는 시원적·이원적·대
   립적 관계가 되므로 有無의 대립을 극복한, 즉 有와 無로 나누어지기 이전
   의 근본 진리를 설명할 수 없고 또 서구의 시원적·실체론적·이원론을 극
   복하는데 한국고유사상이 아무런 기여를 할 수 없게 된다. 우리 고유사상
   이 비시원적·비실체론적·비이원론적 특성을 지녔다고 하려면 '一始無始
   一'을 '一은 始함이 없는 一에서 始한다'로 해석함이 옳고 이와 같은 해석
   은 육조 혜능이 '本來無一物'이라 한 바와도 상통하며, '萬法歸一 一歸何處'
   에 대한 해답이 되기도 한다. 같은 맥락에서 '一終無終一'은 '一은 終함이
   없는 一로 終한다'고 해석되어야 할 것이다.[拙稿, 『한국전통사상의 원류』
   (경상남도 교원연수원, 1994), pp.12-17)]

직접 설명하는 구절의 뜻을 알아야 할 것 같고 이들 구절의 뜻을 바로 알기 위해서는 '일시무시일(一始無始一)'과 '일종무종일(一終無終一)' 등 연관되는 구절과 어쩌면 천부경의 내용 모두를 알아야 할 것 같다. 그러나 세계화에 부응하는 인간상의 파악과 진정한 이익의 성찰 및 바람직한 직업윤리의 정립을 위해서는 천부경 중 '인중천지일(人中天地一)'의 의미만 살펴보아도 충분할 것으로 사료되어 본고에서는 인중천지일(人中天地一)을 중심으로 주제에 접근하고자 한다.

인중천지일(人中天地一), 즉 '인중에 천지는 일'[76]이라 함은 사람은 천과 지 곧 양과 음, 심과 물, 이와 기가 합일된 조화체임을 뜻한다. 이로 미루어 사람은 빈부·귀천·유능무능·미추·강약을 떠나 너나 할 것 없이 모두 천과 지, 양과 음, 심과 물, 이와 기가 합일된 조화체로서 지극히 존귀한 소우주적 존재[77]임을 알수 있다. 또 우주적 요소인 천지·양음·심물·이기 등을 조화롭게 합일시킨 조화체로서의 인간은 자연 우주의 근본원리에 따라 생성되고 그 원리에 따라 살아감을 뜻하므로 앞서 살펴본 바와

---

76) 천부경의 해석은 각양각색이어서 '人中天地一'을 '人中天中一'로 보는 학자[박용숙,『한국의 始原思想』(문예출판사, 1985), p.111]도 있고, '明人中天地一(大明한 인간은 천지와 더불어 같은 것)'로 해석하는 분[김일훈,「천부경주해」(『민속 神藥』제3집, 민속신약연구회, 1988, p.9) ; 김동춘,『천부경과 단군사화』(가나출판사, 1986), p.49]도 있다. 그리고 '人中天地一'을 '사람 가운데 하늘과 땅이 하나'[권태훈,『천부경의 비밀과 백두산족 문화』, p.73], 그리고 '人中에 天地는 一'[계연수,『한단고기』(임승국 역주, 정신세계사, 1986), p.233] 등등으로 해석하고 있다.

77) 인간을 소우주로 파악하는 것은 '지구의 공진주파수는 1~30Hz의 뇌파주파수와 같은 ELF 주파수대에 속한다'는 주장[박희선,『기적의 두뇌혁명』(한강수, 1993), p.19]과 인체의 특성을 우주의 형상 및 운행법칙 등과 연계하여 파악하는 동양의학과도 같은 맥락에서 이해됨.

같이 '인간은 바르고[正] 진실된[眞] 존재여서 바르고 진실되게 살아가야 함'[78]도 자명해진다.

이런 맥락에서 볼 때 인간은 누구나 우주의 근본원리에 따라 바르고 진실되게 살아가야 하나 이를 어길 경우 각종 스트레스와 질병으로 고통을 받게 됨도 쉬이 알 수 있다. 그리고 전쟁·빈곤·범죄·인간성 상실 등 현대 위기도 인간이 바르고 진실된 삶을 영위하지 않는 데서 그 원인의 일단을 찾을 수 있을 것이다.

③ 인중천지일(人中天地一)과 삼교(三敎)의 근본교리

이 인중천지일의 일깨움에 근거하여 천도교[東學]에서는 '사람은 누구누구 할 것 없이 한얼님[人乃天]'임을 알아 '사람 섬기기를 하나님같이 하라[事人如天]'고 주창하게 된 것이며 기독교가 이웃사랑[愛人·博愛]을 근본교리의 하나로 삼아 이웃사랑을 외치고 실천하는 까닭도 사람은 누구나 곧 한얼님(하느님) 같은 존귀한 존재[人中天地一]이므로 이웃을 사랑한 즉 곧 하느님을 공경[敬天]함이 되기 때문이다. 따라서 예수의 가르침을 단순히 이웃사랑과 하느님 공경으로 이원화하여 파악하는 것은 예수의 가르침 즉 기독교의 근본교리를 제대로 이해하지 못한 것이라 할 수 있다. '인중천지일(人中天地一)'에 입각하여 볼 때, 이웃사랑이 곧 하느님 공경[愛人=敬天]임을 마저 알아야 예수의 진정한 가르침을 제대로 깨달았다고 할 수 있다는 뜻이다. 이 경지에 다다르면

---

78) 주 52)와 같음. 그리고 '모든 사람에게 공통된 성질인 인간성은 고정 불변한 것이 아니고 진화과정과 생활의 역사를 통하여 인간성 자체도 변화·발전이 있었다'[구헌회, 『현대사회와 인간성』, p.4]는 주장은 인간의 근본 성품과 四大五蘊의 표출인 행동양식 즉 業習을 混同한 오류로 사료됨.

천도교의 '사인여천(事人如天)'과 기독교의 '애인경천(愛人敬天)'
이 다르지 않음을 알 수 있다.

그리고 우리 전통사상에 공통된 보편적 특성으로 운위79)되는
'홍익인간사상' 즉 널리 인간을 이롭게 하라는 사상도 인간은 누
구나 소우주적 존재로서 지극히 존귀함을 일깨운 '인중천지일'에
그 연원을 두고 정립된 것임도 알 수 있다. 유교의 중심 덕목이자
이념적인 성격을 강화한 체계적인 유교 윤리철학의 근본원리라
할 수 있는 '인(仁)'을 정의하기를 '인야자인야(仁也者人也)'80)라
하고, '인(仁)이란 남을 사랑하는 것', '인(仁)은 사랑을 실현하기
위한 이(理)다'81)라고 한 까닭과 근원도 인중천지일(人中天地一)
에서 찾을 수 있다.

또 불교에서 모든 생명체는 부처의 성품을 지니고 있다[悉有佛
性]고 한 바로 미루어 모든 생명체 중의 하나인 사람도 누구누구
할 것 없이 모두 부처의 성품을 지닌 본래 부처로서 지극히 존귀한
존재임은 분명하다. 그래서 상불경보살님은 모든 사람을 부처님처
럼 공경했고 부처를 이루고자 하는 이들은 응당 사람을 공경하고
널리 이롭게 하는 이타행82)을 수행의 덕목으로 삼게 하고 있다.

다만 불교는 삼계와 삼계의 모든 생명체를 아우르는 가르침이

---

79) 주 71)과 같음.
80) 『孟子』, 盡心章句下.
81) 『동아세계대백과사전』 제23권(동아출판사, 1983), p.337.
82) 홍익인간에 상응하는 덕목으로 이타행 대신 자비를, 이웃사랑 대신 권선징
악을 대비하기도 하나[권태훈, 『천부경의 비밀과 백두산족 문화』(정신세계
사, 1989), p.69], 본고에서는 자비나 권선징악의 구체적이고 보편적인 행위
덕목 중 홍익인간 개념과 연계하여 파악하기 쉬운 이타행과 이웃사랑을
홍익인간에 대비시킴.

어서 뭇 생명체와의 의사소통이 가능한 도인 이상의 인간상이 주를 이룰 우주화시대에 더욱 돋보일 가르침으로 일응 사료되나 그 전 단계로 세계화시대에는 모든 사람은 모두 부처의 성품을 지닌 동일 생명체, 곧 한 몸임을 근거로 서로를 부처님처럼 공경하고 이롭게 하는 동체대비(同體大悲)의 이타행에 착안하여 본 주제에 접근하기로 한다. 아무튼 모든 생명체가 그 근본이 같음에 근거한 동체대비의 이타행과 인(仁) 그리고 이웃사랑[愛人]과 홍익인간 등이 모두 그 뜻하는 바가 같음을 알 수 있다.

달리 말하면 '인중천지일(人中天地一)'한 구절의 내용만을 살펴보아도 유불선 삼교의 핵심내용이 같음을 알 수 있고 그 근저에 '천부경'이 있음을 알 수 있는바, 이는 앞서 소개한 최치원의 「난랑비서」에 이르기를 "나라에 현묘한 도가 있으니… 근본적으로 삼교를 자체 내에 지니고 있어…"라고 함이 결코 허언이 아님을 알 수 있고 나아가 현대 위기를 가중시키는 종교전쟁을 잠재울 수 있는 방법론으로서 종교의 뿌리 찾기 운동의 성공 가능성이 '천부경'에 있음을 유념케 한다. 그리고 '인중천지일'에 연원한 홍익인간사상이 유불선 삼교 등 한국 전통사상에 두루 통하는 보편적 특성 즉 본질로 운위되는 이유도 자명해진다.

그리고 '인중천지일'을 통하여 모든 사람이 모두 천과 지의 조화체이므로 남과 내가 한 몸[人吾同胞]임을 알 수 있고, 나와 삼라만상 또한 한 몸[物吾同胞]임을 알 수 있으므로 이 인오동포(人吾同胞)를 통하여 앞에서 살펴본 이웃사랑·인·이타행·홍익인간을 설명할 수 있고, 또 물오동포(物吾同胞)를 통하여 자연보호와 환경보전의 의의와 필요성을 한결 용이하게 이해할 수 있을 것이다.

흥미로운 것은 1854년 미합중국 대통령 '피어스'가 인디언 부족이 살고 있는 땅을 팔 것을 제안하고자 백인 대표자를 파견한 바, 이에 대한 인디언 추장 '시애틀'이 한 연설내용엔 ① 우리 모두의 하느님은 하나이며 ② 만물은 서로 맺혀 있고 대지(大地)를 비롯한 모든 자연과 인간은 그 근본이 같다는 물오동포의 일깨움과 ③ 우리 모두는 한 형제[人吾同胞]임을 강조하고 있는바, '뉴에이지(New Age)'라는 단어가 시대의 코드가 되었던 1970~80년에 이르러 미국의 젊은이들은 시애틀 추장의 물오동포의 일깨움에 눈뜨기 시작하여 세계적인 환경운동과 자연·생태주의운동을 전개하고 있다는 사실이다. '인중천지일'의 내용을 그대로 일깨우고 있는 인디언 추장 '시애틀'의 지혜로움이 120년이 지나서 미국인에게 겨우 이해된 점을 유념하면 우리 전통사상에 대한 자긍심을 새삼 느끼지 않을 수 없을 것이다.

　④ 인중천지일(人中天地一)과 공산·자본주의 사상
　다음으로 '인중천지일'을 통해 인간은 천과 지, 심과 물, 양과 음, 이와 기가 합일된 조화체임을 알게 되면 유심론에 입각한 자본주의나 유물론에 입각한 공산주의로서는 물심 조화체인 인간을 결코 잘 살게 할 수 없음도 자명해진다. 인간은 살아 있는 존재이며 살아 있는 동안은 육체[物]와 정신[心]이 합일된 조화체이나 죽으면 육체는 송장[物]으로 정신은 혼백[心]으로 분리된다. 단적으로 말하여 유물론에 입각한 공산주의는 '송장' 치다꺼리를 잘 해주겠다는 사상이고, 유심론에 입각한 자본주의는 '제사'나 잘 모셔주겠다는 사상에 불과할 뿐 살아 있는 사람을 잘 살게 해

줄 수 있는 사상이 아님을 알아야 한다.

아무튼 공산주의나 자본주의는 인간의 근본을 제대로 알지 못함에서 비롯된 그릇된 사상이어서 공산종주 국가인 소련의 붕괴 등에서 보는 바와 같이 공산주의의 결함과 폐해가 노정되었으며 자본주의 역시 수정·발전되었다고 하나 현대 인류의 위기로 운위되는 전쟁·범죄·빈곤·질병·공해·인간성 상실 등을 극복하는 데는 무력하다. 따라서 현대 위기를 극복하기 위해서는 공산주의와 자본주의의 결함을 극복한 새로운 사상의 필요성이 운위될 것이고, 이 새로운 사상은 인간의 근본을 올바르게 일깨운 인중천지일에 근원을 둔 홍익인간사상임을 알 수 있을 것이다.

⑤ 인중천지일(人中天地一)과 인간상

사람이 소우주적 존재로서 지극히 존귀함[人中天地一]을 깨닫게 되면 누구나 남을 존중하여 이롭게 하는 행위[愛人·仁·利他行·弘益人間]를 할 것이다. 즉, 기독교의 이웃사랑[愛人·博愛], 유교의 인(仁)이나 불교의 이타행 그리고 우리 고유사상인 홍익인간 등은 앞서 살펴본 바와 같이 모두 인중천지일에 연원하고 그 뜻하는 바가 같으며 이들 이웃사랑·인·이타행·홍익인간 등은 인중천지일의 일깨움에 의거한 인간다운 삶의 양식이자 인중천지일의 일깨움을 자연스럽게 실천하는 행위인 점에서도 공통성이 있다.

유불선 삼교와 고유종교가 이웃사랑·인·이타행·홍익인간을 기본 교리로 삼아 그 실천을 일깨우는 까닭은 인간이 천과 지의 조화체[人中天地一]이므로 천과 지의 조화체답게 바르고[正] 진실되게[眞] 살아가려면 이웃사랑·인·이타행·홍익인간 하여야 함을 일깨운 것으로 단적으로 말해 이들은 인간이 인간다운 삶을 영위하기 위한 덕목인 셈이다. 즉 이웃사랑·인·이타행·홍익인간을 실천하면 이는 곧 인간이 인간다운 삶을 영위하는 것으로 인간으로서의 본성을 지니고 지켜나감인 바, 이는 인중천지일을 깨달아 이 깨달음에 의거한 삶을 영위함이 되므로 이러한 삶은 곧 자아의 발견과 완성 그리고 그 실현 방안이자 실현 그 자체라 할 것이다.

달리 말하면 아홉 종류의 인간상은 '이웃사랑·인·이타행·홍익인간' 등 인간다운 삶을 영위하기 위한 덕목을 어느 정도 온전하게 깨달아 실천하는가에 따라 구분됨을 뜻하고 이들 덕목을 온전하게 깨달아 실천하는 정도에 상응하여 상위의 인간상에로 인간상이 상향되어 궁극적으로는 진인(眞人)이 되어 자아의 완성과 실현이 이룩된다는 말이다.

오늘날 인간성 상실과 회복을 운위하나 인간의 근본 즉 인간성이 무엇인지 제대로 파악하지 못하고 있어 상실된 인간성도, 회복하여야 할 인간성도 정립하지 못한지라 인간성 회복방안의 강구도 공론으로 끝나고 있다. 이에 비추어 볼 때 인간의 근본을 일깨우는 인중천지일과 그 실천 덕목인 이웃사랑·인·이타행·홍익인간 등은 상실된 인간성과 그 회복방안을 극명하게 설명하고 있는 바라 할 것이다.

그리고 인류가 인간다운 삶을 갈구하나 전쟁·범죄·빈곤·질병·공해·인간성 상실 등 긴긴 고난의 역사를 걸어온 것도 인중천지일과 그 실천 덕목이 갖는 의미를 제대로 파악하지 못한 데서 비롯되었음도 알 수 있을 것이다. 달리 말하면 인간의 근본인 인중천지일을 깨달아 이에 의거한 바르고 진실된 삶, 즉 이웃사랑·인·이타행·홍익인간 등을 실천하는 삶을 영위하면 전쟁·범죄·빈곤·질병·공해·인간성 상실 등 현대 위기가 해소될 수 있다 함이다.

그런데 그간 인류의 삶이 바르고 진실되게 영위되지 않은 까닭은 무엇일까? 그건 아마도 이웃사랑·인·이타행·홍익인간 등을 실천하는 삶은 인간의 근본인 인중천지일을 깨달아 이에 의거한 바르고 진실된 삶을 영위하는 것이 되므로 굳이 인간의 근본인 인중천지일을 내세우기보다는 보다 구체적인 실천 덕목을 자연 강조하는데 치중하게 되고, 실천 덕목을 강조하는 삶이 오래 지속되면 실천 덕목의 내용은 더욱 세분되고 복잡해지는 반면 이와 같은 덕목을 실천해야 하는 이유, 즉 인간의 근본에 대한 일깨움은 자연 소홀해지게 된 때문인 것 같다. 즉, 인간의 근본인 인중천지일과 그 실천 덕목인 이웃사랑·인·이타행·홍익인간과는 서서히 상호 유리되어 오늘에 이르러서는 이들 실천 덕목이 그 뿌리를 잃고 표류하게 되어 인간의 삶을 인간답게 이끌 힘을 잃게 된 것이다.

그래서 인간성은 상실되고 전쟁·범죄·빈곤·질병·공해 등 현대 위기는 가중된 것 같다. 따라서 현대 위기를 해소하여 인간다운 삶을 영위하려면 인간의 근본인 인중천지일과 그 실천 덕목인 이웃사랑·인·이타행·홍익인간 등을 연결짓는 작업이 선행되어야 함을 유념하여야 할 것이다.

이와 같은 맥락에서 볼 때, 아홉 종류의 인간 중 금수인간상을 목표로 동물적 삶에 급급해 온 사연도 인중천지일과 그 실천덕목 및 그 상호관계에 대한 무지 때문으로 사료된다. 그리고 인간이 인간의 근본인 인중천지일과 이에 의거한 인간다운 삶을 영위하기 위한 실천 덕목인 이웃사랑·인·이타행·홍익인간 등을 염두에 두건대 인간이 자아를 발견·완성·실현하기 위하여 지향하여야 할 인간상은 이기적 오욕 충족에 급급한 금수인간 내지 그 연장선상에 있는 학자 계층이 아님도 알 수 있을 것이다.

⑥ 세계화의 구현방안과 새로운 인간상

세계화의 요체는 경쟁과 협력인바, 경쟁은 그간 국제화 과정에서 충분히 단련된 영역이나 '협력'은 새로이 시작되어야 할 영역이어서 그 의의와 목적 및 추진방법 등이 새로이 연구되어야 할 것 같다. 이 협력에 착안하면 세계화를 단순히 새로운 무역질서 내지 생존경쟁 정도로 좁게 파악할 것이 아니라 그간 인류의 위기상황으로 운위된 전쟁·범죄·질병·빈곤·공해·인간성 상실 등을 극복하여 인류가 지구촌 가족으로 평화롭게 살기 위한 새롭고 광범위한 대안으로 파악해야 함을 알 수 있다.

또한 이들 인류 위기상황이 금수인간 내지 그 연장선상의 학자를 목표로 이기적 오욕 충족을 위한 경쟁에서 비롯된 점을 염두에 두면 세계화가 지향하는 협력을 원만하게 이끌어 낼 인간상은 아홉 종류의 인간 중 철인 이상으로 종국적으로는 진인이어야 함도 알 수 있다. 그리고 세계화가 지향하는 인간상을 철인 이상의 차원으로 설정하면 이 인간상에 부합하는 삶은 인간의 근본인 인중천지일의 동적 표현인 이웃사랑·인·이타행·홍익인간 등에 의하여 구현될 수 있음도 자명해진다. 그리고 이들 실천덕목의 구현정도에 상응하여 인간상도 달사(達士)·이인(異人)···진인(眞人) 등으로 상향되고 이에 상응하여 세계화가 지향하는 협력도 질적·양적 제고가 이루어질 것이다.

아무튼 세계화의 요체인 경쟁과 협력을 이끌어갈 인간상은 인간의 근본인 인중천지일(人中天地一)에 부합하여야 하고 이웃사랑·인·이타행·홍익인간 등을 실천하는 행위에 의하여 구체화될 수 있다. 달리 말하면 인간이 이웃사랑·인·이타행·홍익인간 등을 실천하는 구체적인 행위를 하게 되면 그것은 곧 인간의 근본인 인중천지일에 부합되는 바르고 진실된 삶이어서 자연 종래의 금수인간이나 그 연장선상의 학자를 벗어난 새로운 인간상을 정립해 가게 되고 이는 곧 인간성을 회복하는 길이 될 것이며, 세계화가 추구하는 경쟁의 의미 또한 종래와 달리 변하게 될 수밖에 없음을 뜻한다.

이 단계에 이르면 세계화가 추구하는 경쟁은 종래와 같이 자기 자신이나 자국민만의 이기적 오욕 충족을 위한 파국적 경쟁이 아니라 자신의 행위가 지구촌 가족을 이웃으로 사랑하는 행위가 되도록 서로 서로 이타적 경쟁을 하게 됨을 뜻한다. 동시에 협력의 의미도 이기적 경쟁을 은폐하거나 완화하기 위한 협력이 아니라 지구촌 가족 모두가 이웃사랑을 실천하는 새로운 인간으로 성숙되도록 도와주고 이끄는 협력이 될 것이다. 세계화의 요체인 경쟁과 협력은 협력을 위한 경쟁, 곧 홍익인간하고자 하는 경쟁, 달리 말하면 인간상을 상향하기 위한, 자아의 완성과 그 구현을 위한 경쟁, 즉 도인·진인 경쟁, 성불(成佛) 경쟁으로 그 방향과 의미가 성숙되는 셈이다. 이에 이르면 그간 인류 위기로 운위된 전쟁·범죄·질병·빈곤·공해·인간성 상실 등은 자연 모두 해소될 것이다.

　⑦ 세계화와 진정한 이익

　이상에서 세계화의 요체인 경쟁과 협력의 의미가 새로운 인간상과 그 구현방법에 의하여 탈바꿈되려면 우리의 의식에 굳게 자리한 이익관도 바꾸어야 할 것이다. 앞서 이기적 경쟁관계를 순화하기 위해서는 개인 이익은 사회 이익과, 사회 이익은 국가 이익과, 국가 이익은 국제 이익과, 국제 이익은 인류 이익과 그리고 인류 이익은 곧 개개인의 이익과 일치되어야 함을 살펴보았다. 그런데 이들 이익의 등식관계는 평면적 순환론에 빠져 진정한 이익을 정립하기 어렵다.

　이 순환론은 결국 인간이 지향하는 인간상과 연계시켜 파악할 때 극복 가능해진다. 이는 인간 개개인이 종국적으로 추구하는 인간상과 부합되는 이익이 진정한 이익이 되기 때문이다. 이 단계에 이르면 사익과 공익의 구분 자체가 없어지므로 공익과 사익은 차원을 달리 하는 가치라는 주장[83]이나 그간 사익과 공익의 충돌과 그 조화 방안으로 거론되는 다원주의 내지 공화주의[84] 등의 논의거리가 아예 없어짐도 알 수 있다.

　여기에서 우리는 진정한 이익과 바람직한 인간상 그리고 그 구현방편인 이웃사랑·인·이타행·홍익인간 등이 삼위일체로 연

---

83) 박세일, 『대한민국 선진화 전략』(21세기북스, 2006), p.355.
84) 박세일, 『대한민국 선진화 전략』(21세기북스, 2006), pp.354-355.

계되어 있음을 알게 된다. 따라서 세계화의 의의와 이에 부응하는 직업윤리의 정립 문제는 이들 세 가지 중 어느 하나만 명쾌하게 접근하면 그 해답을 얻을 수 있을 것이다. 이들 세 가지 요소 중 비교적 윤리적 성격을 쉽게 파악할 수 있는 측면은 인간의 근본을 구현하는 행위덕목인 이웃사랑·인·이타행·홍익인간 등이라 할 것이다.

　그런데 이들 덕목은 앞서 본 바와 같이 그 연원과 뜻하는 바가 같고 이들 덕목의 연원이 우리의 고유 경전[天符經]에서 삼교의 뿌리를 찾아 종교 간의 다툼을 해소하는 방편이기도 하므로 우리의 고유사상의 본질인 '홍익인간'에 의거 세계화에 부응하는 직업윤리를 파악하기로 한다. 이하에서는 홍익인간의 의의와 그 구체적 실현방법 등을 살펴본다.

(4) 홍익인간과 직업윤리
① 홍익인간의 연원과 내용요지
　'홍익인간'이란『삼국유사』「고조선기(古朝鮮記)」가운데 환웅의 신시건설비기(新市建設秘記)에 나오는 바[85], '널리 인간을 이롭게 한다'는 뜻으로 이 '홍익인간'은 앞서 천부경 중 '인중천지일(사람은 天과 地 즉 陽과 陰, 心과 物, 理와 氣가 합일된 조화체)'이라는 일깨움에 의거 사람은 너나 할 것 없이 모두 소우주로서 지극히 존귀한 존재라는 자각에서 비롯된 것임을 살펴보았다.
　'널리 인간을 이롭게 하라'는 뜻인 홍익인간의 내용 요지를 자의(字意)에 따라 살펴보면 우선 널리[弘]는 공간적으로 넓게[廣],

---

85) 안창범,『民族思想의 源流』(敎文社, 1988), p.146, p.149.

시간적으로 오래[長], 질적으로 좋고[甚], 양적으로 많이[過] 그리고 인간은 천과 지가 합일된 소우주이므로 경천(敬天)하듯이 존중함[尊]을 뜻하고, 이익[益]은 물질적 이익과 정신적 이익을 모두 포함한다.[86]

따라서 홍익인간이란 세계 어느 민족이건 무산자(無産者)이건 유산자(有産者)이건 유능자이건 무능자이건, 건강하건 병약하건, 빈부귀천을 가리지 않고 개인 간이건 단체 간이건 국가 간이건 정치·경제·종교·과학·교육 등 모든 분야에 걸쳐 과거와 현재는 물론 미래까지 물질적·정신적 이익을 널리 함께 나눔을 뜻한다. 이는 무산자 위주의 공산주의와 유산자 중심의 자본주의의 결함을 극복한 사상이자 그간 각 분야에서 주창된 모든 사상을 포용하는 사상인 셈이다.

그리고 진정한 세계화를 지향하는 인간상을 염두에 두고 홍익인간을 '널리 인간을 이롭게 하라'는 뜻으로 풀이하면 이는 지구촌 가족 모두에게 요구되는 보편적 행위규범의 하나인 윤리가 됨을 알 수 있다. 즉 홍익인간은 세계화에 부응하는 인간상에 상응하는 지구촌 가족 모두의 공동윤리인 셈이다. 특히 세계화된 시장경쟁에서 낙오되고 소외된 사람들이 자신의 종족·종교·문화·고향과 같은 과거 본원적 운명 공동체에서 자신의 정체성을 찾으려는 신부족주의 경향과 이로 인한 문화집단 간의 충돌은 홍익인간 사상에 의하여 순치되고 예방될 수 있을 것이다.

앞서 직업의 기능 중 사회적 역할 분담 측면에서 볼 때 세계화

---

86) 안창범, 『民族思想의 源流』(敎文社, 1988), pp.147-148.

시대에는 사회의 개념이 국경을 넘어 지구촌을 뜻하게 되므로 사회적 역할 분담 기능은 결국 지구촌 가족, 즉 세계의 구성원, 인류의 구성원으로서 지구촌 가족 모두에게 봉사하는 기능을 갖게 되므로 내용상 홍익인간하게 됨도 알 수 있다.

달리 말하면 '홍익인간사상'은 세계화에 부응하는 직업윤리인 셈이다. 나아가 세계화가 경제주의 내지 시장주의 일변도로 진행되어 소비자 주권이 침해되거나 환경과 생태가 파괴되고 연소 노동자와 여성 노동자의 권리가 침해되는 등 소위 시장의 비인간화[87]의 위험이 있으나 이는 지구촌 공동의 윤리이자 직업윤리인 홍익인간에 반하므로 예방·해소될 것이다.

존 네이스비트(John Naisbitt)가 '커뮤니케이션의 발전에 따라 인권을 보호하기 위한 세계적인 차원의 새로운 행동규범이 생겨나고 멀지 않아 전 세계의 모든 공동체들은 하나의 보편적 행동준거를 채택하게 될 것'이라거나 '다양한 윤리적·도덕적 기준들이 세계 어느 곳에서나 보편화된다'라고 한 말[88]은 비록 세계화에 부응하는 인간상이나 진정한 이익에 대한 성찰은 없지만 새로운 윤리의 출현이 불가피함을 예견한 것으로 사료된다. 존 네이스비트의 예견과, 앞서 '홍익인간은 세계화에 부응하는 인간상에 상응하는 윤리'라 한 고찰을 대비해 보면 앞으로 요구될 새로운 보편적 행동규범이 무엇이어야 하는가가 자명해질 것이다.

---

87) 박세일, 『대한민국 선진화 전략』(21세기북스, 2006), p.351.
88) 존 네이스비트, 정성호 역, 『글로벌 패러독스』(세계일보사, 1994), p.37, p.225.

② 홍익인간의 구현방법과 직업윤리

널리 인간을 이롭게 하는 홍익인간의 구체적 실현방법은 ①
개인적 구현방법 ② 사회적 구현방법 ③ 국가적 구현방법 ④ 세
계적 구현방법 등을 생각할 수 있다. 이들 방법은 상호 밀접한 연
관 하에 서로 하나로 통하고 있지만 구분의 편의상 특성을 중심
으로 살펴본다.

첫째, 개인적 구현방법으로는 개개인이 보다 완벽하게 홍익인
간 할 수 있는 인격체 내지 인간상으로 거듭 성숙되어야 함을 뜻
하는 바, 우리의 고유사상에 의하면 삼일신고(三一神誥) 중 진리
훈(眞理訓)에 그 구체적 방법이 설명되어 있다. 그 요지는 '지감
(止感)·조식(調息)·금촉(禁觸)하여 심평(心平)·기화(氣和)·신강
(身康)한 즉 통성(通性)·지명(知命)·보정(保精)하여 합덕(合德)·
합혜(合慧)·합력(合力)하면 누구나 진인(眞人)이 될 수 있다'[89)]
함이니 보다 완성된 인격체로 거듭 나아가기 위한 구체적 수행방
법을 일깨운 것이다. 이는 달리 말하면 자아를 완성하는 방법이
자 자아를 실현하는 방법을 일깨움이어서 아홉 종류의 인간상을
염두에 두건대 상위의 인간상 성취에 대한 희망과 열정을 이끌어
낸다.

참고로 『대학』 혈구장의 내용 중 '윗사람에게 당하여 싫은 것
으로 아랫사람을 부리지 말며, 아랫사람에게 당하여 싫은 것으로
윗사람을 섬기지 말며, 앞사람에게 당하여 싫은 것으로 뒷사람
앞서 하지 말며, 뒷사람에게 당하여 싫은 것으로 앞사람 뒤에서

---

89) 金東春, 『천부경과 단군사화』(가나출판사, 1986), p.33.

하지 말며, 오른쪽 사람에게 당하여 싫은 것으로 왼쪽 사람과 사귀지 말며, 왼쪽 사람에게 당하여 싫은 것으로 오른쪽 사람과 사귀지 말지니'라고 한바가 홍익인간을 가장 뚜렷하고 알기 쉽게 일깨우고 있다는 견해[90]가 있으나 『대학』 혈구장의 내용은 홍익인간의 내용을 소극적 측면에서 파악한 극히 제한적 해석에 불과하므로 이를 일러 홍익인간을 뚜렷하게 일깨우는 내용이라고 할 수 없다.

홍익인간 하는 구체적 실현방법으로 『화엄경』 「보현행원품」의 내용 중 "모든 공양 가운데 법공양이 가장 으뜸 되나니 이른바…중생을 이롭게 하는 공양이며, 중생을 섭수하는 공양이며, 중생의 고를 대신 받는 공양이며,…일체 중생들의 짓는 공덕을 내지 한 티끌만한 것이라도 모두 함께 기뻐하며…중생들을 내가 다 수순하여 가지가지로 받아 섬기어 가지가지로 공양하기를 부모와 같이 공경하며 스승이나 아라한이나 내지 부처님과 조금도 다름없이 받들되, 병든 이에게는 어진 의원이 되고 길 잃은 이에게는 바른 길을 가리키고 어두운 밤중에는 광명이 되고 가난한 이에게는 보배를 얻게 하나니 보살이 이와 같이 평등히 일체 중생을 이익하게 하는 것이니라… 모든 중생이 그 지어 쌓은 모든 악업으로 인하여 얻게 되는 일체의 극중한 고보(苦報)를 내가 대신 받아서 저 중생으로 하여금 모두 해탈케 하여 마침내 무상보리를 성취케 하는 것이니라…"[91]라고 한 바가 보다 적극적이고 대승적이어서 홍익인간의 본지에 더 부합할 것이다.

---

90) 권태훈, 『천부경의 비밀과 백두산족 문화』, pp.63-65.
91) 광덕 편역, 『보현행원품』(경남 합천해인총림 1971)의 번역내용에 의함.

둘째로 사회적 구현방법으로서는 각양각색의 다양한 방법이 열거될 수 있으나 개개인이 사회의 구성원으로 그 나름의 역할을 분담한다는 점에 착안할 때 직업생활을 통한 구현방법이 가장 보편적인 방법이 될 것 같다. 앞서 살펴본 바와 같이 직업이 갖는 세 가지 기능 즉 ① 호구지책 ② 사회적 역할 분담 ③ 자아실현 측면에서 볼 때 홍익인간에 입각하여 자신의 직업활동을 영위한다면 이는 ① 인간의 근본인 인중천지일(人中天地一)[體]에 부합하는 활동[用]이 되므로 체용불이(體用不二)를 이루어 은연중 자아를 완성하고 실현하는 가장 이상적인 방법이 됨을 알 수 있다. 이와 같은 접근은 『금강경』 제23분 정심행선(淨心行善) 중 '以無我無人無衆生無壽者 修一切善法 卽得阿耨多羅三藐三菩提'와 상응한다. 이 구절의 내용 요지는 '사상(四相)을 여의고 모든 선법을 실천하면 곧 성불(成佛)한다'로 풀이되는바, 이는 '인간의 근본인 인중천지일(人中天地一)에 부합하는 활동을 하면 은연중 자아를 완성하게 된다'는 본고의 내용과 다르지 않다.92)

소천선사의 해설에 의하면 『금강경』의 위 내용은 "부처님께서 최상승의 수행법으로 보이신 것인데 여기서 일체선법이란 용적(用的), 체적(體的)으로 나눌 수 있다. '체적이라면 관심(觀心)하는 일법(一法)이 모든 행(行)을 갈무린다' 한 이 관심법이 그것일 거니 이 마음을 어떻게 관찰할 것인가? 이 법이 평등하여 모든 하

---

92) '세속의 업무(職業)는 종교적 수행이고 그것을 一心不亂하게 행하면 성불할 수 있다는 생각이 일본인에게 예전부터 있었다'[마키노 노보루 지음, 손세일 옮김, 『제조업은 영원하다』(청계연구소, 1991), p.188]는 말도 위와 맥락을 같이 한다. 일본인들의 이 직업관은 『금강경』 제23분 중 위에 인용한 구절에 근거하고 있음도 쉬이 알 수 있다.

늘에 대하여 더함이 없고, 일체 중생에 처하여 덜함이 없으며, 성(聖)에게 있어 늚이 없으며, 어리석은 이에 있어 줆이 없고, 예와 지금에 다름이 없고, 멀고 가까움도 없고, 옳고 그름도 없고, 남자와 여자도 없고, 귀(貴)와 천(賤)도 없어서 오직 일심(一心)임을 관함이 그것이다.

만일 용적(用的)이라면 모든 중생이 맡은바 직업과 책임이 그것이 된다. 그래서 각기 맡은 직업행동은 곧 수행법이요, 직장은 곧 수도장인 것이다. 불교의 용어를 사용하자면 직업행동은 곧 불사(佛事)행동이다. 이 법계는 그대로 불신(佛身)이요, 모든 법은 그대로 불법(佛法)이요, 모든 일은 그대로 불사(佛事)인 까닭이다. 이렇게 생각하는 것이 바로 본 불교사상이다. 전 국민이 각기 직장에 있어 상하귀천이 대법계를 도량으로 삼아 자기에게 맡겨진 바를 충실히 이행하게 되면 이는 무상대도(無上大道)를 닦는 대수행인이 되는 것을 알아야 한다.

이 같은 깨달음에서 볼 때 자기의 맡은바 직책에 충실함이 일체 선법을 닦음이 되는 것이니 이 법이 평등한 까닭이다. 평등한 까닭에 직업에 있어 귀천이 없다. 어떤 미천한 직업이라도 일체적으로 선법이 되는 것이다. 공기를 호흡하는 모든 미물곤충에게 그 호흡되는 공기는 평등히 대자연의 공기인 것같이 미물 곤충도 대자연의 전체의 공기를 자기 것으로 하여 호흡하는 것을 알아야 한다. 왜냐? 이 공기는 평등하여 대소(大小)와 고하(高下)를 가리지 않고 미물곤충에게까지 자기 것이 되어 주는 것이다.

이같이 전 국민이 자기 직업으로서 전체적 선법임을 각득(覺得)하여 충실한 수도행을 해야 한다. 이러한 선법을 수행함이야말로 최고 최상의 대수행법인 것이다"[93]라고 한 바로 미루어 홍익인간 이념에 입각하여 자신의 직업활동을 영위하면 이는 자아의 완성이자 사회적 기여에 충실한 역할 분담이 됨을 알 수 있다.

그리고 ② 홍익인간에 입각한 정직·성실·근면한 직업활동은 사회적 역할 분담이자 소비자 지향적 사회봉사가 되어 사회 이익이 되고 이는 곧 국가 이익이자 국제 이익, 나아가 인류 이익과 부합됨을 알 수 있다. 달리 말하면 홍익인간에 입각한 직업활동은 홍익인간의 개인적 구현방법이자 사회적 구현방법이며 국가적 구현방법이자 세계화된 지구촌을 염두에 둘 때 국제적 구현방법인 셈이다. 즉 홍익인간은 세계화에 부응하는 인간상의 직업활동에 요구되는 행위준거, 즉 직업윤리가 됨을 뜻한다.

다음으로 ③ 근로자이건 사용자이건 자신의 직업활동이 홍익인간에 입각하여 영위된다면 이는 인류 이익과 부합되고 이는 곧 자신의 이익이 되므로 자신의 의식주 등 호구지책은 자연스럽게 강구된다 할 것이다. 또한 진정한 의미의 이익을 추구하는 세계화에 부응하는 인간상의 구체적 설정 및 실현이 자연히 이루어지는 셈이어서 앞서 살펴본 홍익인간의 개인적 구현방법과도 상통된다. 이와 같이 홍익인간의 사회적 구현방법을 직업활동 측면에서 볼 때 홍익인간은 자신의 이익을 추구하는 자기 본위의 직업관이자 인류 전체의 이익을 추구하는 전체주의적 직업관이며 또한 자아실현적 직업관이 되는 셈이다.

이는 그간 직업관의 변천을 고찰하면서 시대적 여건과 사상에

---

93) 신소천, 『韶天禪師文集 I』(불광출판부, 1993), p.389.

따라 전통사회는 전체주의적 직업관이, 자본주의 사회에서는 자아실현적 직업관이, 후기 산업사회에 이르러서는 개인적 직업관이 풍미하던 것과는 달리 홍익인간사상 하에서는 이들 직업관이 모두 하나로 상통됨은 물론 직업의 기능 또한 완벽하게 성취됨을 알 수 있다. 따라서 각각의 직업관에 상응한 직업윤리도 홍익인간사상 하에서는 서로 상통하는 하나의 직업윤리로 귀결된다 할 것이다. '홍익인간'은 그간의 각각의 직업관과 직업윤리의 결함이 온전하게 보완된 새로운 직업관이자 직업윤리이며 세계화에 부응하는 직업관이자 직업윤리인 셈이다.

나아가 사용자건 근로자건 홍익인간 이념이 직업윤리로 정착되면 노사대립과 갈등의 원인인 노사 각각의 사익(私益)이 홍익에 용해되어 노사 간 대립갈등 요인이 해소되는 이점이 있다. 즉 노사가 홍익(弘益)하는 노사 합작(合作)의 사명공동체[94]로서 세계화에 부응하는 새로운 노사관계가 정착될 전망이다.

다음으로 홍익인간의 국가적·세계적 구현방법은 본 연구의 주제는 아니나 착안사항을 간략히 언급하기로 한다. 홍익인간의 국가적 구현방법으로는 ① 홍익인간의 연원과 세계화를 선도할 새로운 사상 내지 직업관으로서의 기능 그리고 새로운 인간상과 진정한 이익 등을 범국가적으로 일깨우는 정신교육 및 이를 통한 민족적 자긍심 회복 ② 국가의 법령과 제도를 홍익인간사상에 부합하도록 재정비, 특히 ③ 빈부격차 해소 및 생활 무능력자의 복지를 둘러싼 공산주의·자본주의 사상의 대립과 이들 사상의

---

94) 박세일, 『대한민국 선진화 전략』(21세기북스, 2006), p.317.

결함을 홍익인간사상으로 극복하는 방안의 강구 등에 착안하여
야 할 것 같다. 위 착안사항 중 세 번째 항목에 대하여 좀 더 언
급하기로 한다.

자본주의의 특징은 단적으로 '부익부 빈익빈'으로 설명된다.
이는 무산자(無産者)에 대한 대책이 미흡함을 뜻한다. 그 해결책
으로 공산주의는 '유산자(有産者)의 제거와 무산자(無産者)의 독
재'를 주창하나 공산국가는 무산자의 빈곤마저도 해결하지 못하
고 있다. 아무튼 이들 두 사상은 유산자와 무산자 모두의 삶을 조
화롭게 보장하지 못하는 사상이다. 즉 홍익인간에 아직 도달하지
못한 불완전한 사상이다. 이는 '인중천지일(人中天地一)'을 모르
고 제각기 유심론(唯心論)과 유물론(唯物論)에 집착하기 때문으로
사료된다.

이에 인간 존재의 초월적 특성인 인중천지일(人中天地一)의 관
점에서 인간 존재가 물심조화체이자 물심불이체임에 착안하여
물심불이론(物心不二論)에 입각한 활공사상(活功思想)[95]이 50여
년 전에 제기되었다. 이는 물론 '인중천지일(人中天地一)'에 부합
되는 홍익인간하는 방법론으로서 그 내용 요지는 유능자(有能者,
有産者 : 개인이나 국가)로 하여금 자신의 천부의 능력을 최대한
발휘하여 산출된 유형·무형의 재화[物]를 무능자(無能者, 無産者 :
개인이나 국가)의 물적 생활향상에 베풀도록 하고 무능자는 그 반
대급부로 유능자에게 이를 감사하는 마음의 표현인 '존경[心]'을
표하여 유능자로 하여금 명예욕을 충족시켜 주는 우대책을 법제

---

95) 상세는 신소천, 『소천선사 문집Ⅱ』 중 「활공원론」 참조.

화하자는 것이다. 즉 유능자[유산자]와 무능자[무산자] 간에 재화[物]와 존경[心]의 교류를 법제화하여 유능[산]자 무능[산]자를 물심불이체로 조화롭게 엮어 빈부 간에 대립 갈등 없는 사회를 창출해 내자는 사상이다.

그간 국가 사회의 건전한 발전을 위하여 착한 행동을 널리 권하고 악한 행위는 규제하는 권선징악을 표방해온바, 악한 행위를 규제하기 위해서는 각종 형사법령을 정비하여 엄정 대처하고 있으나 착한 행동을 널리 권장하는 일은 도덕에 방치하고 있어 마치 수레의 두 바퀴가 균형이 맞지 않아 제대로 굴러가지 않는 형국이다. 국가 사회는 형사법이 엄정하나 행정력의 미흡으로 악한 행위는 날로 치성하고 착한 행동은 이를 제도적으로 뒷받침하지 않아 날로 착한 행동을 찾아보기 어렵게 된 현실을 타개하기 위해서는 착한 행동을 한 사람 즉 홍익인간 하는 사람은 홍익인간 하는 정도에 상응하는 상(賞)을 주어 더욱 북돋우는 법령을 제정하여 악행의 규제와 선행의 활성화를 병행하자 함이다.

이는 인간 개개가 물심불이체(物心不二體)이므로 국가 구성원인 국민[有·無産者] 간 그리고 사람의 조직체인 국가[富國·貧國] 간에도 물(物, 財貨)과 심(心, 尊敬)이 불이(不二)를 이루도록 함으로써 유산자와 무산자·부국과 빈국 모두 갈등 요인 없이 함께 평화롭게 잘 살게 하는 제도이다. 즉 홍익인간사상의 국가적 구현방법이자 사상전(思想戰)을 실질적으로 종식시킬 세계적 구현방법이기도 하다.96)

---

96) 拙著, 『정도령과 정도령』(해조음, 2002), p.130 이하 '새로운 사상' 참조.

다음으로 홍익인간의 세계적 구현방법으로는 동서공화(東西共和)에서 이미 살펴보았듯이 동서양인은 제각기 체질적 특성에 따른 장점을 갖고 있고 세계 각 민족들 또한 제 나름의 장기(長技)를 가지고 있다. 이 장기와 장점을 동서양의 각 국가가 잘 살려내면 이것이 곧 지구촌 가족 모두를 이롭게 하는 것이 되고 이 장기를 중심으로 한 새로운 국제분업이 이루어지게 된다. 이 새로운 국제분업은 마치 한 국가 내의 다양한 분업과 마찬가지로 상호협력이 그 바탕을 이루게 되므로 이는 곧 세계화의 요체인 '협력'에 부응하는 것이어서 홍익인간의 세계적 구현이 이루어지게 된다.

새로운 세계 무역질서 구축을 위한 WTO의 출범도 이 홍익인간 차원에서 추진된다면 개방과 무한경쟁은 새롭고 광범위한 세계적 분업과 지구촌 가족 모두의 상호협력으로 그 방향이 선회되어 분쟁 없는 교역으로 홍익인간하게 될 것이다. 이는 앞서 언급한 활공사상에 입각한 새로운 제도를 국가 간에 도입하는 것과 상통되는 방법이기도 하다.

'가장 한국적인 것이 가장 세계적인 것'[97])이라거나 '김치·간장·두부·불고기·젓갈·콩나물·온돌 같은 한국 고유의 생활문화가 세계적인 확대와 각광을 받고 있다'[98])거나 '한국 사람만의 음식문화인 발효문화는 세계화에 한국만이 이바지할 수 있는 호재로써 경제적 이득을 취할 수 있는 소득원'[99])이라거나 '공존공

---

97) '전통을 살리는 게 세계화의 첫걸음' 題下의 「동남일보」 제1214호(1995. 1. 1), 제21면.
98) 'WTO와 兵法' 題下의 「조선일보」 제22904호(1995. 1. 4), 제5면 이규태 코너.
99) '간장, 된장, 고추장의 아미노산 맛' 題下의 「주간조선」 제1337호(1995. 1.

212

영의 정신이 만국공통의 언어요, 이웃사랑과 공존공영의 정신을 키우는 일이야말로 국제화[세계화]의 근간'[100])이라 함은 그간 논의된 동서공화와 새로운 국제분업 그리고 이에 부응하는 세계화와 홍익인간, 나아가 WTO의 바람직한 방향과 대응전략 등에 대하여 시사하는 바 크다 할 것이다.

그리고 근간에 유통업계 전반에 걸쳐 전개되고 있는 가격파괴운동[101])도 주목할 만한 사안이다. 유통업계가 이윤증대를 위해서는 상품을 많이 판매해야 하고 많이 판매하기 위해서는 자연히 소비자 지향적[102])이어야 하며 유통업체가 취할 수 있는 소비자 지향적 방안의 하나가 가격파괴운동인바, 이 소비자 지향적인 가격파괴운동은 이타적 행위 즉 홍익인간하는 행위이고 이 이타적 가격파괴운동은 결국 유통업체의 이윤증대로 귀결되므로 홍익인간하는 이타적 행위가 곧 이기적 결과로 이어짐을 알 수 있다.

또한 '이익을 좇으면 이익을 놓친다. 그러나 고객을 좇으면 이익이 따라온다'거나 '널리 인간(종업원과 소비자)에게 이익이 되는 경영을 해야 한다'는 말[103])이 시사하듯 경쟁 체제하에 있는 생산 주체는 이기적 이윤증대를 위해서는 소비자 지향적인 고품질·저가격의 생산활동을 전개하지 않을 수 없는바, 여기에서 홍익인간하는 이타적인 소비자 지향적 생산활동이 곧 이기적인 이

12), 제60면.

100) '세계 92개국 누빈 악바리 수출꾼─코오롱그룹 기조실 임영호 이사─' 題下의 「주간조선」 제1306호(1994. 6. 2), 제66면.

101) '책 가격파괴 논란' 題下의 「조선일보」 제22906호(1995. 1. 6), 제11면.

102) 존 네이스비트, 주 88)의 책, p.92.

103) '홍익인간에 기초한 경영학 제시' 題下의 「조선일보」 제22914호(1995. 1. 14), 제16면.

윤중대가 됨을 알 수 있다. 이 사실을 깨달으면 생산활동뿐 아니라 앞서 본 유통업계 등 모든 영역에서 소비자 지향적인 활동, 즉 이타적인 홍익인간적 직업윤리가 활성화될 것이다.

　이상의 사례를 종합해보건대 널리 이롭게 하고자 하는 소비자의 범위를 넓게 잡으면 넓게 잡을수록 이에 비례하여 이기적 이윤이 증대됨을 알 수 있다. 이로 미루어 무한경쟁에서 살아남는 일류화의 아이디어는 보다 완벽하게 홍익인간하려는 마음에서 창출될 수 있고 홍익인간한 즉 일체화는 자연 성취되는 바여서 세계화의 요체인 경쟁과 협력은 이 홍익인간사상에 의하여 완벽하게 조화를 이루게 됨도 알 수 있다.

　국가 정책의 입안이나 집행 또한 마찬가지이다. 고도의 윤리성과 도덕성이 요구되는 공직자의 직업윤리도 응당 홍익인간이어야 함도 재론을 요하지 않는다.

　여기에서 우리는 발상의 대전환을 절감하게 된다. 개인이건, 기업이건, 국가건 지금까지 이기적 발상으로 아이디어를 찾던 타성을 과감히 버리고 이타적 홍익인간 차원으로 발상을 전환하자는 것이다. 똑같이 자신의 이익으로 귀결되는 결과를 추구하기 위하여 이기적 다툼으로 출발하여 분쟁과 혼란 등 현대위기를 유발시키는 것보다는 이타적 홍익인간 차원의 발상에서 출발하면 분쟁의 소지가 없어 아이디어 창출에 따른 고뇌나 스트레스도 예방되는 이점이 있기 때문이다.

　세계화에 즈음한 발상의 대전환을 이끌어 내는 데도 홍익인간사상이 크게 기여할 수 있음을 깨닫게 하는 사안들이 계속 창출되고 있음도 토인비나 게오르규의 예견을 뒷받침하는 바라 할 것이다.

5. 결론

  인류는 제 나름의 생존을 위한 기본 욕망을 혼자서보다는 더불어 상호협조하에 추구·충족하는 것이 경제적이고 효율적임을 알아 자연히 사회를 형성하게 되었다. 이 사회가 씨족·부족 나아가 국가적 규모로 발전되었으며 오늘날은 세계화를 지향할 만큼 세계도 하나의 촌락으로 인식될 정도로 사회의 규모는 확대되고 있다. 그리고 인류의 생활공간은 우주에까지 눈을 돌려 외계로 끝없이 확장하고 있다. 그러나 인류의 내면은 자기 본위의 욕망 충족욕구로 소아적 이기심만 거듭 증장된 나머지 더불어 이(利)를 나누며 평화롭게 살고자 하는 여유를 점점 잃고 날로 좁아져서 개인 간·집단 간·국가 간에 걸쳐 이기심의 충돌로 전쟁·범죄·빈곤·질병·공해·생태계 파괴·인간성 상실 등등의 병폐가 만연되어 인류는 공멸의 위기를 맞고 있다.

  생존을 위한 노력이 공멸로 치닫게 된 원인의 근저인 이기심의 극복 없이는 인류위기는 결코 해소될 수 없다. 그럼에도 불구하고 이마저 이기심의 발로로 숨기거나 간과한 채 내일을 기약할 수 없는 불안하고 불확실한 몸부림이 정책이나 문화 또는 진리 등의 이름으로 미화되어 정치·경제·교육·과학·종교 등 모든 영역에 걸쳐 확산되고 있다.

  인류가 원시사회로부터 세계화를 지향하는 오늘에 이르기까지 오랜 역사란 것도 냉철히 살펴보면 생존을 위한 기본 욕망 다섯 가지를 충족하기 위한 몸부림이요, 이들 몸부림의 충돌과 새로운 충돌을 준비하는 휴식에 불과하다. 평화로운 시대란 것도 충돌 이후의 휴식 내지 새로운 충돌을 준비하는 기간에 불과하였다. 그리고 사회의 규모가 커질수록 이에 비례하여 전쟁의 규모도 확대되었고 이에 상응한 범죄·질병·빈곤 또한 그 규모는 확대되고 확산되어 왔다. 이제 세계화에 즈음하여 소아적 이기심을 간과하거나 은폐한 채 인류의 삶을 종래와 같이 이기심이 계속 증대되도록 그 나름의 관성에 내맡긴다면 분명 전쟁의 규모는 더욱 커지고 이에 상응하는 위기상황 또한 증폭되어 인류의 공멸은 가속적으로 재촉될 것은 명약관화하다.

그럼에도 불구하고 세계 각국은 세계화를 지향하는 오늘에 이르러서도 인류의 공멸을 가속화하는 위기의 원인과 해결방안을 찾지 못한 채 계속 표류하고 있다. 어떻게 하면 이 위기를 극복하여 우리 모두 진정한 지구촌 가족으로서 평화로운 삶을 영위할 것인가가 세계 각국 그리고 인류 모두의 당면과제이다. 이 위기 상황을 극복하기 위해서는 부단히 자기 본위로 이익을 추구하려는 이기심의 지향 방향을 전환하는 것이 급선무이다. 이 근본문제에 대한 성찰 없이 세계화가 추진된다면 '경쟁과 협력'은 종래의 관성대로 경쟁만 치열해지고 협력은 구두선에 불과하여 인류 위기상황은 가속될 것이다. 본고는 이 근본문제에 대한 성찰을 촉구하고자 시도된 것이다.

오욕 충족을 자기 본위로 추구하는 이기심의 방향을 전환하려면 진정한 이익에 대한 성찰과 오욕지향적 삶의 의의와 오욕지양적 인간상에 대한 일깨움이 선행되어야 하고 나아가 진정한 이익과 바람직한 인간상을 추구하도록 이끄는 새로운 사상과 이를 생활 속에 구현하는 제도가 뒷받침되어야 한다. 이런 맥락과 관점에 입각하여 진정한 이익과 바람직한 인간상 그리고 이를 추구하도록 이끌 새로운 사상과 그 구현방법을 살펴본 결과 이들 문제는 인간의 근본에 대한 올바른 일깨움에서 비롯될 수 있고 인간의 근본은 우리의 고유경전인 천부경을 통해 '인중천지일(人中天地一)'임을 알게 되었다.

그리고 인간의 근본인 '인중천지일'[또는 이 人中天地一의 性인 '正과 眞']을 어느 정도 올바르게 깨닫고 이에 입각한 삶을 영위하느냐, 달리 말하면 얼마나 홍익인간 하느냐에 따라 사람은 아홉 종류로 구분되고, 이 분류기준에 의하면 그간 인류의 삶은 금수인간 내지 학자 지향적이어서 전쟁·범죄·질병·빈곤·공해·인간성 상실 등등의 현대위기를 조장하였음도 알게 되었다. 세계화에 즈음하여 이와 같은 위기상황을 극복하려면 이기적 오욕 충족을 지양하는 인간상을 설정하고 그 인간상을 성취하려는 인생관의 정립과 그 구현이 요구됨을 알게 되었다.

이 일깨움에 입각하여 살펴본 결과 바람직한 인간상은 철인(哲人)에서부터 진인(眞人)에 이르는 인간상으로 밝혀졌고 이 바람직한 인간상은 인간의 근본인 '인중천지일(人中天地一)'의 자연스러운 발로인 '홍익인간'을 생활 속에 구현함으로써 성취될 수 있음도 알게 되었다. 그리고 진정한 이익은 바람직한 인간상을 추구·성취할 수 있는 덕목이자 방편인 '홍익인간'과 직결된 것이어야 함도 밝혀졌고 진정한 이익과 바람직한 인간상을 추구하도록 이끌 새로운 사상 또한 '홍익인간'임을 알게 되었다.

다음으로 홍익인간을 생활 속에 구현하는 방법으로는 개인적·

사회적·국가적·세계적 방법 등이 있으나 본 연구주제에 직결된 방법으로서는 '직업의 기능'과 연계하여 세계화의 요체인 '경쟁과 협력'에 부응하는 새로운 직업관과 직업윤리를 정립하는 것이 득책(得策)으로 사료되어 이를 살펴본 결과 새로운 직업관은 새로운 인생관에서 비롯될 수 있고 새로운 인생관은 인간의 근본에 바탕을 둔 바람직한 인간상을 추구·실현하는 것이어야 함을 알았다. 즉 새로운 인생관은 인중천지일(人中天地一)에 기초한 바람직한 인간상을 지향하는 홍익인간이어야 하고 새로운 인생관에 입각한 새로운 직업관 역시 홍익인간이어야 하며 새로운 직업관에 부응하는 직업윤리 또한 홍익인간임을 알게 되었다.

그리고 홍익인간은 직업의 기능인 생계수단·사회적 역할 분담·자아실현 모두를 완수시켜주는 방편이자 이들 기능에 상응하는 이기적 직업관·전체주의적 직업관·자아실현적 직업관과 이들 직업관에 상응하는 직업윤리 모두를 포용하는 총체적 직업관이자 직업윤리임을 알게 되었다. 이에 이르러 종래 사회적·사상적 변천에 따라 전개된 직업관과 직업윤리가 직업의 기능 중 일부분에 집착한 불완전한 것이었음이 명확하여졌고 이들 직업관이나 직업윤리는 그 바탕이 되는 인생관이나 인간상 내지 인간의 근본에 대한 성찰 또한 결여된 것이어서 뿌리 없는 가치관임도 밝혀졌다.

종래의 직업관과 직업윤리의 결함을 모두 극복한 '홍익인간'은 인간의 근본을 제대로 알지 못함에서 비롯된 공산주의·자본주의 사상의 결함을 또한 극복해주는 새로운 사상임은 물론 각종 종교의 기본교리인 '이웃사랑', '인', '이타행' 등과 그 연원 및 내용을 같이하는 바여서 그간 사상과 종교를 달리하여 두껍게 형성된 동서 간·민족 간·국가 간·종교 간의 장벽을 모두 뛰어넘어 지구촌 가족 모두에게 두루 통하는 사상이자 윤리이며 직업관이자 직업윤리가 될 수 있음도 알게 되었다. 이는 달리 말하면 '홍익인간'이야말로 세계화에 가장 잘 부합하는 새로운 사상이며 새로운 직업관이자 새로운 직업윤리라 함이다. 여기에서 우리는 게오르규가 '21세기 태평양 시대를 지배할 사상이 홍익인간이라 함'이 허언이나 과장된 말이 아님을 알 수 있게 된다.

'앞으로 세계 인류는 지금까지처럼 군사 강대국의 무력에 의해서가 아니라, 고도의 윤리와 도덕성에 의해 인도될 것'[104]이라거나 '도덕적·이념적 지도 역량과 경제적 시혜(施惠) 능력이 국제사회에서 한 나라가 차지하는 지위를 정하게 될 것'[105]이어서 '우리나라는 앞으로 도덕의 힘으로 전 세계와 모든 인류의 종주국으로 떠오를 것'[106]이라 함도 토인비나 게오르규의 예견과 상통된다.

그리고 정부가 세계화의 공식 영문표기를 종래 'Globalization'에서 우리말 발음대로 'Segyehwa'로 바꾸기로 한 이유인즉, 'Globalization은 세계를 하나의 시장으로 보는 경제학적 개념으로 한정되어 이해되는 경향이 있으나 우리나라가 추구하는 세계화는 단순한 경제개방정책이 아니라 정치·경제·사회·문화 등 모든 면에서 선진국 수준에 도달하기 위한 총체적 국가전략으로 한

---

104) 손석우, 『터』(답게, 1993), p.81.
105) 이상우, 주 21) 참조.
106) 손석우, 『터』(답게, 1993), pp.200-202.

국 고유의 개념'이므로 이런 고유개념을 정확히 해외에 전달하기 위해서 한국 발음대로 'Segyehwa'로 표기하기로 한 것이라고 한다.107)

이에 우리나라는 세계 10대 교역국으로서의 자리 매김에 연연한 경제의 세계화에 급급할 것이 아니라 현대위기를 극복하여 지구촌 가족 모두의 행복한 삶과 평화를 가져다줄 정치·경제·교육·종교·과학 등 모든 영역의 세계화에 선도적 역량을 발휘하여야 함을 알아야 하겠다.

이를테면 정치의 세계화는 정치권력의 획득·유지를 위한 제도나 정책개발에 연연할 것이 아니라 홍익인간 할 수 있는 제도나 정책개발에 착안할 때 바람직한 아이디어의 창출이 보다 원활해져서 정치의 선진화와 세계화의 길이 열려 투자친화적 환경의 조성으로 경제발전은 물론 유권자인 국민의 마음을 움직이게 될 것이어서 정치권력을 보다 확실하게 획득할 수 있고 또 안정적으로 유지할 수 있다 함이다. 종래 집권자가 이기적 목적으로 정치권력을 유지하기 위해 전쟁도 마다하지 않은 사실을 염두에 두면 정치영역에서 홍익인간의 발상의 대전환이 절실히 요구됨을 알 수 있을 것이다. 이는 세계 평화 곧 세계화에 기여하는 길임도 명백하다.

근간에 개혁과 세계화의 기치 아래 추진되고 있는 일련의 정치적·경제적 조치들이 그 자체로는 정당한 것임에도 불구하고 일부의 반발로 그 추진이 부진한 것은 발상 자체에 문제가 있기 때

---

107) '세계화 영문표기 Segyehwa'로 題下의 「조선일보」 제22962호(1995. 3. 7), 제3면.

문으로 사료된다. 그간의 일련의 조치가 진정 홍익인간하기 위한 발상이었는지, 혹은 정치적 인기나 정치권력의 안정을 얻기 위한 발상은 아니었던가를 집권층은 스스로에게 물어봐야 할 것이다. 여기서 개혁과 세계화는 그 발상의 근저에 새로운 가치관과 사상이 절실히 요청됨을 알 수 있고 현 정부가 추진하고 있는 개혁의 취약점이 무엇인가도 쉬이 파악할 수 있을 것이다.

아무튼 정치도 소비자 지향적이어야 살아남을 수 있음을 유념하여 정치인도 진정 국민을 위하여 홍익인간적 발상을 익혀 나가야 세계화에 부응할 수 있고 나아가 세계화를 이끌어갈 수 있음을 깊이 새겨야 할 것이다. 경제의 세계화, 교육의 세계화, 과학의 세계화, 종교의 세계화도 정치 영역과 같이 홍익인간적 발상을 그 근저로 하여 구체적 실현방안을 강구하여야 함도 재론을 요하지 않는다. 세계화의 요체인 경쟁과 협력을 완벽하게 조화시킬 수 있는 사상 또한 홍익인간임을 염두에 둘 때 더더욱 그러하다.

인간은 생각하는 존재여서 나름대로의 사상에 따라 행동한다. 세계화를 지향하는 인간의 행동 또한 사상에 좌우된다. 그런데 이제 막 시작된 세계화를 모든 영역에서 선도적으로 이끌 수 있는 사상이 우리 고유의 홍익인간사상임을 알게 되었으니, 이를 널리 교육시킴으로써 민족적 자긍심을 고취·회복시키고 세계화를 올바르게 주도할 성스러운 책무가 우리 민족에게 있음을 외면하지 말고 이에 적극 대처하여야 할 것이다.108)

---

108) 세계화에 관한 논의는 ① 세계화를 한민족 발전에 유익한 역사적 흐름으로 판정하고 이를 최대한 활용하여 ② 세계화 과정에서 우리가 중심 내

그리하여 인도의 시성(詩聖) 타고르가 노래한 '동방의 등불' ―
"일찍이 아시아의 황금시기에/ 빛나던 등불의 하나였던 코리아/
그 등불 다시 한 번 켜지는 날에/ 너는 동방의 밝은 빛이 되리라./
마음에 두려움이 없고/ 머리는 높이 쳐들린 곳/ 지식은 자유스럽
고/ 좁다란 담벽으로 세계가 조각조각 갈라지지 않는 곳/ 진실의
깊은 속에서 말씀이 솟아나는 곳/ 끊임없는 노력이 완성을 향하
여 팔을 벌리는 곳/ 지성의 맑은 흐름이/ 굳어진 습관의 모래벌판
에 길 잃지 않는 곳/ 무한히 퍼져 나가는 생각과 행동으로 우리들
의 마음이 인도되는 곳/ 그러한 자유의 천국으로 내 마음의 조국
코리아여 깨어나소서."― 이 결코 과찬이 아니었음을 후손들에게
떳떳이 얘기할 수 있어야겠다.

이 시각에도 세계 도처에는 종족 간·종교 간의 전쟁[109]이 쉬
지 않고 있다. 종족이 다르다는 이유로, 종교나 사상이 다르다는
이유로 인간이 인간을 죽이고 있으며, 내일의 인류를 생각하지
않고 오늘의 이익을 위하여 공해를 일삼고 있다. 이 위기상황을
극복하기 위해서는 토인비나 게오르규 등의 예언 그리고 앞서 본
고에서 살펴본 바와 같이 우리 고유의 홍익인간사상에 의존하지
않을 수 없음을 자각하게 된다. 이는 실로 민족적 자긍심을 갖게
하는 중대한 발견이 아닐 수 없다. 이러한 자긍심은 무분별한 서

지 주류의 위치에 서서 지구촌 이웃과 더불어 살아가는 진정한 세계인임
을 확인하는 데 있다[이홍구, 앞의 글, p.24]고 한바, 그 까닭을 본고에서
확연히 알 수 있을 것이다.
109) '회교도 4백만 聖戰지지' 題下의 「조선일보」 제22911호(1995. 1. 11) 제3면
에 의하면 방글라데시에서 열리고 있는 세계 이슬람교도 대회에서 '보스
니아', '체첸', '캐시미르' 등에서 현재 싸우고 있는 회교 전사들을 위한
기도가 올려질 정도로 종교전쟁은 진행중이며 앞으로도 계속될 전망임.

구화나 사대주의로 인한 자기 비하를 지양함에 있어 큰 몫을 할 것이며, 한민족으로 하여금 세계화를 선도적으로 이끌 역량을 용솟음치게 할 것이다.

그러나 이 자긍심이 한민족 우월주의나 선민의식으로 변질되어 칭 문명국이라는 강대국처럼 국수주의적 식민지 경략이나 문화침략을 한다면 이는 홍익인간사상에 위반됨을 깊이 새겨야 할 것이다. 홍익인간사상은 21세기를 결코 '지배'할 사상이 아니라 전 인류와 더불어 21세기를 새롭게 '창조'할 사상임을 명확히 하자.

그리고 세계화는 일류화·일체화 외에도 합리화·한국화·인류화 등의 다섯 가지 의미를 갖고 있다고 한바,[110] 세계화는 그 요체인 경쟁과 협력 측면에서 고찰하건대 경쟁 우위를 확보하기 위해서는 일류화를 지향해야 하고 일류화를 위해선 합리화와 한국화가 불가결의 요소이다. 그리고 원만한 협력을 위해서는 세계 인류 모두를 지구촌 가족으로 아끼는 인류화·일체화 또한 불가결의 요소여서 우리나라가 지향하는 세계화야말로 지구촌 가족 모두의 삶에 가장 부합하는 다섯 가지 의미를 충실히 지니고 있다 할 것이다.

그리고 홍익인간사상이 인간의 근본을 밝힌 인중천지일(人中天地一)에 연원하므로 그 합리성은 의심의 여지가 없어 합리화를 추구하는 세계화에 기여할 수 있음은 재론을 요하지 않으며 이 홍익인간사상은 한국 고유의 전통사상이므로 한국화를 추구하는

---

110) '세계화 홍보책자 3종 발간' 題下의 「조선일보」 제22983호(1995. 3. 28) 제4면.

세계화에 기여함은 물론 인류 모두를 이롭게 하자는 사상이므로 인류화·일체화를 지향하는 세계화에 기여하는 사상이어서 세계 어느 사상보다도 완벽한 일류사상임도 명확히 알자. 우리나라가 지향하는 세계화의 다섯 가지 의미가 홍익인간사상의 특성과 합치함을 미루어보아 세계화의 개념 정립 또한 홍익인간 차원에서 이루어진 바라 우리 민족이 홍익인간 할 수 있는 역량이 남다름 또한 익히 알아 세계화에 주도적·선도적 역량이 있음을 자각하기를 바란다.

이에 민족적 자긍심을 갖고 자유무역협정(FTA) 등 세계화에 당당히 임할지언정 신부족주의 내지 지구촌 시장의 낙오자로 오인될 일방적 반대운동은 신중을 기해야 할 것이다.

나아가 '인중천지일(人中天地一)'에서 모든 사람은 똑같이 하늘과 땅의 조화체임을 알게 되면 인간이 모두 평등하다는 절대적 평등 개념의 연원과 의의도 인중천지일을 통해 새롭게 조명할 수 있을 것이다. 또 인중천지일에서 보듯 모든 사람이 소우주적 존재임을 자각할 때 참다운 예의와 염치·인륜과 도덕 또한 그 연원과 내용이 새롭게 정립될 것이다. 그리고 인중천지일에 자리한 이웃사랑·인·이타행·홍익인간 등이 자연스럽게 실천될 때 비로소 진정한 자유를 누릴 수 있음을 알아야 한다.

그간 인류의 영원한 숙제로 여겨지던 진정한 자유와 참다운 평등도 우리의 고유사상에서 그 해답을 얻을 수 있음을 알아 이에 관한 연구가 활성화되기를 바라며, 본 연구가 이에 기여하는 계기가 되었으면 한다.

학송스님

부산중·고교와 서울대학교 법대를 졸업하였다. 창원기능대학 교원을
역임하였으며 수필가, 새생각실천회 회장으로 있다. 소천선사 문하로
출가하여 현재 불영사에서 정진중이다. 저서로 『구종인간(九種人間)』,
『下山 그 다음 이야기』, 『正道令과 鄭道領』, 『아이고 부처님』 등이 있
다.

광덕스님의 반야행원사상과 노동관

김재영 | 동방대 교수, 청보리회 지도법사

광덕스님(光德, 1927-1999)의 반야행원사상은 대승불교사상의
극치로서 평가되고 있다. 여기서 보다 주목되는 것은 스님의 대
승적 행원사상이 고타마붓다에 의해 선포된 초기불교의 근본담
마에 충실하며 그 사상적 정맥을 계승하고 있다는 사실이다. 흔
히 대승사상가들이 초기불교·초기불전을 '소승'으로 폄하함으로
써 대승불교의 우월성을 정당화하는 경향이 있었다는 사실을 상
기할 때, 붓다에게서 사상의 근거를 구하는 스님의 이러한 탐구
정신은 후학들에게 훌륭한 귀감이 될 것으로 생각한다. 따라서
광덕스님의 노동관을 논하는 이 글에서 '붓다의 경제사상·노동
사상'을 먼저 개관하는 것은 매우 자연스런 과정이 될 것이다.

1. 초기불전의 사회복지사상

(1) '장님의 경'

어느 때 세존께서 사밧티의 제타 숲 아나타삔디까 절에 계셨다. 그때 세존께서 말씀하셨다.

"수행자들아, 이 세상에는 세 가지 종류의 사람들이 있구나. 누가 셋인가? 장님, 외눈 가진 사람, 그리고 두 눈 가진 사람이 바로 그들이다.

수행자들아, 장님이란 어떤 종류의 사람인가?

여기 어떤 사람이 아직 모으지 못한 재산을 모을 눈이 없고, 이미 모은 재산을 늘릴 눈이 없다면, 이런 사람은 선한 것과 악한 것을 볼 눈이 없는 것이고, 부끄러운 일과 칭찬받을 만한 일을 볼 눈이 없으며, 미천한 것과 고귀한 것을 볼 눈이 없고, 빛과 어둠을 구분할 눈이 없는 것이다. 이런 사람을 일컬어 '장님'이라 하는 것이다.

수행자들아, 외눈 가진 사람이란 어떤 종류의 사람인가?

여기 어떤 사람이 아직 모으지 못한 재산을 모을 눈이 있고, 이미 모은 재산을 늘릴 눈이 있다고 하자. 그러나 선한 것과 악한 것을 볼 눈이 없다면, 이런 사람을 일컬어 '외눈 가진 사람'이라 하는 것이다.

수행자들아, 두 눈 가진 사람이란 어떤 종류의 사람인가?

여기 어떤 사람이 아직 모으지 못한 재산을 모을 눈이 있고, 이미 모은 재산을 늘릴 눈이 있으며, 그리고 선한 것과 악한 것을 볼 눈이 있고, 부끄러운 일과 칭찬받을 만한 일을 볼 눈이 있으며, 미천한 것과 고귀한 것을 볼 눈이 있고, 빛과 어둠을 구분할 눈이 있다면,

이런 사람을 일컬어 '두 눈 가진 사람'이라 하는 것이다.

　　재산을 가진 것이 없으면서
　　열심히 일하지 않으면
　　불행하게 죽음을 맞이하느니
　　이런 사람이 장님이라네.

　　정의와 불의를 가리지 않고
　　재산을 위하여
　　교묘한 방법과 거짓을 행하며
　　세속적인 명예를 추구하고
　　재산을 모으는 데 영리한 자들
　　이들은 죽어서 지옥에 떨어지느니
　　이런 사람이 외눈 가진 사람이라네.

　　모든 것 가운데 최선은 두 눈 가진 사람이라
　　그는 땀 흘리며 정당하게 벌어서
　　선의로써 흔들림 없이 남에게 베푸느니
　　복된 집에 태어나 슬픔 없음이라
　　부디 그대들은 장님과 외눈에서 벗어나
　　두 눈 가진 사람답게 살아가라."[1]

---

1) AN. Ⅰ. 128 ; tr. F. L. Woodward, M. A. *The Book of The Gradual Sayings*, vol, Ⅰ
　　(P.T.S.), pp.111-112.

(2) 시민적 경제윤리의 확립

불교는 초세속적인 종교이고 무소유(無所有)를 추구하기 때문에 세속적인 경제문제·재부(財富)의 문제에 대해서는 초연하거나 부정적일 것이라는 일반적 예단(豫斷)이 있을지 모른다. 그러나 이러한 예단은 출세간의 상가를 전체 불교도 공동체, parisa로 오해한 데서 연유된 오류일 것이다. '장님의 경'에서 보는 바와 같이 사회적인 종교로서, 사회변혁적인 종교로서 초기불교는 경제활동과 부(富)의 축적에 관해서 깊은 관심을 표명하고 있다. 경제활동에 있어 무능하고 재부를 획득하고 증식시킬 능력이 없는 사람들은 '장님'으로서 가혹하게 폄하되고, 재산도 없고 열심히 일하지 않는 사람은 '불행하게 죽음을 맞이할 것'으로 경고되고 있다. 반면 땀 흘리며 정당하게 벌어서 남에게 베푸는 사람은 '두 눈 가진 사람'으로서 '복된 집에 태어나 슬픔 없을 것'이라고 상찬되고 있다.

여기서 가장 주목되는 것은 불교가 경제활동 그 자체에 관해서 논하기보다는 경제활동의 윤리적 문제, 윤리성(倫理性)을 주된 관심사로 삼고 있다는 사실이다. 그래서 '장님의 경'에서도 선(善)과 악(惡), 정의와 불의를 가리지 않고 교묘한 방법과 거짓을 행하며 부를 축적하는 자들은 '외눈 가진 사람'으로 규정되고 '이들은 죽어서 지옥에 떨어질 것'으로 예단되고 있는 것이다. 이것은 불교경제학이 기본적으로 경제윤리학으로서 시민적 경제윤리의 확립을 그 주제로 추구하고 있다는 사실을 의미하는 것이다.

이와 관련하여 박경준 교수는 그의 학위 논문 『원시불교의 사회·경제사상 연구』에서 이렇게 논하고 있다.

　　원시경전은 세간에 있어서 재산소유·관리·분배 등의 경제행위를 모두 인정하고 있으며, 그 관심은 출세간과 마찬가지로 경제사상의 측면에서가 아니라 경제윤리적 측면에 비중이 있었다. 즉, 원시경전은 정당한 방법으로 재산을 취득하고 그 근면을 통해 사치와 향락에 빠지지 않는 검소한 소비생활을 권장하고 있다. 그러나 이러한 올바른 경제행위를 통한 재산의 증식은, 재산증식 그 자체에 목표가 있는 것이 아니라, 가난한 자에게 시여함으로써 천상에 태어난다는 종교적 기제와 연관되어 있는 것이다.[2]

　　초기불교는 무엇보다 땀 흘려서 정당하게 재화를 축적할 것을 권장하고 있다. 정재(淨財) - 정의로운 재화의 가치를 강조하고 있는 것이다. 따라서 정의로운 재화, 그것에 기초하는 정의로운 생활, 정명(正命, samma ajiva)은 불교가 추구하는 시민적 경제윤리의 핵심적 가치로서, '보다 높은 모든 정신적 성취에 있어 불가결한 기초로서 인식되고 있는 것이다. 이러한 윤리적 기초 없이는 어떤 정신적 발전도 불가능한 것이다.'[3]

　　그런 까닭에 붓다와 초기불교의 주역들은 무기·생명·고기·술·독극물 등의 판매와 같은 많은 사람들에게 해를 끼치는 악한 직업에 종사하거나,[4] 기만·요설·점술·고리대 등 부정하고 불의한

<hr>

2) 박경준, 『원시불교의 사회·경제사상 연구』(동국대학교 대학원 박사학위논문, 1992), p.133.
3) W. Rahula, 전재성 역, 『붓다의 가르침과 팔정도』(한국빠알리성전협회, 2002), p.47.
4) AN. III, 208.

방법으로 재화를 축적하는 것을 경계하고 있다.[5]

정의로운 재화의 축적·정의로운 삶의 방식에 관하여 붓다는 꼴리아인에게 이렇게 설하고 있다.

꼴리아인 : "세존이시여, 지금 여기서 저희들의 이익과 행복이 될 담마를 가르쳐주소서. 그리고 내생에 저희들의 이익과 행복이 될 담마를 가르쳐주소서."

세존 : "4가지 조건이 있어 지금 여기서 사람들의 이익과 행복으로 이끕니다. 4가지란 무엇인가?

노동의 성취·수호의 성취·좋은 벗의 성취·그리고 정의로운 생활입니다.[6]

꼴리아인이여, 노동의 성취란 무엇인가?

경작·교역·목축·궁술 또는 왕의 관리나 수공업 등 어떤 활동으로 생계를 벌든, 능숙하고, 끈기있고, 천성적으로 일하는 방도와 방법을 탐구하는 능력이 있고, 자신의 일을 잘 정리하고 수행할 수 있어야 하는 것, 이것이 노동의 성취라고 불린다.

꼴리아인이여, 수호의 성취란 무엇인가?

어떻게 노동과 열성으로 재화를 벌든, 팔 힘으로 벌고 이마에 땀 흘리며 벌든, 법에 맞게 정의롭게 벌어서는 이것을 잘 보살피고 지키면서, 이렇게 생각한다. '어떻게 하면 나는 왕이 나로부터 이 재산

---

5) MN. Ⅲ, 75.
6) 이것을 각각 ① 노동구족(勞動具足, utthanasampada) ② 수호구족(守護具足, arak khasampada) ③ 선우(善友, kalyanamittata) ④ 정명(正命, samma ajiva)이라고 한다. utthanasampada는 노력구족으로 번역되기도 하나 그것이 생계를 획득하는 신체적인 활동을 전제로 하는 것이기 때문에 노동으로 번역되는 것이 좋을 것이다.

을 가져가지 못하게 할까? 또 도둑들이 훔치지 못하고 불이 태우지 못하고 물이 휩쓸어가지 못하고, 나쁜 상속자가 차지하지 못하게 할까?' 이것이 수호의 성취라고 불린다.…"7)

능숙하고, 능력 있고
노동과 열성으로
팔 힘으로, 이마에 땀 흘리면서—

이렇게 자력으로 법에 맞게 정의롭게 벌고, 이렇게 번 재화는 부당하게 침해받지 않도록 잘 수호하는 것이 초기불교가 이상적인 시민의 삶으로 추구한 정명(正命)의 삶—정의로운 삶이다. 요컨대 노동과 전문성에 입각한 '부(富)의 정의'가 초기불교의 시민적 경제윤리의 지침이 되고 있는 것이다. 따라서 정의로운 재부(財富)에 대한 불법 불의한 침해는, 국가에 의한 것이든 도둑에 의한 것이든 신랄하게 비난받고 가혹한 응징이 경고되고 있다.

『수타니파타』의 'Vasala-Sutta'에서는 이렇게 설하고 있다.

마을뿐 아니라 도시를 파괴하거나 약탈하여
독재자로서 널리 알려진 사람이 있다면
그를 천한 사람으로 아시오.

마을에 있거나 숲에 있거나

---

7) AN. IV. 281 ; tr. E. M. Hare, *The Book of Gradual Sayings*, vol 4(P.T.S.), pp.187-188.

남의 것을 나의 것이라고 하고
주지 않는 것을 빼앗는 사람이 있다면
그를 천한 사람으로 아시오.

사실은 빚이 있으나 돌려달라고 독촉 받더라도
'갚을 빚은 없다'고 발뺌하는 사람이 있다면
그를 천한 사람으로 아시오.

얼마 안 되는 물건을 탐내어 행인을 살해하고
그 물건을 약탈하는 사람이 있다면
그를 천한 사람으로 아시오.8)

정의로운 부(富)의 옹호와 그 수호를 주장하며 이것에 대한 침
해를 단죄하는 초기불교의 엄중한 태도가 여기서 명료하게 드러
나고 있다. 실제로 도둑·사기·약탈 등 주어지지 않는 사유재산
에 대한 침해는9) 5계와 4바라이·10선업·8정도의 정업(正業,
samma kammanta)10) 등의 규제에 의하여 그 설 자리를 완전히 박
탈당하고 있다. '다른 사람의 재산을 탐내거나 사유재산에 대한

---

8) Sn. 118-121.
9) '주어지지 않는 것을 훔치는 것'에는 다음 5가지 행위가 포함된다. ① 도둑
질로 남의 것을 몰래 훔치는 것. ② 강도질로 위협이나 폭력으로 다른 사람
의 소유를 빼앗는 것. ③ 소매치기 ④ 사기행위로 남의 소유를 자신의 것이
라고 주장하여 탈취하는 것. ⑤ 속임수를 쓰는 것으로 잘못된 저울이나 계량
기를 써서 이득을 취하는 것 ; W. Rahula, 전재성 역, 『붓다의 가르침과 팔정
도』(한국빠알리성전협회, 2002), p.100.
10) 정업에는 다음 세 가지가 포함된다. ① 생명을 죽이지 말 것. ② 주어지지
않는 것을 취하지 말 것. ③ 사음하지 말 것 ; W. Rahula, 전재성 역, 『붓다
의 가르침과 팔정도』(한국빠알리성전협회, 2002), p.99.

권리를 침해하는 모든 사람에게 상가의 문은 견고하게 폐쇄되었다.'11) 출가가 허용되지 않는 것이다. 노비는 주인이 그에 대한 사유재산권을 포기해야 입문이 허용되고,12) 채무자는 상가 입문이 원천적으로 금지되었다.13) 이것은 '초기불교가 사유재산을 불가침의 신성한 것으로 선언하고 있다'는14) 사실을 입증하는 것이다.

정의로운 부(富), 곧 사유재산권에 대한 초기불교의 이러한 엄중한 수호 의지는 시대적 상황과 긴밀히 관련되어 있는 것으로 분석되고 있다. 기원전 7~5세기 북동 인도 사회에서는 개인주의가 시대정신으로서 추구되는 한편으로 왜곡된 개인주의·이기주의적 탐욕에 의하여 사회 자체의 존립이 위협당하고 있었다. 이런 사회적·윤리적 위기상황에서, 초기불교의 주역들은 사상적으로 무아(無我)의 담마, 곧 비(非)이기주의의 사회적 실천을 선포하면서, 경제적으로는 사유재산권의 불가침을 통하여 '부(富)의 정의'를 추구하고 있었다. 이것은 기본적으로 초기불교의 주역들이 사유재산의 정당한 수호가 정의로운 개인주의의 확립에 필수적인 조건임을 인식하고, '민중들의 모든 고통에 대한 처방으로서 적극적이고 합리적이며 사회지향적인 개인주의(the positive, rational and social-orientied individualism)를 진전시켰음이 분명하기'15) 때문인 것이다.

---

11) Upreti, *The Early Buddhist World Outlook in Historical Perspective*(Ajar Kumar Jain, New Delhi, 1997), p.144.

12) Vin. p.80, 97.

13) Vin., Ⅰ. p.97.

14) Upreti, *The Early Buddhist World Outlook in Historical Perspective*(Ajar Kumar Jain, New Delhi, 1997), p.143.

2. 광덕스님의 반야·행원사상

(1) 오직 반야바라밀의 세계

대승불교는 부처님의 본회(本懷)를 설한 교법이다. 그리고 부처님의 근본 되는 가르침은 반야를 통하여 비로소 전개된다. 그래서 '반야'를 '제불(諸佛)의 모(母)'라고 한다.16)

광덕스님은 그의 대표적 논저인『반야심경 강의』서두에서 이렇게 운을 떼고 있다. 그리고 이 책의 '맺는 말'에서 이렇게 매듭하고 있다.

항상 반야바라밀을 생각하자. 바라밀 실상이 현전하는 것을 생각하며 감사하고 환희하며 용기를 내자. 태양보다 밝고 저물 줄 모르는 진리의 태양을 부처님은 이미 우리에게 주신 것을 보게 되며 쓰게 된다. 우리의 세존 석가모니 부처님이 관세음보살로 하여금 말씀하시게 하신 이 도리가 반야바라밀다심경인 것이다.17)

반야─ 반야바라밀다.

여기서 보는 바와 같이, 광덕스님은 반야로 시작하여 반야로 회향하고 있다. 이것은 스님의 사상적 본질이 반야바라밀다로서

---

15) Upreti, *The Early Buddhist World Outlook in Historical Perspective*(Ajar Kumar Jain, New Delhi, 1997), p.143.

16) 광덕,『반야심경 강의』(불광출판부, 1999), p.173.

17) 광덕,『반야심경 강의』(불광출판부, 1999), p.173.

그 강요를 삼고 있다는 사실이 명료하게 드러내 보이는 것이다. 이미 널리 인정되고 있는 바와 같이, '반야(般若)·공(空)'은 초기 불교 이래 대승불교에 이르기까지 불교의 모든 계파와 종파를 일관하는 거의 유일한 정통적 법인(法印)으로서, 근본적으로 붓다 정각의 핵심인 연기법(緣起法)에 입각하고 있다. 따라서 광덕스님은 고타마 붓다(Gotama-Buddha, 기원전 624~544)가 확립한 불교의 사상적 근간을 계승하고 발전시켜 온 정통의 종장(宗匠)으로서 추호의 일탈도 불허하고 있다. 바로 이 점이 광덕사상의 뛰어난 장처(長處)이며 불광운동(佛光運動)이 보편적 불교운동으로서 인정되는 연유이다. 광덕사상은 출중하되 바로 평범한 불교 그 자체인 것이다.

광덕스님의 반야사상은 심오하고 광범한 것이지만, 그것이 지니는 몇 가지 특징들을 정리하면 다음과 같다.

첫째, 스님은 반야를 철두철미 실천의 원리, 실천의 정견으로서 전개하고 있다. 이것은 역사적으로 반야사상이 공사상으로 표출되는 데서 오는 지루하고 낭비적인 관념성의 오류를 반성하고 반야사상의 실천성·실제성을 선양하려는 의도에서 드러난 결과이다. 스님은 이왕의 불교적 행태를 '각(覺)'이 관념화되고 명상이나 반야삼매 속에서 파악되는 '수도의 종교'로 규정하면서 이렇게 논하고 있다.

반야는 중생의 미혹으로 야기된 현상세계의 속박을 타파하고 진리 본구(本具)의 완전 원만성(圓滿性)을 현실 위에 구현시키는 데 근본 의의가 있다. 그러므로 우리는 반야를 통하여 정견(正見)을 세우며, 정견에 의거하여 굳건한 믿음과 명확한 이해로써 현실적 행동의 구체적 지표가 제시된다. 여기서 반야는 진리의 행동화라는 구체성을 지니는 것이다. 그러므로 반야는 진리의 뒷받침이 된 대행(大行)의 전개를 의미한다. 이것이 반야행이며 창조행이다. 거듭 말해서 대행이 즉 반야의 내용이라는 것이다.[18]

둘째, 스님은 반야를 오직 하나뿐인 실상이며 실재(實在)로서 드러내 보이고 있다. 일체의 오온적 현상을 타파하고 오로지 반야의 세계, 반야실상의 세계 하나만을 오롯이 드러내 보이고 있다. 있는 것은 오로지 반야·반야바라밀다뿐이다. 스님은 '일체 현상적 존재(現象的存在)는 없다. 공(空)은 공(空)이다. 아주 없는 것'이라고 전제하고,[19] 이렇게 논하고 있다.

이와 같이 일념(一念)이나 일호(一毫)의 들거나 나거나 얻음이 없는 반야바라밀다는 필경 반야바라밀 자체도 있음이 없는 것이니. 여기에 진실 바라밀의 현장(現場)이 노정(露呈)된다. 여기서는 일체가 반야바라밀일 수밖에 없다. 모두가 자성의 본분활동(本分活動)이며 반야대행(般若大行)이다. 이와 같이 반야바라밀다는 행하는 것이다. 만약 바라밀다를 닦고 들어감에 일동(一動)·일정(一靜)·일념(一念)이라도 있다면, 이는 사법(邪法)이다. 반야가 아니다.

셋째, 스님은 반야 실상의 본분에 입각하여 무궁(無窮) 무구

18) 광덕, 『반야심경 강의』(불광출판부, 1999), p.28.
19) 광덕, 『반야심경 강의』(불광출판부, 1999), p.25.

(無垢)한 인간의 권능을 여지없이 현발(現發)하고 있다. 인간의 존엄과 권능에 대한 어떤 형태의 유보도 인정하지 아니하며, 인간이 곧 바라밀다이며 일체 중생이 본래로 관세음보살의 진면목이라고 설파하고 있다.

여기에 이르러 광덕스님의 반야바라밀사상이 절정을 이루고, 광덕 반야바라밀운동의 의미가 만개한다. 이것이 광덕사상의 정점이다. 이 정점으로부터 인간과 세계와 역사에 대한 모든 가치관이 유출되고, 창조적 대행—반야행이 확 터져 나오는 것이다.[20]

스님은 이렇게 논하고 있다.

이미 보아온 바와 같이, 일체에 걸림없고 때묻지 않은 무애(無碍) 무구(無垢)의 세계는 반야바라밀다가 드러내 보인 진리실상의 경계다. 이러한 대해탈의 도는 어떤 공간에 설치한 거대한 그림이거나, 아니면 신비한 사상이거나 놀라운 교법체계가 아닌 것이다. 그것은 관세음보살이 직접 쓰고 있는 구체적인 실지다.

다시 말하면, 무애·무구가 관세음보살에 있어 주체적이며, 능동적으로 구사되고, 그러할 때 관세음보살은 원만자재라는 절대적 완전을 장악하게 되는 것이다. 이것은 다름 아닌 관세음보살의 본래면목과 그 위덕을 말하는 것이며, 동시에 일체 중생의 본래 면목과 그가 지니고 있는 공덕과 능력을 말하는 것이다.

거듭 말하면, 반야바라밀다에 비춰진 인간실상은 인간이 곧 바라밀다이다. 인간은 바라밀다가 가지는 온갖 공덕과 권능을 자기의 것

20) 拙稿, 『광덕스님의 생애와 불광운동』(불광출판부, 2000), pp.109-110.

으로 쓰고 있는 것이다. 그러므로 바라밀다인 인간은 경의 말씀과 같이 걸림이 없으며 공포가 없다. 진실 원만하다. 그 무엇도 그를 능가하는 자 없고, 그와 대립하는 자가 없고, 그와 짝하는 자가 없다. 일체에 확 통한다.[21]

넷째, 스님은 반야(般若) - 불공(不空)의 진리관에 입각하여 바라밀다를 실상세계의 공간적 개념으로 파악하고, 가정·사회·국가활동에 적극적으로 동참함으로써 이 세계의 바라밀다 실상경지를 여실히 실현할 것을 간곡히 촉구하고 있다. 이것은 스님이 이왕의 반야 - 공사상이 현상의 부정에만 급급하며 마침내 실상의 세계까지 부정하는 악취공(惡取空)에 빠진 오류를 경계하고, 가정과 사회, 국가라는 현실적 세계를 통하여 바라밀다의 실상경계를 구현하려는 치열한 불이(不二)의 역사의식을 드러낸 것이다. 여기에 이르러 비로소 붓다의 담마가 개인의 구원에 안주하지 아니하고 이 현실의 세계로, 이 현장의 역사 속으로 활연히 솟구쳐 오르는 것이다. 바로 여기에 광덕사상의 궁극처가 열리는 것이며 반야사상의 생명력이 넘쳐흐르는 것이다.

스님은 이렇게 논하고 있다.

바라밀(波羅蜜, paramita)은 완전에 도달한(parami) 상태(ta)를 의미한다. 종래 도피안(到彼岸), 또는 도무극(到無極)이라 번역하였다. 반야에 의하여 현전한 절대의 경지를 말한다 하겠다. 즉 진리의 세계

---

21) 광덕, 『반야심경 강의』(불광출판부, 1999), p.169.

를 의미하며, 우리의 본래실상(本來實相), 진여법성(眞如法性)에 도달하고 무한공덕이 구전한 대해탈의 상태다. 그러므로 바라밀을 '피안(param)에 이른다(ta)'는 의미로 해석하는 것은 바라밀의 내포(內包)를 충분히 말한 것이 못 되는 것이다.

실로 바라밀의 경계는 실상경계(實相境界)다. 대해탈(大解脫), 대자유(大自由), 무한능력(無限能力), 대조화(大調和)가 원만구족(圓滿具足)한 진리본연의 경계다. 우리의 생명이 연원(淵源)하고 있는 본원경지(本源境地)다. 그러므로 바라밀은 인간에게 있어 구극의 이상형이며 구원생명(久遠生命)의 본고향이다. 진실생명의 원형(原形)인 것이다.22)

다섯째, 스님은 반야바라밀다사상을 고담준론의 논리나 그윽한 삼매의 경지로 비약시키지 않고 철두철미 신앙으로, 신앙운동으로 전개하고 있다. 이것은 반야바라밀다가 곧 부처님이라는 스님의 확신에서 우러나는 것으로, 이렇게 함으로써 반야바라밀다운동이 소수 엘리트들의 관념적 전유물로 변질되지 아니하고 대중 속에 그 광활한 활로를 열어갈 수 있었던 것이다. 광덕스님의 이러한 반야바라밀신앙운동은 사상과 실천, 대중을 함께 아우르는 탁월한 방편으로서 한국불교의 진로에 새 출구를 활짝 연 것으로 평가될 수 있을 것이다.

스님은 『메아리없는 골짜기』에서 이렇게 술회하고 있다.

실지 우리는 부처님의 위신력, 부처님의 진리 그것으로 살고 있

---

22) 광덕, 『반야심경 강의』(불광출판부, 1999), p.28.

건만, 우리는 미혹해서 착각한 생각에 집착하기 때문에 진리 그대로를 쓰지 못합니다. 변형된 형태로 쓰고 있습니다.

그래서 원천은 밝은 것이지만, 우리들 가슴속에서는 어두운 것이 되기도 하고, 고통으로 받아지기도 하는 것입니다. 우리가 망념을 일으켜서 그 그림자 속에서 쓰고 있기 때문입니다. 우리는 부처님의 공덕세계 그대로의 원만성을 가지고 있건만, 마음으로 이것저것 조작해서 망념을 붙여 쓰기 때문입니다.

바라밀은 이 망념이 없다고 보고 고(苦)의 씨를 텅 비워버리는 것입니다. "내 가슴속에서 빛나고 있는 것은 태양뿐이다. 부처님의 진리뿐이다. 이 우주에 충만한 것은 진리뿐이다. 진리를 빼놓고는 아무것도 없다." 이렇게 확실히 믿고, 대지혜의 완성, 일체성취, 이것이 바로 내 생명이고 일체 존재의 실상이라 확신하는 것이 마하반야바라밀 신앙입니다.[23]

스님은 신앙의 구체적인 방법론으로서 바라밀염송법을 제시하고 그 구체적인 내용을 이렇게 가르치고 있다.

반야바라밀의 공성(空性)을 통달하고 반야바라밀 염송을 일심으로 하는 것입니다. 미움과 원망과 세상에 대한 저주스러운 생각을 모두 비우고, 부처님의 무한공덕과 위신력과 은혜가 내 생명과 내 가족과 내 환경에 지금 와 있다는 것을 긍정하고 일심 기도하면서 감사드리는 것입니다.

이러한 반야바라밀 수행은 스스로를 닦고, 환경을 바꾸고, 이웃과 기쁨을 나누게 합니다. 반야바라밀은 글자 그대로 대지혜의 완성,

---

23) 광덕, 『메아리없는 골짜기』(불광출판부, 1999), pp.276-277.

부처님의 진리이기 때문에, 내 생명에 직접 연결되어서 불가사의한 일이 나올 수밖에 없는 것입니다. 원래로 인간생명은 불가사의합니다. 불가사의 무한공덕행입니다. 일심으로 염송하고 일심으로 감사하는 이 반야바라밀 기도가 가난과 불행을 몰아내고 행복을 이루는 것입니다.[24]

(2) 보현행원으로

반야(般若) ─ 공(空) ─ 무(無)

반야(般若) ─ 불공(不空) ─ 실상(實相)

이것이 광덕스님이 전개한 반야바라밀의 정견이며 진리관이다. 그러나 이 정견 그대로가 곧 반야바라밀다의 실체는 아니다. 이것은 이론이며 견해일 뿐이다.

스님은 이렇게 논하고 있다.

　　이것은 아직 말이며, 관념이며, 생각이다. 이론이며 논리임을 어찌할 수 없다. 이론이 그런 것으로 이해할 것이며, 논리를 수긍할 것이며, 생각과 관념으로 표상(表象)하고 의식한 것밖에 다른 것이 아니다. 바꾸어 말하면, (바라밀) 자체가 된 것이 아닌 것이다.[25]

광덕스님은 이러한 관념과 논리의 한계를 자각하고 처음부터 반야바라밀다를 실천으로 접근하고 있다. 바로 이것이 광덕 반야사상의 첫 번째 특징인 대행(大行)으로서의 반야인 것이다.

'이것이 반야행이며 창조행이다. 거듭 말해서 대행이 즉 반야

---

24) 광덕, 『만법과 짝하지 않는 자』(불광출판부, 1997), p.102.
25) 광덕, 『만법과 짝하지 않는 자』(불광출판부, 1997), p.141.

의 내용이라는 것이다.'26)

이렇게 논한 것이 바로 이러한 반야의 대행성(大行性)을 천명한 것이다.

대행이란 무엇인가?

광덕스님이 밝혀낸 반야대행이란 무엇인가?

이와 관련하여 스님은『보현성전』서문에서 이렇게 밝히고 있다.

여기에서 우리는 다행히 '보현'을 만났다. 우리는 보현보살을 배워서 자신을 회복하고 인간복권을 성취하여야 하겠다. 그리하여 역사와 운명에 인간의 길을 부여하고 인간진실을 개현하여, 인간권위를 회복하고 무한창조의 평원을 열어가야 하겠다.

필자는 불법이 인간을 그의 실존 차원에서 확립시키고 무한한 긍정의 평원으로 해방시키는 지혜이며 힘이라고 믿고 있다. 그것은 마하반야바라밀이라는 무상법(無上法)의 현전에 대한 믿음에서 온 결론이다. 그리고 '보현'이야말로 마하반야바라밀의 개현자이며 실천자인 것이다.27)

반야바라밀다(정견) - 보현행원(대행)

바로 이것이 광덕스님이 전 생애를 바치며 열렬히 추구해 온 반야바라밀다의 사상체계이다. 광덕사상의 진실관이며 실천원리이다. 그리고 반야 - 행원의 이 광덕사상은 붓다의 담마에 깊이 입각하고 있으면서도 그 입론과 전개방식이 전혀 새롭고 독창적

---

26) 광덕, 『만법과 짝하지 않는 자』(불광출판부, 1997), p.28.
27) 광덕, 『보현성전』(불광출판부, 1978), pp.3-6.

이라는 의미에서 광덕스님의 출중하고 탁월함이 인정되고 있다.

광덕스님의 보현행원사상은 치열하고 전면적인 방향성을 포괄하는 것으로서, 그 중요한 특성을 정리해보면 다음과 같다.

첫째, 스님은 보현행원을 통하여 반야바라밀다를 시민들의 일상적 삶의 윤리로서 구체화하고 있다. 스님은 전통적 불교가 깊이 함몰되어 있던 추상적 관념론의 병폐를 냉철히 통찰하고, 고담준론의 전통적 반야사상을 우리 범부들, 시민들의 일상적인 삶의 현장으로 끌어내려 치열한 삶의 지혜로서, 문제해결의 효과적인 방법론으로서 활현(活現)시켰다. 스님에게 있어서 반야행원·보현행원은 조석(朝夕)의 일과이며 하루하루의 삶을 통찰하고 반조하는 윤리 덕목인 것이다. 그런 의미에서, 공리공담을 크게 혁파하고 구체적인 일상의 윤리를 확고히 했다는 의미에서, 광덕사상은 불교사상사에서 독자적인 영역을 확보하고 있는 것으로 평가되는 것이다.[28]

광덕스님은 '포살요목'에서 반야행원의 일상적 생활윤리에 관하여 이렇게 설하고 있다.

불자여, 수행일과를 성실히 닦아가며, 어느 때나 마하반야바라밀을 염하고, 부처님의 무량공덕을 관할지니라.
불자여, 불보살님의 자비하신 은덕이 끊임없이 그대 생명에 넘쳐나고, 우리 국토를 성숙시켜 주심을 감사하며, 밝은 표정과 기쁜 말을 잊지 말지니라.

---

28) 拙稿, 『광덕스님의 생애와 불광운동』(불광출판부, 2000), p.127.

불자여, 모든 고난과 불행을 생각하지 말고, 미움과 원망과 슬픈 마음은 깊이 참회하고 버려서, 마음이 허공처럼 밝고 청정하게 할지니라.

불자여, 어느 때나 삼보님께 공양 올리며 이웃을 돕고 고난에 빠진 이를 만나면 기도하고 도울지니라.

불자여, 삼보와 조상님과 부모님과 가족과 이웃을 어느 때나 예경하고 존중하며 한량없는 공덕을 찬양할지니라.

둘째, 스님은 대긍정으로서 보현행원의 근본정신으로 삼고 있다. 스님은 이왕의 반야사상이, '반야(般若)－공(空)－무(無)'를 주장하며 비판하고 타파하는 부정적이며 소극적인 경향에 편향되어 있던 병폐를 통찰하고, 반야(般若)－불공(不空)－실상(實相)의 도리를 적극적으로 선양하며 창조적이며 개척적인 대긍정으로서 보현행원의 중심을 삼고 있는 것이다. 인간과 사회, 역사에 대한 스님의 긍정은 철두철미하다. 어떤 의미에서는 '환상적'이라고 느껴질 정도로 스님의 긍정정신은 확고부동한 것이다. 스님의 이러한 긍정은 인간과 사회를 혼란과 갈등으로 몰아넣는 5온(五蘊)적 현상은 일시적 미망일 뿐 도무지 없는 것이며 실로 있는 것은 반야바라밀다의 찬란한 실상세계뿐이라는 반야의 각성에 기초하고 있다. 스님의 이러한 대긍정은 인간－인간가치에 대한 한량없는 찬탄에서 여실히 드러나고 있다.

『보현행자의 서원』에서 스님은 이렇게 노래하고 있다.

일체 중생 모두가 또한 부처님의 공덕을 모두 갖추었으니 일체 중생이 갖춘 그 모든 공덕을 찬양하겠습니다. 겉모양이 비록 가지가지 중생상을 보일지라도 그것이 모두가 허망한 그림자이며 나를 위한 방편시현이십니다. 실로 모든 중생이 진정 중생이 아니며, 부처님의 거룩하신 공덕을 구족하게 갖추고 있습니다. 지극히 지혜롭고, 지극히 자비하고, 온갖 능력 다 갖추었으며, 온갖 공덕 다 이루어 원만하고 자재하니, 이것이 일체 중생의 참모습입니다.…

세상에 나쁜 사람이라고 낙인찍힌 사람일지라도 그가 행하는 착한 공덕이 또한 한이 없음을 믿고, 그가 행한 털끝만한 공덕이더라도 진심으로 기뻐하겠습니다. 나를 해치려 하고 모함하고 욕하고 억울한 누명을 씌우거나, 또는 때리고 손해를 끼친 사람이라 하더라도, 그가 지닌 공덕을 찬탄하고 그가 짓는 공덕을 함께 기뻐하겠습니다.

셋째, 스님은 보현행원으로서 삶 그 자체를 삼고, 보현행원으로서 깨달음 그 자체를 삼고 있다. 불교가 온존시켜 온 가장 낡고 완고한 병폐 가운데 하나가 깨달음이 삶과 유리되고 깨달음이 오랜 수행, 수도를 통해서만 실현된다는 '난행도(難行道)의 신화'이다. 그러나 스님은 보현행원이 무엇을 위한 수단, 깨달음을 위한 수단이 아니라, 보현행원이 그대로 인생의 목적이며 보현행원이 그대로 깨달음이라는 진실을 거듭거듭 일깨우고 있다. 이것은 깨달음의 실현이라는 불교의 지상과제를 실현하는 데 있어 가장 방해가 되는 근본장애를 소멸시키고 있다는 점에서 광덕스님의 탁월한 기여로 평가될 수 있을 것이다. 스님의 이러한 정신은 '내 생명 부처님 무량공덕생명, 용맹정진하여 바라밀다국토 성취한다. 보현행원으로 보리 이루리'라는 슬로건에 잘 나타나 있다. '보현행원으로 보리 이룬다'는 것은 보현행원을 통하여 보리, 깨달음이라는 목적을 구현한다는 뜻이 아니라, 보현행원을 실천하는 그 자체로서 보리, 깨달음이 실현된다는 의미인 것이다. 보현행원이 바로 깨달음의 발로(發露)이며 씀[用]인 것이다. 보현행원이 바로 생명 그 자체이며 생명 그 자체의 발로이며 씀인 것이다. 우리 생명이 이미 깨달음 그 자체인 것이다. 그런 의미에서 대중견성(大衆見性)이며 만인견성(萬人見性)인 것이다. 그런 까닭에 우리 생명은 이미 부처님 생명 – 부처님의 무량공덕 생명인 것이다.

스님은 이렇게 논하고 있다.

아무리 더워도 더위가 미칠 수 없는 것, 죽을래야 죽어지지 않고, 아무리 아플래야 아플 수 없는 것, 불에 넣어도 타지 아니하고 물에 빠져도 죽지 않는 그 한 물건을 누구나 다 가지고 있습니다. 아픈 것을 아는 놈은 아프지 않다(知痛不痛). 아픔, 그것은 아픔을 아는 자의 지각작용이고, 그것을 표현하는 본 물건은 아픔을 떠나 있는 것입니다. 이 물건 앞에서는 죽음도 허망한 이름으로 전락하고 마는 것입니다. 『금강경』을 공부하면서 참으로 주체적인 자아에 눈을 뜬 사람이라면 그 도리를 짐작할 것입니다.

행원이 바로 그러한 참 자기, 거짓되고 허망한 자기를 벗어나서, 그 자기의 내면을 그대로 내어쓰는 것입니다. 내가 진리광명인 까닭에 진리광명을 토하는 것이고, 내가 끝없는 사랑인 까닭에 식을 수 없는 사랑의 향기가 그대로 퍼져나가는 것이며, 내가 태양 같은 지혜인 까닭에 지혜를 태양같이 쏟고 살아가는 것입니다. 내가 영원한 생명, 세상이 다하고 허공이 다할지언정 나의 생명이 가지고 있는 끝없는 표현은 다할 날 없는 것입니다.[29)]

행원의 실천은 우리가 자기 생명의 문을 여는 일입니다. 나의 생명 가득히 부어져 있는 부처님 공덕을 발휘하는 거룩한 기술입니다. 나의 생명을 부처님 태양 속에 바로 세우는 일이며, 내 생명에 깃든 커다란 위력을 퍼내는 생명의 숨결이며, 박동(拍動)입니다. 그렇기 때문에 행원에는 목적이 없습니다. 어떠한 공덕을 바라거나, 부처님의 은혜를 바라거나, 이웃이 알아주기를 바라거나, 내지 성불하기를 바라지 않습니다. 행원 자체가 목적입니다. 행원은 나의 생명의 체온이며 숨결인 까닭에 나는 나의 생명껏 행원으로 살고 기뻐하는 것뿐입니다.[30)]

넷째, 스님은 보현행원으로서 불교도들의 새로운 역사의식과 사회의식을 일깨우며 구현시켜가고 있다. 널리 인정되고 있는 바와 같이, 한국 불교도들의 가장 큰 문제점 가운데 하나는 불교도가 이 사회를 밝혀가는 향도자로서의 역사의식과 사회의식이 결여되어 있다는 사실이다. 스님은 『보현행원품 강의』에서 이러한 문제점을 항상 깊이 자성하며, "이 점에 있어서 우리 한국 불자들의 지난날을 돌이켜볼 때 한편 긍지도 없지 않으나 부끄러움 또한 크다. 국가와 사회에 있어 '바른 길을 가리키는 자'로서 책임을 다하였는가? 사회의 '향도자'로서 얼마만한 실천이 있었던가? 또한 오늘날 이러한 책임을 수행할 불자와 교단 내에 각오와 준

29) 광덕, 『법과 짝하지 않는 자』(불광출판부, 1997), pp.128-129.
30) 광덕, 『지송보현행원품』(불광출판부, 1999), pp.101-102.

비가 어느 정도 되어 있는가? 거기에는 뜨거운 반성과 함께 새로운 각오와 앞으로의 다짐할 부분이 더 많은 것을 인정하지 않을 수 없으니 유감이다."31)

이렇게 토로하고, 불자들이 역사와 사회를 바꾸는 행동자로 나설 것을 다음과 같이 촉구하고 있다.

불자는 모름지기 역사 속에서 진리의 조명자가 되어야 한다. 그뿐만 아니라 현실의 향도자가 되어야 하는 것이다. 시대와 역사의 현실을 진리의 거울에 비추어 보고, '이것은 진리이다', '이것은 진리의 길이 아니다'라고 명확하게 드러내어야 한다. 진리의 태양이 소소히 밝고 역사적 현실이 그 햇빛 아래 뚜렷이 드러날 때 거기에는 말을 넘어선 증언과 고발과 격려와 처방이 함께 있는 것이다. 이것이 역사를 비추는 거울이라고 말하는 것이다.32)

역사의 조명자, 행동자로 나설 것을 추구한 스님의 염원은 '스스로 타오르며 역사를 밝힌다'라는 보현행자의 선언에 잘 드러나 있고, 구체적인 전법활동과 사회활동, 비전 제시를 통하여 끊임없이 추구되고 있다.

다섯째, 스님의 행원사상은 적극적인 사회변혁의 의지로 구체화되고 있다. 이미 관찰한 바와 같이, 광덕스님의 반야행원사상은 추상적 관념론이나 고담준론의 수행론을 크게 뛰어넘어 이 현

---

31) 광덕, 『보현행원품강의』(불광출판부, 1998), p.133.
32) 광덕, 『보현행원품강의』(불광출판부, 1998), p.133.

실 속으로, 끊임없이 이 역사와 사회의 생동하는 현실 속으로 돌아오고 있다는 점에서 그 뛰어난 특성을 발휘하고 있다. 전법오서(傳法五誓)의 '전법으로 정토를 성취한다'라고 할 때의 정토는 정토사상에서 일반적으로 논의되는 서방정토(西方淨土)나 유심정토(唯心淨土)의 개념이 아니라 이 역사와 사회의 현실적 상황에서, 현장에서 추구되는 현장정토(現場淨土)의 치열한 행동의지로서 추구되고 있는 것이다. 이것은 광덕스님이 이 사회의 여러 문제들에 대하여 적극적인 관심을 표명하고 사회적 문제들과 사회적 환경·여건들에 관하여 처방을 제시하며 궁극적으로 이 사회의 변화를 추구하는 사회변혁의식을 발로하고 있다는 사실을 의미하는 것이다. 스님이 국토의 개념을 가정과 사회·직장과 국가·세계로 확장하며 그 문제해결의 방식을 제시하고 있는 것도 이런 맥락에서 이해된다.[33]

스님은 이렇게 논하고 있다.

국토 하면 환경과 여건을 말합니다. 이 몸이 국토요, 우리 가정이 국토요, 우리 사회가 국토요, 우리 직장이 국토요, 우리나라가 국토요, 우리 세계가 국토요, 중생의 모든 삶의 마당이 국토입니다. 국토는 나라와 나라의 경계로서 그어진 지역만이 국토가 아니라, 우리 마음의 대상이 되고 있는, 마음의 움직임의 결과로 이루어지고 있는 모든 환경, 모든 여건, 그 모두가 국토입니다.[34]

33) 拙稿, 『광덕스님의 생애와 불광운동』(불광출판부, 2000), pp.163-171.
34) 광덕, 『메아리 없는 골짜기』(불광출판부, 1999), p.15.

광덕스님의 이러한 사회변혁의식은 세계와 인류가 직면한 다양하고도 심각한 현실적 문제들에 대한 깊은 우려와 개척의지로 드러나고 있다. 스님은 『월간불광』의 창간사인 '순수불교선언'에서 이렇게 표명하고 있다.

원래로 이같이도 맑고 따사로운 햇빛인데, 인류의 앞길에는 첩첩이 불안의 구름이 가려보이는 것이다. 자원고갈, 환경파괴, 인구폭발, 이상기상, 기아만연, 전쟁위기…. 게다고 극도로 거칠어진 무도덕(無道德)의 물결은 우리 주변 어느 한 구석도 안전지대로 남겨두지 않는다. 우리는 이러한 세계적 소용돌이 속에서 이제 새 역사를 이룩하기 위하여 꿋꿋하게 일어서서 벅찬 노력을 계속하고 있다.[35]

3. 광덕스님의 노동관

(1) 노동의 가치

광덕스님은 『행복의 법칙』 등에서 노동의 가치에 대하여 광범하게 논의하고 있다. 그 요지를 다음과 같이 정리할 수 있다.

첫째, 노동은 생명의 자기표현이며 활동이기 때문에 감사한 것이다.

스님은 먼저 일하는 것, 곧 노동이 생명의 자기표현이며 생명의 본연의 활동이라고 전제함으로써 노동의 가치를 생명 자체의 가치에서 추구하고 있다. 이것은 스님이 노동을 불성생명의 적극적인 자기발로(自己發露)로 보고 있다는 사실을 의미한다. 우리가

---

35) 『월간불광』, 1974년 11월 창간호, p.3.

한 인간으로서 존재한다는 것이 무엇인가? 우리가 불성생명의 주체로서 존재한다는 것은 무엇을 의미하는가? 우리가 이렇게 숨쉬며 살아 있다는 것은 무엇을 의미하는가? 그것은 곧 우리가 일하고 노동한다는 사실을 의미하는 것이다. 그것은 곧 우리가 적극적으로 일하고 노동한다는 사실을 의미하는 것이다. 따라서 노동은 우리 생명의 자기율동이고 환희이며 생명에너지의 가장 적극적인 표현이다. 그런 까닭에 노동은 기쁘고 즐거운 것이며 감사와 찬탄의 대상이다. 스님은 이렇게 논하고 있다.

> 우리들은 살고 있다. 살아 있다는 것은 움직이고 활동한다는 뜻이며 이것이 산 것의 본연의 모습이다. 다시 말해서 우리들 살아 있는 인간은 원래가 활동하고 일하는 것이 즐거운 것이다. 모두가 그렇다. 일이 없거나 할 사업이 없는 것만큼 따분하고 처량한 것은 없다. 우리는 일을 당해서 감사해야겠다. 일하는 즐거움, 일이 있어서 좋은 것을 알고 일에 대해서 감사하고 일을 사랑하자. 일이 없는 사람, 일을 싫어하는 사람, 일을 발견할 줄 모르는 사람은 이 세상을 졸업한 사람인 것이다.
> 원래 일은 기쁜 것이다. 일이란 생명의 자기표현이며 생명의 활동인 까닭에 생명을 구김 없이 마음껏 활동시킬 때 우리는 거기서 즐거움을 맛본다. 당연히 기쁠 수밖에 없는 것이다.36)

둘째, 노동은 자기실현과 자기 확대의 도구로서 신성하고 보람찬 것이다.

---

36) 광덕, 『행복의 법칙』(불광출판부, 1990), pp.341-342.

스님은 노동이 자기의 가능성과 천부의 자질을 실현하는 도구라는 사실을 강조함으로써 모든 사람들이 노동을 신성한 것으로서 받아들이고 노동을 통하여 인생의 가치, 보람을 획득해가기를 권장하고 있다. '내 생명 부처님무량공덕생명 용맹정진하여 바라밀다국토 성취한다.' 이것이 광덕스님의 기본적인 생명관이다. 무량공덕이란 무엇인가? 그것은 곧 무한한 가능성일 것이다. 모든 사람, 모든 생명들이 지니는 본원적인 가능성이며 창조성일 것이다. 이 가능성은 막연한 이론이거나 추상적 관념론이 아니라 부처님의 삶에 의하여, 고타마 붓다의 팔십 생애에 의하여 실증된 가장 구체적이며 현실적인 능력이다. 그래서 '무량공덕생명'이라고 규정한 것이다. 이 실제적인 인간 능력과 가능성은 어떻게 실현되는 것인가? 부처님의 생명은 어떤 과정을 통하여 내 생명으로 전환되는 것인가? 그것은 곧 노동에 의하여 실현되는 것이다. 피땀 흘리는 노동에 의하여 전환되는 것이다. 피땀 흘리는 노동이야말로 용맹정진이다. 아무리 힘들고 어려운 과업일지라도 '내게로 오라' 하고 적극적으로 받아들이는 것이 바로 용맹정진이다. 그런 의미에서 우리 인생은 용맹정진의 과정이며 직장은 용맹정진의 무대이고 노동은 용맹정진의 수단이며 도구인 것이다.

스님은 이렇게 논하고 있다.

우리 인생은 바로 자기표현의 장소이다. 우리가 살고 있는 것으로 넉넉하게 자기의 가능성을 표현하며 자기가 가지는 정신적인 내용과 그 인격을 실현하는 것이다. 그리고 일은 우리의 가치를 나타내주며 자기를 실현하는 도구가 된다. 직장은 우리가 가치를 실현하는 장소가 된다. 이렇게 생각해보면 일에 맞붙고 일에 열심히 몰두하는 마음의 자세나 그 태도가 즐겁고 신성할 수밖에 없다. "자 어떤 일이라도 오라. 내가 이 일을 통해서 훌륭한 업적을 지으리라." 또는 "얼마든지 나서라. 나의 능력을 보여주마" 하고 어떤 일이든지 자기표현의 기회로 삼아 자기 능력을 나타내는 장소로 삼아서 그 일, 그 직장을 기쁨으로 맞이하여야 할 것이다.[37]

셋째, 노동은 남을 돕는 수단이며 사회번영의 기초이다.

스님은 노동이 많은 이웃들, 남들을 돕는 선한 수단이며 이 사회의 공동 번영을 가져오는 기초라는 사실을 거듭 일깨우고 있다. 노동의 사회적 가치를 거듭 각성시키고 있는 것이다. 이것은 스님이 노동을 보살행의 구체적인 실천으로 보고 있다는 사실을 의미하는 것으로서 특히 주목된다.

반야대행이란 무엇인가? 보현행원이란, 구체적으로 어떻게 하는 것인가? 그것은 곧 노동이다. 땀 흘리는 노동이야말로 최선의 대행이며 행원이다. 적극적이며 자발적인 노동을 통하여 우리는 이웃에게 기쁨과 이익을 주고 이 사회를 자타일체가 되는 정의로운 사회로 변혁시켜갈 수 있다. 노동을 통하여 역사의 횃불을 밝히고 구국구세의 대원력을 실현해갈 수 있는 것이다. 남을 돕는 노동이야말로 바로 사회번영의 기초이며 법칙이다. '많은 사람들의 이익과 행복을 위하여' '요익중생(饒益衆生)', 이것이 부처님께서 이 세상에 오신 근본취지이며 광덕스님이 칠십 평생을 다 바

37) 광덕, 『행복의 법칙』(불광출판부, 1990), pp.342-343.

친 근본의미 아닌가. 노동을 반야대행이라고 규정한 이유가 실로 여기에 있다.

스님은 이렇게 논하고 있다.

우리들은 사는 보람을 어디서 느끼는가 하면, 내가 살고 있는 사실이 주변 사람에게 도움이 되고 있다는 사실에서다. 자기가 살고 있는 것이 주변에서 기뻐해 주고 있는 것을 알았을 때, 우리는 즐거움과 기쁨이 솟아난다. 그러므로 우리들은 우리가 하는 일을 통해서 많은 사람에게 도움을 주자. "많은 사람의 도움이 되도록 주변 사람에게 기쁨을 주도록 일을 하자"라고, 마음먹어야 한다. 이것이 직장에서나 사회에서 성공할 기초다. 또한 이와 같이 남에게 도움을 줄 수 있는 사람이 되고자 하는 마음씨가 바로 번영의 법칙이기도 하다. 많은 사람에게 도움을 주고자 하는 사원이 있을수록 그 회사는 힘이 넘쳐서 크게 발전하는 법이다. 이처럼 많은 공부와 노력이 쉬지 않아야 한다. 남에게 도움을 주자면 게으를 수 없다. 부단한 공부, 자기개발, 이것이 또한 성공의 비결이다.38)

(2) 노동의 자세
첫째, 자기 안의 무한 가능성을 확신한다.
모든 사람들이 무한한 창조적 능력, 곧 불성(佛性)을 본유(本有)하고 있으며, 이 능력은 부처님과 중생에 있어 아무 차이가 없다는 것이 불교의 근본 담마이다. 광덕스님은 이러한 불성본유(佛性

---

38) 광덕, 『행복의 법칙』(불광출판부, 1990), p.345.

本有) 사상을 '내 생명 부처님 무량공덕생명'이란 반야활구(般若活句)로서 거듭거듭 일깨우고 있다. 이것은 노동의 경우 모든 노동자들과 기업가들이 자기 내면의 무한 가능성을 확신하고 노동과 기업을 자기 가능성 실현의 기회로 삼아야 한다는 사실을 의미한다. '사람은 누구나 부처님의 공덕으로 태어난 불자인 까닭에 그에게 무한의 가능성을 스스로 지니고 있다. 이것을 굳게 믿자.'[39] 스님이 '일하는 즐거움을 찾자'라는 논설에서 이렇게 주장하는 것도 바로 이런 이치를 새삼 천명하고 있는 것이다. 자기 가능성에 대한 확신, 이것이야말로 노동자들과 기업가들이 모두 지녀야 할 노동의 기본자세이다.

스님은 '의욕에 불을 붙여라'는 논설에서 다시 이렇게 기술하고 있다.

사람은 누구나 제각기 풍부한 능력과 개성을 가지고 있다. 따라서 누구나 그 사람이 아니면 할 수 없는 장점을 가지고 있는 것이다. 이 인간내면에 있는 무한한 가능성을 발굴하고 그 사람이 아니면 될 수 없는, 다시 말해서 바꿀 수 없는 그 사람의 개성을 일을 통해서 풍부하게 꽃피게 할 때 사람은 일하는 즐거움과 보람을 느낀다. 또한 자기가 하는 일이나 자기의 존재가 주위 사람에게 인정을 받고 주위 사람들에게 중요하다는 사실, 그것을 아는 기쁨, 또 자기의 존재나 자기가 하는 일이 직장이나 회사나 그밖에 주위 사람들을 기쁘게 하고 있다는 충실감, 이것이야말로 자기 확대의 즐거움이며 자기실현을 통하여 자타가 일체가 된 기쁨인 것이다.[40]

---

39) 광덕, 『행복의 법칙』(불광출판부, 1990), p.344.
40) 광덕, 『행복의 법칙』(불광출판부, 1990), p.339.

둘째, 능동적인 주체성을 가지고 일한다.

중국의 임제스님은 항상 '수처작주(隨處作主)하라'라고 말하였다. 곧 '어디서나 스스로 주인 되라', '언제 어디서나 스스로 주인공이 되라' 하는 것이다. 이러한 수처작주의 정신을 이어받아 광덕스님은 노동자, 기업가들에게 어떤 처지, 어떤 상황에 있든 '거기에 주인공이 되자' 이렇게 일깨우고 있다. 이러한 노동의 자세는 보다 깊이 광덕스님의 절대 주체적 인간관에 기초하고 있다는 의미에서 새삼 주목된다.

스님은 우리 각자가 무량한 부처님·불보살의 공덕·은혜 속에 있되 실로는 스스로 주인이라는 진실을 끊임없이 선포하고 있다. 은혜 속의 주인이라 할까?[41] 그래서 스님은 『반야심경 강의』에서, "무애(無碍)·무구(無垢)가 관세음보살에 있어 주체적이며 능동적으로 구사되고, 그러할 때 관세음보살은 원만자재(圓滿自在)라는 절대적 완전을 장악하게 되는 것이다. 이것은 다름 아닌 관세음보살의 본래면목과 그 위덕을 말하는 것이며, 동시에 일체 중생의 본래면목과 그가 지니고 있는 공덕과 능력을 말해 주는 것이다." 이렇게 논하고 있다.[42] 노동의 자세에 있어서, 스님은 '자기가 바로 주인이다. 그 일 속에서 자기의 창의와 능력과 의지가 나타난다'라고 전제하고,[43] 노동에 있어서의 능동적이며 적극적인 자세를 이렇게 논술하고 있다.

41) 광덕, 『광덕스님의 생애와 불광운동』(불광출판부, 2000), p.142.
42) 광덕, 『반야심경 강의』(불광출판부, 1999), p.169.
43) 광덕, 『행복의 법칙』(불광출판부, 1990), p.337.

만약 일에서 재미를 못 느낀다면 그 생애는 따분하다고 할 수밖에 없는 것, 왜냐하면 사람이란 일하고 사는 것이다. 보람 있게 일하고 활동하는 가운데서 보람도 느끼는 것이다. 왜 일에 재미가 없을까? 결론부터 말하면, 그것은 자신이 자기에게 있는 능력을 모두 털어 내놓지 않는 데 있다. 다시 말해서 자기에게 있는 무한의 가능성을 스스로 잊고 십분 발휘하지 못하는 데에 기인하는 것이다. 스스로 주인공으로서의 자세를 가지고 자기 책임하에 자기 능력껏 일을 향해서 맞붙었을 때에, 그 일이 비록 작은 일이라 하더라도 보람과 성과가 있는 것이요, 그렇지 못할 때에는 비록 큰일이라 하더라도 보잘것없는 일 속에 자기를 매몰시킨다고 생각된다. '스스로 주인공이 되라.' 이 말은 매사에 참으로 금언(金言)인 것이다.44)

　　셋째, 능숙하고 능력을 발휘한다.

　　'경작·교역·목축·궁술, 또는 왕의 관리나 수공업 등 어떤 활동으로 생계를 벌든, 능숙하고, 끈기 있고, 천성적으로 일하는 방도와 방법을 탐구하는 능력이 있고, 자신의 일을 잘 정리하고 수행할 수 있어야 하는 것, 이것이 노동의 성취라고 불립니다.'(AN. Ⅳ. 281) 일찍이 붓다는 꼴리아인들에게 이렇게 설하고 있다. 노동의 자세에 있어서 능숙·능률의 중요성을 강조하고 있다. 이렇게 노동의 전문성을 강조하고 있다는 점에 있어서 광덕스님은 붓다의 노동정신을 충실히 계승하고 있는 것으로 보인다. 스님은 직장과 노동현장에서 고도의 전문적 능력을 발휘하고 능숙하게 일할 것을 강조하고 있다. 뛰어난 전문가가 될 것을 요구하고 있

---

44) 광덕, 『행복의 법칙』(불광출판부, 1990), pp.335-336.

는 것이다. 그리고 이러한 능력과 전문성을 확보하기 위하여 한 가지 일에 오랜 세월 몰두할 것을 요구하고 있다. 스님은 이러한 능력과 전문성을 확보하는 구체적인 능력개발의 원칙을 다음 네 가지로 제시하고 있다.

첫째, 자기 안에 무한의 가능성이 있는 것을 알 것.

둘째, 능력은 쓸수록 더욱 커진다.

셋째, 능력은 스스로 자신을 가질 때 일정한 방향으로 더욱 성장한다.

넷째, 자기가 하기 싫은 일, 실패의 경험이 있는 일을 당했을 때는 이때야말로 이 일을 극복할 수 있는 절호의 기회다 하고 적극적으로 맞붙어야 한다.

다섯째, 즐거운 마음으로 일한다.[45]

보현행원은 나의 진실생명의 문을 엷이어라.

무량위덕 발휘하는 생명의 숨결이어라.

보현행원은 나의 영원한 생명의 노래

나의 영원한 생명의 율동

나의 영원한 생명의 환희

나의 영원한 생명의 위덕

체온이며 광휘이며 그 세계이어라. 「보현행원송」

광덕스님은 '보현행원송'에서 이렇게 노래하고 있다. 우리 삶이 보현행원이며 보현행원은 우리 생명의 율동이며 환희이며 숨

---

45) 광덕, 『행복의 법칙』(불광출판부, 1990), p.344.

결이라고 찬탄하고 있다. 이것은 노동이 곧 보현행원이며 노동이 곧 우리 생명의 율동이며 환희이며 숨결이라고 찬탄하는 것이다. 무엇 때문인가? 노동은 곧 우리 생명의 발로이며 자기표현이기 때문이다. 그래서 스님은 도처에서 즐거운 마음으로 노동할 것을 권장하고 있다. 생명의 율동과 환희로서 기쁘고 즐겁게 재미있게 땀 흘리며 일하고 노동할 것을 일깨우고 있는 것이다. 그러기 위해서 스님은 노동자, 기업가들이 모든 일을 자기 일로 생각하고 우리들의 사고방식을 피동에서 능동으로 전환할 것을 요구하고 있다.

스님은 이렇게 논하고 있다.

남이 시켜서 하는 일, 남에게 명령받아서 하는 일이 어째서 재미가 나지 않는 것일까? 어째서 그들이 고통스러운 것일까? 그 이유는 단순하다. 자기가 일을 당하는 입장에 서기 때문이다. 일을 하는 것이 아니라 일에 밀리고 일에 쫓기고 남에게 몰리는 것이기 때문이다. 다시 말하면, 일에 결박되고 사람에게 결박된 까닭이니, 그러고서는 일에서 재미있을 리 없고 살맛이 날 리 없다. 일과 적극적으로 대결하고 이에 맞붙어 보라. 그리고 "좋다, 어떠한 일이든지 오라. 내가 다 해치우리라." 이렇게 스스로 선언하고 마음의 자세를 적극적으로 바꾸면 어떻게 될까?

생각을 수동에서 능동으로 소극에서 적극으로 바꾸는 것이다. 여기에서 비로소 창조의 즐거움과 살맛이 나는 법이다. 이럴 때 인생도 함께 바뀐다. 마땅히 소극적 인간에서 적극적 인간으로 변신하여야 할 것이다.[46]

(3) 인간중심의 노사관계

광덕스님은 기업을 중심으로 전개되는 노사관계에 대해서도 깊은 관심을 갖고 그 진로를 제시하고 있다. 스님은 기업의 존재와 역할에 대해서 매우 긍정적인 평가를 하고 있다. 스님은 기업의 본질을 이윤추구로 보는 자본주의적 인식을 거부하면서 기업을 사회봉사의 창조자로서 인정할 것을 촉구하고 있다.

스님은 『삶의 빛을 찾아』에서 다음과 같이 논하고 있다.

  기업은 아무리 화려한 구호를 내걸어도 본질적으로는 이윤추구가 그 본성이라고 보는 사람도 있으나 그것은 잘못된 견해라고 봅니다.…

  기업은 그 본질이 봉사에 있습니다. 물자이든 서비스이든 어떤 용역이든 사회에 유용한 재화를 생산하여 봉사하는 것을 본분으로 삼는 것이 기업입니다. 만약 기업이 사회의 수요를 충족시키지 못한다면 금방 도산합니다. 사회의 수요를 보다 편리하게, 보다 안전하게 능률적으로 충족시켜주는 데서 이윤도 생기며 '사회발전에 기여하느니, 경제성장에 기여하느니' 하는 말도 되는 것입니다.

  이러한 기업의 봉사기능은 어떤 한두 사람의 손에 이루어지는 것이 아니고 많은 사람의 협동으로 이루어집니다. 수많은 종사원들이 공동의 목표 아래 분업화하고 조직화되어 협동일체가 됨으로써 생산은 증진되고 사회에 기여하며, 기업도 종사원도 함께 보람을 거두게 됩니다.

  이런 점에서 기업은 창조자라고 할 수 있습니다. 개성을 달리하

46) 광덕, 『행복의 법칙』(불광출판부, 1990), pp.337-338.

는 수많은 인재들이 하나의 목표 앞에 조직화하여 생산에 종사함으로써 사회적 국가적 수요를 공급하고 문화를 향상시키며 세계번영에 기여하는 것이 그 본래의 모습입니다.… 이런 점에서 기업이 유지되고 보장된다는 것은 일단은 그 기업이 사회봉사의 일면을 인정해주어야 할 것입니다.[47]

이러한 기업관에 입각하여 노사관계의 문제에 있어서도 광덕스님은 특유의 긍정적 입장을 견지하고 있다. '근로자와 사용주와의 사이는 언제나 대립입니까?'라는 질문에 대하여 스님은 이렇게 대답하고 있다.

천만의 말씀입니다. 공동자, 동일자의 입장입니다. 사용주와 노동자가 함께 기업 안에 있는 점을 생각하십시오. 기업이 망하면 사용주도 노동자도 없습니다. 노동자가 없으면 생산이 될 수 없고, 경영자나 시설이 없으면 또한 근로자도 일할 터전이 없게 됩니다.…
근로자나 사용주는 모두가 국가와 중생에 이바지하는 기업에 관여하고 있고, 사용자나 근로자가 다 함께 인생의 높은 가치를 직장을 통하여 발휘하고 있으면 번영하는 역사에 기여하고 있다는 긍지와 상호존중이 있어야 한다고 생각합니다. 그렇게 되면 충분한 협조와 근로조건의 개선이 자연 따르게 될 것으로 생각합니다.[48]

공동자(共同者) - 동일자(同一者)로서의 노사관계를 유지 발전시키기 위해서는 좋은 인간관계의 발전이 필수적 조건이 되는 것

47) 광덕, 『삶의 빛을 찾아』(불광출판부, 1998), p.322.
48) 광덕, 『삶의 빛을 찾아』(불광출판부, 1998), p.321.

으로, 광덕스님은 기업과 직장의 아름다운 인간관계 발전을 위해서는 남이 작용해 오기를 기다리지 말고 내가 스스로 지어가야 한다고 주장하고 있다.

여기에서 광덕스님은 인간관계의 기본적 심리욕구에 대하여 이렇게 규명하고 있다.

인간관계에서 더 말해 둘 것은 다음 몇 가지를 항상 염두에 두어야 한다.
① 사람은 누구나 존경받고 싶어한다.
② 의견이 받아들여지고 싶어한다.
③ 소중히 대접받고 싶어한다.
④ 이해받고 싶어한다.
⑤ 자기에게 관심을 갖게 하고 싶어한다.
이상 몇 가지를 마음에 두고 직장을 통해서 즐거움과 성장을 기약해야 하겠다. 그리하여 일을 통해서 높은 인격으로 도약하여야 하겠다. 직장이야말로 우리가 사회와 나라에 기여할 최상의 장소인 것이다.49)

4. 결론

붓다는 깨끗한 부[淨財]의 가치를 인정하고 땀 흘리며 하는 노동의 가치를 높이 평가하고 있다. 행복을 실현하는 4가지 조건, 4

---

49) 광덕, 『행복의 법칙』(불광출판부, 1990), p.346.

구족의 첫머리에 노동구족을 두고 있는 것도 바로 이 때문이다. 붓다의 노동관은 노동의 보시성(布施性)에 집중되고 있다. 힘써 노동하여 번 깨끗한 재산을 잘 수호하고 사회 대중을 위하여 베푸는 데서 노동의 가치를 추구하고 있는 것이다.

이런 맥락에서 볼 때, 광덕스님은 붓다의 전통적 노동관을 충실히 계승하고 이를 현대적으로 전개하고 있는 것으로 보인다. 스님은 노동을 인간생명의 자기표현으로 규정하고 있다. 인간의 가장 본원적이며 적극적인 생명활동으로 보고 있는 것이다. 반야행원의 사상적 입장에서 볼 때, 노동은 곧 반야대행이며 보현행원의 구체적 수단이다. 노동은 생명의 숨결이며 환희인 것이다. 스님은 노동이 이 사회와 국가, 많은 사람들을 위하여 봉사하는 보살행, 행원의 수단이라는 사실을 특히 강조하고 있다. 인간은 노동을 통하여 반야행원의 궁극적 이상을 실현해가고 자아실현을 추구하며 즐거운 인생의 보람을 창조하는 것이다.

따라서 광덕스님은 노동자·기업가들이 자기 안의 무한 가능성을 확신하고 직장과 노동현장에서 스스로 주인공이 되어 주체적으로 노동하며 끊임없이 일하고 연마함으로써 능력을 발휘하고, 생각을 수동에서 능동으로 바꾸어 일을 적극적으로 맞이함으로써 일하는 즐거움을 누리도록 일깨우고 있다.

광덕스님은 기업을 단순히 자본주의적 이윤추구의 기능으로 보는 견해를 비판하고, 기업은 노동자·기업가들이 함께 협력하여 사회적 봉사를 실현하는 창조의 장(場)으로 규정하고 있다. 따라서 노동자와 기업가는 상호 대립적인 관계가 아니라 서로 협력하며 봉사하는 공동자·동일자의 관계에 서는 것이다. 이러한 노사관계를 설정하고 발전시키기 위해서 광덕스님은 기업 내의 인간관계 형성을 특히 강조하고 있다. 노동자·기업가 등 노동현장의 모든 구성원들이 인간다운 대우를 향유하고 존경받으며 그 의견이 수용되고 이해와 관심을 받아야 할 것이 요구되고 있다.

불교는 노동을 많은 사람들에 대한 보시와 헌신의 수단으로서 그 가치를 높이 인식하고 있다. 광덕스님은 이러한 전통적인 노동관을 반야행원의 사상에 입각하여 보다 현대적 맥락에서 규정하고 있다. 노동은 인간생명의 자기표현이며 사회에 대한 적극적인 봉사행으로서 규정하고 있는 것이다.

광덕스님의 이러한 노동철학은 노동을 단순히 이윤창출의 수단으로 인식함으로써 노사관계를 끝없는 대립과 투쟁으로 몰고 가는 자본주의의 태생적 모순을 치유하는 하나의 사상적 대안으로서 특히 주목된다. 이러한 불교 노동관이 보다 체계화되고 관련 학문들과 접목될 때 인류는 보다 참신하고 평화공존적인 새로운 차원의 노동철학을 만나게 될 것이 기대된다.

김재영

1938년 경남 마산에서 태어나 마산상고와 서울대학교 사범대학 역사과, 동국대학교 대학원 불교학과를 졸업하였다.

서울 동덕여고에서 33년간 봉직하였으며, 한국외국어대학교 강사를 역임하였고, 1984년부터 현재까지 23년간 동방불교대학 교수로 '포교론'을 강의하며 천여 명의 학승·전법사들을 육성하고 있다.

1970년 이래 동덕불교학생회와 청보리회를 창립하여 현재까지 40년 가까이 지도법사로 활동하면서 만여 명의 젊은 보리씨앗들을 길러 청소년교화연합·대학생불교연합회·대한불교청년회 등 이 나라 새불교운동의 지평을 개척하는 데 헌신하였다.

그는 생애를 바쳐 망각된 '붓다의 불교'를 발굴하고, 줄기차게 '대중견성·만인깨달음 운동'을 전개하고 있다.

지은 책으로는 『초기불교개척사』, 『붓다의 대중견성운동』, 『히말라야를 넘어 인도로 간다』 외 여럿 있다.

노동과 불교적인 정신건강

전현수 | 원장, 전현수신경정신과의원

'제2차 보현도량 도피안사 구국구세대법회'의 주제가 '노동의 가치, 불교에 묻는다'이고 필자에게 주어진 주제가 '노동과 불교적인 정신건강'이라는 명제다. 불자(佛子)로서 정신치료를 담당하는 정신과 의사의 입장에서 생각해 볼 때 다음의 몇 가지 점을 살펴보고자 한다.

첫째 인간에 있어서 노동은 어떤 의미를 가지는지, 둘째 정신건강이 무엇인지, 셋째 노동과 정신건강은 어떤 관계를 가지는지, 넷째 노동의 불교적 의미는 무엇인지, 다섯째 노동과 불교적 정신건강은 무엇인지에 대해 필자의 정신의학적·불교적 공부와 경험에 근거하여 내 나름대로 살펴보고자 한다.

1. 인간에 있어서 노동의 의미

인간은 자연과 인간을 포함한 생명을 가진 모든 다른 존재 사이에 놓여 있다. 인간은 태어나면서부터 죽을 때까지 그런 조건

속에서 살아간다. 그러므로 인간은 생존하기 위해서는 한시도 자연과 생명을 가진 다른 존재와 상호작용하지 않을 수 없다. 가만히 있으면 죽거나 괴로움을 면하기 어렵기 때문이다.

그럼 먼저 자연과의 상호작용을 보자. 우리는 최소한 숨을 쉬어야 한다. 공기 속에서 산소를 받아들이고 이산화탄소를 공기 중에 내보낸다. 이뿐만 아니라 자연은 우리에게 영향을 주고 우리는 그 받은 영향에 반응하여 다시 자연에 영향을 준다. 노동은 경제학이나 사회학적 정의에 의하면 사회의 유지에 필수적인 생산활동을 말하며, 노동은 식량·의복·집 등 인간의 기본적인 물리적 요구를 충족시켜주는 기능을 한다.

국어사전에 의하면 노동은 몸을 움직여 일을 함 또는 사람이 생활에 필요한 물자를 얻기 위해 체력이나 정신을 씀, 또는 그런 행위라고 되어 있다. 노동을 인간이 살아가는데 필요한 활동이라고 넓게 본다면 인간이 생존을 위해 하는 자연과의 상호작용도 노동에 들 것이다.

다음은 인간과 생명을 가진 다른 존재와의 상호작용을 보자. 우리는 생명을 가진 다른 존재와도 끊임없이 상호작용하고 있다. 다른 생명을 가진 존재 중에서 인간이 가장 영향력이 있고 강력하니까 인간을 중심으로 하여 이야기 하고자 한다.

우리는 필요한 것을 얻기 위해 일을 해서 돈도 벌고 그 돈으로 가게에서 물건도 사고 영화도 보고 가족들과 외식도 한다. 돈을 벌기 위해 노동현장에서 노동자라는 이름으로 하는 행위를 노동이라고 국한하지 않으면 인간이 자신의 정신적·신체적 필요성을 충족하기 위해 하는 모든 정신적·신체적 행위를 노동이라고 볼 수 있다. 그렇다면 인간은 적든 많든 다양한 노동을 하고 있고, 그 노동을 피할 수 없는 존재다.

그러한 노동을 통해 인간은 다른 사람과 관계를 맺고 있다. 그러니까 노동을 통해 다른 사람과 끊임없이 만나게 되고 이어져 있는 것이다. 인간은 다른 사람과의 관계 속에서 즐거움과 보람과 의미도 느끼지만 괴로움도 느끼고 회의도 느끼고 기타 많은 감정을 느낀다. 또한 서로 도움을 주기도 하고 도움을 받기도 한다.

그러나 실제로 보면 도움 주는 것에 비해 도움을 받는 것이 훨씬 많다. 자신이 할 수 있는 일이 하나라면 나머지 필요한 것은 다 받게 되는 것이다. 필자의 경우 정신과 의사로서 진료하여 번 돈으로 신문도 보고 옷도 사 입고 차도 타고 음식도 먹는다.

내가 만약 혼자서 신문을 만든다면 엄청난 시간과 돈이 들 것이다. 옷도 마찬가지고 차도 마찬가지다. 그러므로 내가 가지고 있고 이용하고 있는 모든 것은 다 남이 해준 것이다. 이렇게 보면 인간 각자가 할 수 있는 노동의 결과물이 제각각 모여 세상이 이루어지고 풍요로워지는 것이다. 그래서 인간에게 노동은 생존을 위해 꼭 필요한 것이고 우리의 삶을 풍요롭게 하는 중요한 활동이다.

2. 정신건강이란 무엇인가

노동과 불교적 정신건강을 살펴보기 전에 먼저 정신건강에 대해 알아보는 것이 순서일 것 같다. 도대체 정신건강이란 무엇인가? 우리들 생활주변에 건강이란 말을 자주 쓰게 되는데 물론 육체적인 건강도 있을 것이고 정신건강도 있을 것이다. 건강이라고 하면 주로 그 두 가지를 한꺼번에 말하겠지만 여기서는 따로 떼어내어 정신건강에 대해 살펴보겠다.

정신의학에서 보는 정신건강의 정의를 보면 다음과 같다. "정신이 건강한 사람은 인생의 목적이 뚜렷하고, 타인에게 의존하지 않고, 현실을 있는 그대로 바라보고 혹 어려움이 있더라도 그것을 극복해 낼 수 있고, 자신의 처지에 맞는 행동을 하고, 다른 사람의 입장을 이해하며, 맡은 일을 하는 데 있어서 지속적이고 인내심이 있으며, 인생의 즐거움을 여러 가지로부터 얻을 수 있고, 자신의 한계를 인정하고 받아들일 수 있다."

필자와 같이 사람들의 내면세계를 면밀하게 살펴보는 정신치료를 하는 정신과 의사로서 볼 때 정신과 환자들은 여러 가지 특징을 가지고 있다. 세세한 특징을 말하기 전에 정신과 환자는 '정신건강을 잃은 사람'이다. 그러므로 정신과 환자를 잘 관찰함으로써 사람의 정신건강 상태를 어떻게 해야 유지할 수 있는지를 알 수 있게 된다.

정신과 환자의 특징을 보면 첫째로 정신과 환자는 생각이 많다. 하루 종일 생각 속에 빠져 있다고 해도 지나친 말이 아니다. 그리고 자신의 생각을 통제하지 못한다. 심지어 생각이 너무 많아 잠도 잘 수 없게 된다. 자신의 생각 속에서 끊임없이 괴로워하고 불안해한다.

둘째로 과거와 미래에 살고 있다. 지나간 과거나 앞으로 올 미래에 가 있는 것이다. 그에게 현재는 없다. 과거에 있었던 일을 곱씹고 또 곱씹는다. 그에게 이러한 과거가 정리되지 않으면 앞으로 한 걸음도 내디딜 수 없다. 그러므로 앞으로 닥쳐올 일에 대해서 줄곧 생각한다. 어떻게 해야 잘 할 수 있을까. 앞으로 내가 원하지 않은 일이 벌어지면 어떻게 해야 하나 하는 생각[걱정]으로 머리가 꽉 차 있다. 그에게는 오직 과거와 미래만이 있고 현재는 없다.

그런데 정신과 환자들이 보이는 이 두 가지 특징인 생각이 많은 것과 과거와 미래에 사는 것은 서로 연관되어 있다. 정신과 환자들의 생각은 주로 과거와 미래에 가 있다. 현재에 집중해 있을 때가 없다. 생각이 많다는 그 자체는 벌써 현재에 있지 않고 과거나 미래에 가 있다는 것이다.

사람의 정신건강은 과거나 미래에 생각이 빠져 있지 않고 현재에 사는 것이다. 지금 이 순간에 할 일 하고 피곤하면 쉬는 것이 양호한 정신건강이다. 선가(禪家)에서 이야기하는 '배고프면 먹고 졸리면 자는 것'이 도(道)라고 하는 말과 일맥상통한다. 정신이 건강한 사람은 지금 자신이 해야 할 일을 즐기면서 최선을 다해서 하고 그 결과에 대해서는 생각하지 않고, 설령 어떤 결과가 나와도 그것을 필연적인 결과로 받아들이고, 그 바탕 위에서 앞으로 나아간다. 사실 인간은 이렇게 사는 길밖에 없다. 이것이 자연스럽고 필연적인 길이다. 정신이 건강한 사람은 순리대로 살아간다.

3. 노동과 정신건강과의 관계

정신분석의 창시자 프로이드는 정신건강에 대해 '일하고 사랑하는 데 있어 장애가 없는 상태'로 정의했다. 짧은 이 정의 속에 많은 의미가 함축되어 있다. 사실 일하고 사랑하는 데 장애가 없으면 인생을 살아가는 데 자신이 해야 할 일을 하고, 하고 싶은 일을 하면서 인생의 의미를 느끼면서 살아갈 수 있게 된다. 필자는 매일매일 정신적으로 문제 있는 환자들을 바라보면서, 일하고 사랑하는 데 장애가 있다는 것이 무엇인지를 다시금 생각해 본다. 필자와 같은 정신과 의사들이 해야 할 일은 환자들이 일하고 사랑함에 있어서 장애가 없도록 도와주는 것이다.

일을 할 수 없거나 일을 하지 않거나 일하는 데 의미를 찾지 못하는 사람은 정신건강에 문제가 있는 경우이다. 정신불건강이나 정신장애로 인해 자신의 문제에 집착해 있다 보니 자신이 당연히 해야 할 일이 눈에 안 들어오는 것이다.

어떤 한 여자는 어릴 때 가정형편이 좋지 않아 한창 뛰어 놀고 싶은 나이인, 초등학교 들어가기 전부터 설거지니 빨래니 하는 집안일을 어쩔 수 없이 해야만 했는데 이때 '왜 나만 시키나' 하는 불만을 항상 가졌다고 한다. 어른이 된 후 자기가 주부로서 당연히 해야 할 일도 항상 자기만 부당하게 한다는 감정에 사로잡혀 일을 하지 않았다. 과거의 영향으로 현재는 자신의 일인데도 자신의 일이 아닌 것처럼 생각하고 있는 것이다.

일에서 스트레스를 받는 직장인이 스트레스를 받는 원인은 매우 다양하겠지만 그 중에서 어떤 일에는 회사나 일을 보는 시각이 자기 위주이고 좁은 경우가 많다. 즉 회사에 대해 자기만 손해보고 고생한다는 생각을 한다. 그러나 실제로는 회사가 자신에게 해주는 것이 많다. 우선 일할 수 있게끔 해준다. 하루하루 일찍 일어나게 해주고 밤에 잠이 잘 오게 해준다. 주말이 기다려지게 해준다. 사람들도 만나게 해주고 인간관계도 맺게 해준다. 경제적으로 안정된 생활을 하게 해주고 남들에게 떳떳하게 해준다. 회사가 주는 이 모든 것은 실직자가 되어 보면 분명해진다. 이처럼 직장과 나는 서로 주고받는 관계다. 서로 고마운 관계다.

정신불건강이나 정신장애는 자신의 문제 때문에 자신이 해야할 일은 안 하고 생각이 과거나 미래로 빠져들어 간 경우다. 이경우 문제를 풀고 나서 일을 할 수도 있지만 일을 통해서 자신의 문제에 빠져 들어가는 것을 막아 문제의 해결을 할 수도 있다. 사람은 일을 함으로써 불필요한 생각이 줄어들어 과거와 미래에서 벗어나게 되고 단순해진다. 자연 생각이 순수해지고 집중력이 커가게 되는 것이다.

만약 어떤 실직자가 당장 직장을 찾아 일할 수 없으면 운동을 하거나 집안일을 함으로써 생각을 줄이고 현실감을 되찾고 나도 뭔가 하고 있다는 보람도 느끼고 인생에 있어서 균형감도 찾을 수 있다. 또 사람들과의 접촉도 늘리고 인간관계도 가질 수 있다.

정신불건강이나 정신장애는 정신적인 문제가 있는 것이다. 그러므로 일을 하지 않고 일을 하지 않으니 정신건강이 더욱 나빠지는 악순환에 빠진다. 이러한 악순환의 고리를 끊어야 한다. 당연히 일을 함으로써 악순환의 고리는 끊어진다.

정신치료에서 일이나 운동을 가장 중요시하는 이유가 바로 여기에 있다. 일을 하다 보면 자신이 그동안 얼마나 이상했는지 스스로 알게 된다. 다만 정신건강이 너무 나빠 일을 할 수 없을 때는 치료를 받아 어느 정도 정신건강이 회복되었을 때, 그때부터 일을 해야 한다. 일할 상태가 안 되었는데 일을 해야 낫는다고 몰아붙이면 정신건강이 더 악화된다. 무엇이든지 적절한 때가 중요하다. 노동과 정신건강은 한 가지로 이어져 있음을 알 수 있다.

4. 노동의 불교적 의미

노동의 불교적 의미에 대해서는 이미 여러 번 강조된 것이라고 보고 필자는 불교 경전인 「디가니까야 교계 싱갈라경」(Singalo-vada Sutta, 『장아함경』에는 선생경으로 번역)에 나와 있는 부처님의 말씀을 통해 부처님은 노동이나 일을 어떻게 보고 있는지 살펴보고자 한다.

교계 싱갈라경을 보면, 싱갈라까라고 하는 장자의 아들이 그의 아버지의 유지를 받들어 동·서·남·북·아래·위의 여섯 방향으로 무턱대고 절을 하는 것을 부처님께서 보시고 "장자의 아들이여, 성자의 율에서는 그렇게 육방으로 절을 해서는 안 된다"고 하시면서 다음과 같이 말씀하시고 있다. "장자의 아들이여, 성스러운 제자는 네 가지 업의 오염원들을 제거하고 네 가지 경우로 사악한 업을 짓지 않으며 여섯 가지 타락의 입구가 되는 재물을 추구하지 않는다. 그는 이와 같은 열네 가지 사악함을 없애고 육방을 감싸는 자가 되어 두 세상을 얻기 위해서 도를 닦는다. 그는 이 세상과 저 세상을 다 얻는다. 그는 몸이 무너져 죽은 뒤 좋은 곳[善處]이나 천상에 태어난다"고 말씀하신다. 이어서 네 가지 업의 오염원과 네 가지 사악한 업을 짓는 것과 여섯 가지 타락의 입구가 되는 재물을 추구하는 것이 어떤 것인지 설명하신다.

여기에서 노동에 관계되는 것이 여섯 가지 타락의 입구가 되는 재물을 추구하는 것이다. 그래서 여섯 가지 타락의 입구가 되는 재물을 자세히 보면 다음과 같다.

"장자의 아들이여, 방일하는 근본이 되는 술과 중독성 물질의 섭취에 몰두하는 것이 타락의 입구가 되는 재물이다. 때 아닌 때에 길거리를 배회하기에 몰두하는 것이 타락의 입구가 되는 재물이다. 구경거리(공연)를 보러 다니기에 몰두하는 것이 타락의 입구가 되는 재물이다. 방일의 근본이 되는 노름에 몰두하는 것이 타락의 입구가 되는 재물이다. 사악한 친구를 사귀기에 몰두하는 것이 타락의 입구가 되는 재물이다. 게으름에 빠지는 것이 타락의 입구가 되는 재물이다."

이어서 각각의 타락의 입구가 되는 재물의 여섯 가지 위험을 말씀하신다. 여기서는 노동과 관계되는 게으른 자의 여섯 가지 위험을 보자.

"장자의 아들이여, 게으름에 빠진 자에게는 다음의 여섯 가지 위험이 있다. 너무 춥다면서 일을 하지 않는다. 너무 덥다면서 일을 하지 않는다. 너무 이르다면서 일을 하지 않는다. 너무 늦었다면서 일을 하지 않는다. 너무 배고프다면서 일을 하지 않는다. 너무 배가 부르다면서 일을 하지 않는다. 그가 이와 같이 해야 할 일에 대한 핑계거리를 많이 가지고 사는 동안 아직 벌지 못한 재산은 벌지 못하며 번 재산은 다 써 버리게 된다. 장자의 아들이여, 이것이 게으름에 빠진 자의 여섯 가지 위험이다."

부처님은 이어서 이와 같은 열네 가지 사악함을 없앤 후 어떻게 육방예경을 하는지에 대해 말씀하신다.

"장자의 아들이여, 어떻게 해서 성스러운 제자는 육방을 감싸는 자가 되는가? 장자의 아들이여, 이들 여섯 방향을 알아야 한다. 동쪽 방향은 부모라고 알아야 한다. 남쪽 방향은 스승이라고 알아야 한다. 서쪽 방향은 자식과 아내라고 알아야 한다. 북쪽 방향은 친구와 동료라고 알아야 한다. 아래 방향은 하인과 고용인이라고 알아야 한다. 위 방향은 사문과 바라문이라고 알아야 한다."

이 중에서 노동에 관계된 아래 방향의 '하인과 고용인'을 보면 다음과 같다.

"장자의 아들이여, 주인은 다음의 다섯 가지 경우로 아래 방향인 하인과 고용인들을 섬겨야 한다. 힘에 맞게 일거리를 배당해주고, 음식과 임금을 지급하고, 병이 들면 치료해주고, 특별히 맛있는 것을 같이 나누고, 적당한 때에 쉬게 한다. 장자의 아들이여, 이와 같이 주인은 아래 방향인 하인과 고용인들을 섬긴다.

그렇게 하면 하인과 고용인들은 다시 다음의 다섯 가지 경우로 주인을 사랑으로 돌본다. 먼저 일어나고, 나중에 자고, 주어진 것에 만족하고, 일을 아주 잘 처리하고, 주인에 대한 명성과 칭송을 달고 다닌다. 장자의 아들이여, 이러한 여섯 가지 경우로 주인은 아래 방향인 하인과 고용인들을 섬기고 하인과 고용인들은 다시 이러한 다섯 가지 경우로 주인을 사랑으로 돌본다. 이렇게 해서 아래 방향은 감싸지게 되고 안전하게 되고 두려움이 없게 된다."

　부처님은 노동에 대해서 노동은 사람에게 꼭 필요한데도 이 핑계 저 핑계 대면서 게으름을 피운다고 말씀하고 계신다. 사람에게 노동의 필요성에 대해서는 너무나 당연하니 자세히 말씀 안 하셨을 것이다. 그러므로 여기서는 당연히 해야 할 노동이 안 되는 이유인 게으름에 대해서만 언급하신 것 같다. 노동에 직접적으로 관계되는 주인과 하인이나 고용인과의 관계는 부처님 당시에는 지극히 수직적인 관계였던 것 같다. 수직적인 관계이긴 하나 서로가 상대방을 배려하고 존중하고 서로에게 필요한 것을 줌으로써 실질적으로 도움이 되게 하라고 부처님은 말씀하신다. 그렇게 할 때 가장 원활하게 돌아간다. 하인이나 고용인도 사람이고 주인도 사람이다. 사람은 누구든지 자신을 좋게 하면 좋아하고 그 사람을 위해 잘 하게 된다. 이것이 세상의 이치다.

　그러므로 이치에 맞지 않는 일은 도무지 되지 않는다. 부처님은 이 이치에 입각해서 말씀하신다. 오늘날의 고용관계는 평등관계고 계약관계다. 서로가 필요해서 만난 것이다. 서로가 맞지 않으면 헤어질 수 있다. 이 관계에서도 부처님이 말씀하신 대로 상대방의 입장에 서서 상대방에 맞게 하고 상대방이 필요한 것을 주려고 서로 노력한다면 둘 관계에서 부처님 말씀대로 안전하고 두려움이 없어지게 될 것이다. 수직적인 관계보다는 훨씬 더 이러한 자세가 필요하다.

5. 노동과 불교적인 정신건강

지금까지 인간에게 있어서 노동의 의미, 노동의 정신건강, 경전에 나오는 노동과 관계된 내용을 살펴보았다. 이제 노동을 통한 불교적 정신건강을 어떻게 추구할 것인가에 대해 생각해 보겠다. 지금까지 살펴봤듯이 인간에게 노동은 꼭 필요한 것이고 노동을 통해 우리는 서로가 서로를 도울 수 있고 또 도움을 받을 수 있다. 그리고 노동을 함으로써 우리는 정신적으로 건강해진다. 잃었던 정신건강도 노동을 통해 되찾을 수 있다.

그러면 이렇게 중요한 노동을 함에 있어서 노동의 불교적 가치와 의미를 앎으로써 노동을 쉽고 즐겁게 할 수 있는 길을 모색하고 노동을 하면서 불교적 수행을 겸할 수 있는 길을 모색하고자 한다.

노동을 한다는 것은 현재에 머무는 것이다. 현재에 머무는 것의 중요성에 대해서는 『상윳따 니까야』 천신품에 잘 나타나 있다. 이 경에서 천신이 부처님에게 여쭈었다.

"숲속에 사는 수행자는 하루에 한 끼만 먹고도 어떻게 얼굴이 그렇게 맑고 깨끗합니까?"

부처님께서 다음과 같이 대답하셨다.

"숲 속에 사는 수행자가 하루에 한 끼만 먹고도 얼굴이 그렇게 맑고 깨끗한 것은 지나간 것에 마음을 애태우지 않고 앞으로 올 것을 바라지 않고 현재를 잘 지키기 때문이다."

불교 수행을 여러 측면에서 이야기할 수 있지만 불교 수행을

현재라는 관점에서 보면 현재에 생각을 집중하고 있는 것이라고
할 수 있다. 수행자 자신에게 가장 도움이 되는 것이라고 생각한
것에 집중하고 있는 것이다.

예를 들면 들숨 날숨에 집중하는 수행인 경우 그것을 하려고
마음을 먹었고 들숨 날숨에 집중하는 것이다. 화두나 염불도 마
찬가지다. 집중의 대상인 들숨 날숨과 화두와 염불에 따라 각기
차이는 있겠지만 그 대상에 집중하는 것이 공통되고 오로지 그
대상에 집중한다는 것이 중요하다.

노동을 현재에 집중하는 것의 의미를 알고 현재에 집중하는 시
간으로 만든다면 노동을 한 만큼 현재에 집중한 것이고 현재에
집중한 만큼 불교적 수행의 시간이 된다. 정신치료적으로 볼 때
현재에 집중하는 것 자체가 치료적이다. 우리는 몸과 마음을 가
지고 있는 존재다. 마음은 언제나 어딘가에 가 있다. 마음이 가
있는 대상이 건전하면 우리는 편안하고 행복해지고 정신적으로
건강해진다. 마음이 가 있는 대상이 불건전하면 우리는 불안정하
고 괴로워지고 정신적으로 불건강해진다.

그런데 불건전한 대상을 자세히 보면 대개 과거와 미래다. 과
거는 우리로 하여금 화나게 하거나 아쉬움을 준다. 미래는 우리
를 불안하게 만든다. 우리의 마음이 과거와 미래에 가 있는 한 우
리는 안정되고 편안할 수 없다. 마음이 가 있는 건전한 대상은 현
재다. 지금 이 순간에 하는 일에 마음이 가 있으면 현재에 있는
것이다. 일을 하면서 일하는 것에 집중하고 있으면 현재에 마음
이 가 있는 것이다. 마음이 지금 이 자리에 있지 않고 다른 데 가
있다는 것을 아는 것도 현재 일어나고 있는 일에 집중하는 것이

다. 사실 과거와 미래는 우리의 머릿속에 있는 시간일 뿐이다. 우리가 행복하고 정신적으로 건강하려면 과거나 미래 속으로 가지 않고 현재에 머무르도록 해야 한다. 노동이나 일을 통해 우리는 그렇게 할 수 있다.

일을 지금 말한 대로 한다면 일을 할 때 싫고 힘든 것이 없어진다. 한 시간 일하고 나면 한 시간 수행한 것이 된다. 일하는 데 집중한다. 일하는 데 잡념이 들면 잡념이 든 것을 알아차린다. 잡념 속에 있으면 잡념하고 있다는 것을 알기 어렵지만 현재 하는 일에 집중해 있다가 잡념이 들면 잡념이 든 것을 당장 알 수 있다. 이렇게 알아차리는 것이 반복되면 생각의 본질을 깨달을 수 있다. 그처럼 지금 하는 일에 집중하여 일하다가 자신 속에서 생각이나 느낌과 같은 다른 현상이 일어나면 그 현상의 정체를 알 수 있게 된다. 이런 것이 쌓이면 내 속에서 일어나는 모든 현상들의 본질을 깨닫게 된다.

불교의 삼법인(三法印)인 무상(無常), 고(苦), 무아(無我)를 깨닫게 된다. 그리고 모든 것은 원인이 있어 결과가 있다는 것을 알게 된다. 그렇게 되면 현재 무슨 일이 일어나도 일어날 만하니 일어났다는 것을 알고 무슨 일이 일어나든 받아들이게 된다.

일이 수행으로 전환되면 일이 아닌 하루 일과 모두가 수행으로 전환될 수 있다. 아침에 눈을 떠서부터 밤에 잠잘 때까지 현재에 집중하고, 이렇게 하루가 수행이 되면서 순간순간에 살게 된다. 이렇게 되면 우리는 사람으로 이 세상에 존재하는 동안 쓸데없는 데 시간을 허비하지 않고 최선의 삶을 살고 후회가 없고 좋은 결과를 얻게 된다. 불교의 궁극적인 가치다.

전현수

1956년 부산에서 출생하여 경남고와 부산의대를 졸업하였다. 순천향
의대 부속병원에서 신경정신과 수련과정을 마친 후 정신과 전문의가
되었고 한양의대 신경정신과에서 석사, 박사과정을 수료 후 의학박사
가 되었다.

정신과 의사로서 정신치료를 전문으로 하고 있으며, 1985년 이후 불교
공부를 하고 있고 2003년에는 한 달간 미얀마 참메센타에서 위빠사나
수행을 한 후 현재까지 위빠사나 수행을 하고 있으며 4부 니까야(디가,
맛지마, 상윳따, 앙굿따라 니까야)와 아비달마에 입각한 불교적 이해와 수
행 그리고 불교적 정신치료의 체계를 세우려고 노력하고 있다.

2005년 미국에서 개최된 SEPI(정신치료 통합모색 학회)에서 '정신과
의사가 경험한 위빠사나 수행 : 위빠사나 수행의 정신치료적 유용성'
을 발표하였으며, 2007년 한국불교심리치료학회 창립학술대회에서 '불
교적 정신치료 사례'를 발표하였다. 불교와 정신치료를 이용한 프로그
램인 '명상과 자기치유 8주 프로그램'을 운영하였다.

현재 서울 송파구에서 전현수신경정신과의원을 운영하고 있으며 한국
불교심리치료학회 운영위원, 불교상담개발원 자문위원, 대원불교대학
불교상담심리치료학과 교수, 한양대학교 의과대학 신경정신과 외래교
수, 서울가정법원 가사조정위원으로 있다.

저서로는 『울고 싶을 때 울어라』가 있고 역서로는 『붓다의 심리학』이
있다.

홈페이지는 www.mindtherapy.co.kr이다.

노동은 인생의 수단인가 자아실현인가

송암지원(松菴至元) | 안성 보현도량 도솔산 도피안사 주지

모든 사물에는 제각각 그 성질[특질]이 있다. 인간에게도 사람마다 각기 다른 성품[특성]이 있다. 그러나 사물처럼 고정화된 것이 아니고 늘 변화 발전해 갈 내재된 힘을 가지고 있다.

그리고 무엇으로든 변화가 가능하다. 말하자면 인간이 가지고 있는 무한한 창조의 가능성이다. 이 가능성이야말로 곧 인간의 희망이고 책무이며 삶의 생기와 활발발이다.

특히 지상의 어떤 생명체보다 뛰어난 정신적인 작용을 가지고 있는 인간은 각기 다른 특성의 개성을 갖되 연기(緣起)를 생명본질로, 중도(中道)를 생명현상으로 하여 서로 다른 개성과의 조화와 협력을 구현한다.

인간의 삶의 구조는 자신을 떠난 타인과 주고받는 수수(授受)의 상관관계로 짜여 있다. 이 틀을 벗어나지 못한다. 존재 자체가 갖는 근본속성이다. 그래서 생명[삶]의 본질은 연기(緣起)이고, 존재방식은 중도(中道)인데, 이를 이해하지 못하거나 실천하지 않

으면 존재로서 근원적인 가치를 상실하게 된다.

이처럼 개인의 사고방식이 사회질서나 삶의 철학의 근간[緣起와 中道]으로 발전해 가는 과정에서는 다소 충돌할 수도 있고 분란을 야기시킬 수도 있을 것이다. 그러나 이 점을 두려워해서는 안 된다. 오히려 충돌과 분란을 통해 성장의 토대를 마련할 수 있기 때문이다. 서로의 접촉으로 연기와 중도에 대한 깨침을 얻을 수 있다. 깨침[연기와 중도에 대한 이해나 신념]을 통해서만 사회적인 성숙이 시작된다고 볼 수 있다. 이 깨침 속에서는 미묘한 수수관계인 상호조정이 이루어진다.

그러므로 이 철학[緣起와 中道]은 인간 자신의 존재가치를 깨닫게 하는 틀이고 토대다. 자신의 존재가치는 반드시 다른 삶과의 어울림이라는 관계 속에서 깨닫게 되고 완성된다. 인간의 가치, 삶의 가치, 자신의 가치는 분명 자신을 떠나 자신과 대등한 사람과 자연이라는 정당한 관계 속에서 이루어진다.

이런 기본적인 사유와 행위의 틀 안에서 '노동'에 대한 철학을 확립한다는 것은 인간으로서 매우 중요한 기본적인 자격요건이다. 이 자격요건에 고유성이 있다면, 인간은 사회라는 공동체 속에서 스스로를 다시 발견하게 되고 더 크게 빛날 수 있다는 점이다. 이런 점을 전제로 한다면 '노동철학'은 자신이나 사회를 성장시키는 매우 중요한 공동체 정신[緣起와 中道]이 될 것이다. 노동철학의 당위성이다.

그동안 불교는 노동철학에 대해서 어떠한 방향도 구체적으로 제시하지 않았다. 오히려 외부에서 불교가 가지고 있는 뛰어난 사회적인 입장을 탐색하고 추구해 들어왔고, 급기야 '연기와 중도'라는 붓다의 핵심 가르침을 통해 현대사회의 닫힌 공간을 열어주었다.

만약 불교의 불이론(不二論)이 사회 속의 이원론(二元論)을 대체하는 노동철학으로 확립되지 못하면 결국 인간의 본능만이 득세하여 끝없는 투쟁과 갈등, 대립과 불화로 치달리게 될 것이고, 그로 인하여 우리의 공동체는 끝내 붕괴의 길을 걷게 되고 말 것이다. 이는 인간의 가장 큰 자아상실을 의미하는 것이기도 하다.

얼마 전, 모 자동차 회사 노동자들의 지극히 이기적인 극렬한 투쟁을 대하면서 몇몇 가까운 사람들이 우리 절[불교]에서는, 사람의 정당한 수수관계를 떠나서 자기 이익과 자기 주장만 과격하게 내세우는 비인간적이고 반사회적인 회사의 상품은 사지 않을 것임을 주요 일간신문에 광고하자는 말을 했다. 사회의 이런저런 모습을 지켜보고 과정을 겪으면서 불자들은 자연스레 이 사회 속에서 불교의 입장을 생각해 보게 되었을 것이고, 문제의 해결점을 찾아보았을 것이다. 이런 사회적인 분위기 속에서 불교적인 '노동철학'이 있는가를 살펴본 것이다.

불교가 정녕 대비구세[大覺救國救世]의 가르침일진대, 이 절박한 때에 뭔가 답을 내놓아야 할 것이다. 투쟁을 어둠이라고 생각한다면 어둠 가운데서는 등불을 들어야 하는 것이 인간의 기본적인 도리이고 불교의 존재가치일 것이다. 이런 일련의 사회적인 대립을 바라보는 고뇌 속에서 '노동의 가치, 불교에 묻는다'를 내놓게 되었다.

불교의 근본 가르침은 연기와 중도다. 그것은 인간과 사회를 진리로 바꾸는 생명의 존재법칙이고 인간이 돌아가 머물러야 할 시간과 공간을 초월한 본향이다. 이와 같은 연기와 중도로 인간과 사회의 모든 문제를 풀어가는 것이 도피안사의 구국구세대법회다. 이 법회의 두 번째 주제가 '노동의 가치, 불교에 묻는다'이다.

송암지원(宋菴至元) ────────────

송암당 지원화상은 1953년 6월 17일(음력 5월 7일) 경북 예천에서 출생하여, 1971년 부산 금정산 범어사로 출가하였다. 같은 해 12월 2일 梵魚寺金剛戒壇에서 광덕스님을 恩師로, 고암스님을 戒師로 사미계를 받았으며, 1974년 4월 5일(74회) 범어사금강계단에서 석암스님을 계사로 비구계와 보살계를 받았다.

범어사강원을 거쳐 동국대학교 불교대학 禪學科를 졸업하고, 同대학교 교육대학원을 수료, 교육학석사학위를 취득하였다.

1982년 9월, 서울 불광사의 학생회지도법사를 시작으로 하여 불광의 반야바라밀다결사의 사상운동에 귀의, 한국불교의 새로운 신앙결사에 적극 동참하여 앞장섰으며, 불광의 문서포교와 대중포교에 소임을 담임하여 진력하였다.

1989년 8월 16일 스승인 광덕대선사로부터 傳法의 法號(松菴堂)와 신표(信標)인 菩提樹를 받아 恩法을 이은 법사(法嗣)가 되었고, 반야바라밀다결사의 동참자 및 계승자로 수기(授記)와 인가의 전법부촉(傳法咐囑)을 받았다.

불광의 현대적인 수행과 법회의식의 제정 및 정착과 신도교육의 제반 토대를 마련했고, 또한 유치원과 포교원 건립에 결정적인 공헌을 하였으며, 특히 당시 매우 어려운 여러 여건 속에서도 「보현행원송」을 원만하게 성사시켜 보현행원사상의 실천선양을 내외에 천명하는 계기를 삼음으로써 명실공히 불광사는 한국불교 전법대본산(傳法大本山)의 면모를 갖추게 되었다. 이에 역사적인 불광의 제2기 잠실시대를 더욱 공고하게 하였다.

현재 대선사께서 개산(開山)하신 경기도 안성시 죽산면 용설리 1178-1 소재의 도솔산 도피안사의 주지로 있으면서 스승의 전법부촉을 잇기 위해 정진하고 있다.

저술
논문 : 「고려시대 사원의 결사에 대한 연구」

저서 : 『광덕스님 시봉일기 1 - 내일이면 늦으리』, 1999년 발행

　　　『광덕스님 시봉일기 2 - 징검다리』, 2001년 발행

　　　『광덕스님 시봉일기 3 - 구국구세의 횃불』, 2001년 발행

　　　『광덕스님 시봉일기 7 - 사부대중의 구세송』, 2002년 발행

　　　『광덕스님 시봉일기 別冊 - 환생』, 2002년 발행

　　　『광덕스님 시봉일기 8 - 인천의 안목』, 2003년 발행

　　　『광덕스님 시봉일기 6 - 새 물줄기』, 2003년 발행

　　　『광덕스님 시봉일기 4 - 위법망구』, 2004년 발행

편찬 : 『빛과 연꽃』, 2005년 2월 발행

　　　『꽃을 들어 보여라』, 2006년 8월 발행

　　　『반야의 종소리』, 2006년 8월 발행

　　　『'가정의 가치' 불교에 묻는다』, 2006년 8월 발행